經管 華信 创新系列

Financial Analysis

财务分析

张雪梅 编著

電子工業出版社
Publishing House of Electronics Industry
北京·BEIJING

内容简介

本书用启发式和研究性教学方式介绍了财务分析的主要内容，所有内容基本都是通过案例和习题（包括大例题、小例题，还有实验题和练习题）进行讲解，使学生对问题有更深入的理解和认识。用本书上课，课堂上老师讲和学生动手的时间分配很均衡，能充分调动学生的各个感官——眼睛、耳朵、手及大脑，让学生时刻集中注意力，并积极参与教学，这不仅提高了他们的学习兴趣，而且培养了他们分析问题和解决问题的能力。

本书适用于全国财务管理专业、会计专业的本科学生，以及要学财务分析课程的其他专业学生及实务工作人员。

图书在版编目 (CIP) 数据

财务分析 / 张雪梅编著. —北京：电子工业出版社，2018.5
(华信经管创新系列)

ISBN 978-7-121-34004-8

I. ①财… II. ①张… III. ①财务分析—高等学校—教材 IV. ①F231.2

中国版本图书馆 CIP 数据核字(2018)第 070381 号

策划编辑：石会敏
责任编辑：石会敏　　特约编辑：赵翠芝　贺云飞
印　　刷：北京虎彩文化传播有限公司
装　　订：北京虎彩文化传播有限公司
出版发行：电子工业出版社
　　　　　北京市海淀区万寿路 173 信箱　　邮编：100036
开　　本：787×1 092　1/16　印张：13.75　字数：349 千字
版　　次：2018 年 5 月第 1 版
印　　次：2018 年 10 月第 2 次印刷
定　　价：39.00 元

凡所购买电子工业出版社图书有缺损问题，请向购买书店调换。若书店售缺，请与本社发行部联系，联系及邮购电话：(010)88254888，88258888。

质量投诉请发邮件至 zlts@phei.com.cn，盗版侵权举报请发邮件至 dbqq@phei.com.cn。

本书咨询联系方式：(010)88254537。

前　　言

随着国内外对互联网时代会计人才需求的新要求，传统的人才培养模式需要转型，简单、重复的簿记工作会逐步被计算机取代，新型的会计人才更加注重财务分析能力和管理决策能力。财务分析作为管理会计的核心内容，在会计人才的培养中日益重要，但目前著作虽多，内容却未能及时更新，特别是应该让会计专业人士不仅能分析企业的外部报表，更要学会分析企业的内部报表，进行业财融合式的学习和分析，更好地为企业管理服务。在此背景下，我们写作了本书。

本书强调启发式和研究性的教学，要求在教学中采用案例教学和学生参与的实验教学，书中所有内容基本都是通过案例和习题进行讲解的，以训练读者独立思考的能力，然后通过讲述解答思路启发读者。用这本书进行教学，课堂上教师讲和学生动手的时间分配很均衡，能充分调动学生的各个感官——眼睛、耳朵、手及大脑，让学生时刻集中注意力，并积极参与教学，以提高他们的学习兴趣。这样做不仅让学生学习了知识，更重要的是培养了学生分析问题和解决问题的能力。全书既有大案例，也有小案例，还有实验材料。本书图文并茂，充分利用统计图表的直观、简洁的特点，教会学生怎样将其用于财务分析中，并在将来直接用于他们的工作中。

全书共八章，其中第一到三章主要阐述外部财务报表的分析，第四到八章阐述内部财务报表的分析，充分体现财务分析需要更好地服务于企业管理的特色。附录主要是报表编制的实验资料，另外还有与本书进行配套学习的大案例，有需要的读者可以跟出版社联系索取（请登录华信教育资源网 http://www.hxedu.com.cn，注册后免费下载）。

本书由中国地质大学（北京）人文经管学院会计系主任张雪梅编著。由于作者水平有限，书中难免有疏漏甚至错误之处，敬请读者批评指正。

目　　录

第一章

绪　论

第一节　会计的历史

会计具有悠久的历史，它的奠基可以追溯到公元前3000多年前，即我国的夏商周时代以及西方的古埃及和古巴比伦时代。古代的会计虽然由于生产力的局限进展缓慢，但那时的会计思想和会计实践也闪耀着灿烂的光辉，是古代文明的重要组成部分。正像英国会计史学家沃尔夫所指出的那样："会计的历史就是文明的历史，会计总是同文明的进步携手前进的。"

一、我国会计的历史

我国伟大的思想家、教育家孔子在2000多年前就对会计有过精辟的论述。他说："会计当而已矣。"这里说的"当"是正当、适当、正确的意思。还有，我国从战国时期起至隋唐时期止，一直实行一种"上计制度"，这是一种行之有效的财政会计检查制度。在宋代，又创造了一种称为"四柱清算"的会计方法。

中国最初使用单式记账法，大体经历了盘点结算法、三柱清算法和四柱清算法三种方法。这三种方法进行结算的方法是不一样的，盘点结算法是通过盘点实物库存以取得各类财物本期保存数的一种结算方法；三柱清算法是用"本期收入–本期支出＝本期结余"结算出本期财物增减变化过程及其结果的一种结算方法；四柱清算法是用"旧管+新收–开除＝实在"结算出本期财物增减变化及其结存情况的一种结算方法。20世纪初，清朝开始介绍和逐步推广国外的借贷复式记账法。

二、国外会计的历史

国外会计的记账方法当然也是随着生产力发展水平而不断发展的。在古希腊时期有分类核算法，古埃及时期有会计报告和财产清查的方法。从公元13世纪到15世纪，资本主义从家庭手工业向工厂过渡，商品交换活动频繁并且日益复杂化，商业信用和银行信用日益发展，借贷记账法就是在这样的历史条件下产生并发展起来的。借贷记账法是最早产生的一种复式记账方法。

从单式记账法向复式记账法过渡历时300余年，大体可分成三个阶段：佛罗伦萨式、热那亚式、威尼斯式。

(1) 佛罗伦萨式会计。佛罗伦萨的商人将不同的货币存入银行，银行为每一存款人开设账户，并将存入的货币折算成公认的货币计量单位；银行在为存款开设账户时，都预留两个记账的部位，相当于现在的会计“贷方”和“借方”，并从银行的角度为商人进行债权、债务的转账结算。这种记账方式被称为佛罗伦萨式会计。佛罗伦萨式会计突破了原单式记账方法的格局，初步建立了复式记账法的框架。其特点大致可以概括为：

记账方法——转账；

记账对象——债权、债务；

记账形式——叙述式，如他将给我们(He will give us)，他已经给我们(He has given us)。

(2) 热那亚式会计。这种复式记账形式将记账对象从原来的债权、债务扩大到商品、现金的记录上。在各个账户中，按照借贷两方分别记账，其主要特点可归纳为：

记账方法——复式记账；

记账对象——债权、债务、商品、现金；

记账形式——账户式记账。

(3) 威尼斯式会计。15 世纪的威尼斯式会计在热那亚式会计的基础上增设了“损益”、“资本”等账户，特别是增设了引人瞩目的“余额”账户，借以汇总一切账户的余额，并对全部账户余额进行试算平衡，形成威尼斯式会计。威尼斯式会计是现代借贷记账法的雏形。威尼斯式会计的主要特点可归纳为：

记账方法——复式记账；

记账对象——债权、债务、商品、现金、损益、资本；

记账形式——账户式记录。

借贷记账法从佛罗伦萨式、热那亚式发展到威尼斯式，基本上完成了由单式记账到复式记账的革命。从此，借贷记账法流行于世界。借贷记账法在几百年的时间中始终处于不断完善和改进之中，形成目前较为科学的记账方法。

历史进入 14 世纪，迎来了文艺复兴。意大利的科学家、数学家卢卡 · 帕乔利于 1494 年发表了他的著作《关于算术、几何、比和比例概要》，其中有相当的篇章是论述复式记账的。西方学者称这本书的发行是会计史上的里程碑。这本书如实地介绍了威尼斯的复式记账法，并在理论上给予了必要说明。此借贷记账法核算程序可归纳如图 1-1 所示。

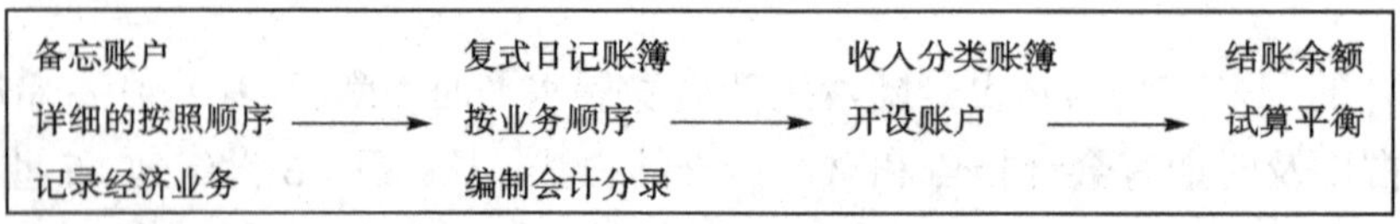

图 1-1　借贷记账法核算程序

复式簿记于 16 世纪在西欧得到了普及，先是在荷兰，后来又传入英国，随后又传到法国和德国。到 17、18 世纪，荷、英、法、德等国又将他们的会计向其他国家传播。当然，各国在学习复式记账法时，并没有全盘照搬，而是有所发展、有所创新。

19 世纪是会计史上的重要时期。这个时期英美两国的股份公司广泛发展起来，由于对生产活动管理控制的必要性，逐步产生了成本会计。为了保护投资者的利益，逐步产生了职业会计师和外部审计。

到 20 世纪第二次世界大战以后，国际间的经济业务大大增加，需要说明和比较各国的会计准则，制定国际会计准则。20 世纪美国的会计超过了英国，居于领先地位，在世界范围内发挥着自己的作用。

第二节　财务分析的意义及重要性

一、财务分析的主体

会计是一门服务性学科，它的主要目的是将企业各项经营活动的资料汇编成有用、明晰的财务报表，供企业管理者和其他信息使用者作为决策参考。

财务分析是与企业利益攸关的各个群体根据各自的目的，使用各种技术对企业的财务报表所给的数据进行分析、比较和解释，据以对企业的经营状况作出判断。由于不同利害关系群体关心企业的目的和侧重点的不同，为了从一般目的的财务报表中得出自己感兴趣的信息，他们往往需要根据自己的目的使用各种技术对财务报表数据进行加工分析。

一般而言，财务分析的主体包括：(1)企业经营者；(2)投资人、证券分析家；(3)银行、供货方等债权人；(4)税务部门、行政监管部门；(5)消费者和地区居民；(6)企业员工和工会组织；(7)作为研究调查对象对企业进行分析的分析者等。所以，财务分析的主体是由各种各样的群体所组成的，不同的分析主体有不同的分析目的。一般来说，企业内部的管理者为了改善经营管理，促进企业发展壮大，会对企业的盈利能力、成长能力、财务实力、利润分配和资本状况、现金流量等进行综合分析；投资人、证券分析家等为了掌握证券投资的回报率和风险性，侧重对盈利能力、利润分配状况和现金流量等的分析；银行等债权人为了掌握企业对借款、应收账款等是否具有偿还能力，短期性侧重于财务实力和现金流量等的分析，长期性侧重于盈利能力的分析；税务机关为了检查应税所得的计算是否恰当，侧重于盈利能力的分析。总之，财务分析是根据分析目的，有针对性地运用各种分析方法从财务报表中提炼有用信息的过程。

二、财务分析的意义及重要性

财务报告是会计人员根据公认的会计原则，经系统的会计处理程序和方法对日常发生的经济业务进行处理，进而汇总编制出能反映企业经营成果、财务状况和现金流量的报告。但出于成本效益的考虑，一般不可能根据各个利害关系群体对财务信息的不同要求编制不同的财务报表，提供给不同的利害关系群体。所以，通常编制一般目的的财务报表以满足社会对财务信息的共同需求，对各个利害关系群体的特殊需要用补充资料的方法予以提供。我国会计法、证券法所要求的财务报表都是一般目的财务报表。

当决策者面临如何选择一项最佳投资方案，或决定是否授信给某个借款人、购货人时，必须参考广泛的财务信息。可参考的财务信息很多，包括财务报表中提供的财务状况、经营成果、现金流量，也包括一些表外信息，如产品品质、营销能力、市场占有率、管理者的经营能力、创新观念、行业发展态势、经济环境、政策支持等。在各项可供利用的信息中，财务报表提供的信息因其客观、具体和可衡量等特性占据重要地位，而且财务报表信息显示了企业已经发生的事实，极具预测价值，若与其他各项信息结合，相辅相成，互为应用，将对报表信息使用者的决策大有助益。因此，财务分析的意义及重要性体现在如下几点。

(1) 通过财务分析可明确显示企业特定日期的财务状况和特定时期的经营成果及现金流量，使决策者可据以预测未来并制定将来的经营方针和方向。

(2) 财务分析所获得的信息能显示企业的整体经营目标，有助于各部门分工合作，明确方向，协调运作。

(3) 财务分析结果的及时提供有助于决策者随时获得分析数据，达成分析目标。

(4) 财务分析指标有助于企业管理者评价管理业绩，调整产业政策。

第三节　财务分析的产生和发展

一、西方财务分析的产生和发展

西方财务分析最早产生于美国，是美国工业发展的产物。在美国大发展前，企业规模较小，银行根据个人信用贷款。然而，随着经济的发展，公司不能根据个人信用贷款了。因为在 1883 年和 1884 年发生的两次经济危机中，企业用造假账向银行贷款，造成贷款收不回来，企业破产倒闭。这样，银行就更加关心企业的财务状况，关心企业是否具有偿债能力。1900 年前后，美国银行对申请贷款的企业要求提供资产负债表。随后，美国大银行家亚历山大 · 沃尔 (Alexander Wall) 首开财务报表分析先河，创立了比率分析体系。

在当时，沃尔的比率分析体系仅限于“信用分析”，这也说明，财务分析最初是从以确定偿债能力为目的的信用分析开始的。起初，信用分析中使用的财务比率只有一个流动比率，到了 20 世纪 20 年代，所用的财务比率大为增加。

信用分析体系的形成，标志着财务分析作为一门独立学科的正式诞生。当时的代表著作有沃尔的《信用分析》(1921)、《财务报表的比率分析》(1928)、《财务报表分析》(1930)、《财务报表之看法》(1936)，吉尔曼 (Stephen Gilman) 的《财务报表分析》等。之后，财务分析开始了多方位的发展。从分析内容看，除短期信用和长期信用分析外，还发展了投资分析或证券分析 (重点分析收益) 和经营分析 (企业内部分析)；从分析方法看，除比率分析法外，还发展了趋势分析、构成分析、差数分析等方法；从分析立场看，除了从企业债权人的信用分析外，还发展了从投资者、经营者、工会、证券公司、国家管理机关等多种角度的财务分析。财务分析，作为一门独立的财务会计学科，已有了一套相当完善的体系。

二、我国财务分析的产生和发展

在我国，过去将财务分析称为经济活动分析，理论界对其产生的说法不一。已故会计学家李宝震教授在其“论会计在经济管理中的重要作用”一文中认为，经济活动分析随会计一起产生和发展。唐元和八年(公元 813 年)，宰相李吉甫所著《元和国计簿)十卷通过历年财政状况的比较，说明军费增加是财政困难的原因之一。可以说，这是我国经济活动分析最早的一本著作。而多数人认为，这本专著应是我国会计理论发展史的一个里程碑，不应作为财务分析的开始。新中国成立前，只存在财务分析的某些内容，但不具备经济活动分析的整体知识，分析方法主要是比率分析法，没有专著，只有一些译本，公开发表的文章也很少，主要有 1939 年的《会计学刊》创刊号上的“决算报表与分析”、1940 年《会计学刊》第 3 期上的“成本会计与成本变动的分析”、1947 年《现代会计》第 8 期上的“销售毛利变动的分析”等。

新中国成立后，财政部于 1951 年 11 月召开第一次全国财务管理及会计工作会议，对国有企业财务报表的格式和种类作了统一规定。1952 年年初，国家颁发了《国营企业决策报告编制暂行办法》的通知，为开展企业财务分析奠定了基础。1952 年后，企业开始进行财务分析。1955 年，国务院制定了《国营企业决算报告编造办法》，明确规定企业必须编送财务状况说明书，其内容包括：(1)生产、基建、劳动工资、供应、销售、成本、财务等计划的完成情况；(2)财务情况分析；(3)损益原因分析；(4)成本分析；(5)流动资金的运用情况；(6)固定资产的利用情况；(7)企业奖励基金等特种基金和其他预算拨款的使用情况；(8)财务会计工作的情况和今后的改进意见。以上内容在年度终了要详细汇报，季度终了可以略报。

1953 年前后，高校开设经济活动分析课程，用苏联教科书，并由中国人民大学补充教材——《新中国国营企业经济分析特点》。1957 年 10 月正式出版第一本财务分析教科书《工业企业经济活动分析》，由中国人民大学的教师编著。同时在全国范围内开始发表一些分析文章。

党的十一届三中全会以后，会计工作得到重视。1979 年年底中国会计学会成立，有力地推动了会计理论研究。1980 年 10 月召开全国会计工作会议，研究了如何适应新形势，进一步发挥会计的作用，为“四化”服务，总结了经验，提出了要求和措施，第一次突破了传统“工具论”的提法，提出会计是经济管理的一个重要组成部分。会计除记录、反映外，还有分析经济情况、核算经济效果、监督经济活动、预测经济前景、参与经济决策的重要作用。在这以后，又全面恢复和发展了经济活动分析的实践和理论。

20世纪90年代初期进行的财务与会计制度改革，是我国企业财务分析和会计分析的理论与实践发展的又一个重大飞跃。从总体上看，新的财务分析理论在以下方面做了重大突破性改革。

(1)借鉴国际惯例，改革了财务报表体系，使企业财务报表分析能够更好地与国际惯例接轨，更好地适应社会主义市场经济发展的新要求。

(2)强化了报表分析和财务评价职能,并使报表分析和财务评价成为企业财务管理的一个专门化的重要功能，从而为企业财务分析和财务评价成为一门独立学科奠定了理论基础。

(3)改革了财务分析指标体系，使报表分析成为企业投资者、债权人、国家经济管理机关和企业内部管理者的共同需要，改变了单纯从政府角度评价企业的评价立场。新的财务分析指标体系，以工业企业为例，主要包括资产负债率、流动比率、速动比率、应收账款周转率、存货周转率、销售毛利率、资本金利润率、成本费用利润率等八项。借助这套指标体系，可以从不同的角度分析和评价企业偿债能力、获利能力和营运能力，揭示企业目前的实际情况，以适应各方面的需要。

(4)改革了财务分析和财务评价方法。借助新指标体系，不仅可以分析、评价企业计划的完成程度，更重要的是采取了指标实际值与标准值、临界值的比较，以判断企业目前所处的经营环境是否适应各方面的需要。

第四节　财务分析的体系与内容

一、美国财务分析体系与内容评价

财务分析作为一门独立学科，必然涉及对财务分析目的、分析方法、分析内容的界定与安排问题。从不同角度或不同的分析目的出发，可得出不同的财务分析体系。目前美国理论界关于财务分析体系的安排多种多样，可以说每本书都有自己的体系，但从总体看，可归纳为以下几种体系。

(一)概论、会计分析和财务分析三大部分

这种体系实际上是在总论财务分析目的、方法、资源与环境的基础上将财务分析内容分为会计分析和财务分析两大部分。

会计分析实质上是明确会计信息的内涵与质量，即从会计数据表面提示其实际含义。分析中不仅包含对各财务报表及相关会计科目内涵的分析，而且包括对会计原则与政策变动的分析、会计方法选择与变动的分析、会计质量及变动的分析等。

财务分析实质上是分析的真正目的所在，它是在会计分析的基础上，应用专门的分析技术与方法，对企业的财务状况与成果进行分析。通常包括对企业投资收益、盈利能力、

短期支付能力、长期偿债能力、企业价值等进行分析与评价，从而得出对企业财务状况及成果的全面、准确评价。

这种分析体系的典型代表是 Leopold A. Bemstein &John J. Wild 两位教授所著的《财务报表分析——理论、应用与解释》，他们提出的基本体系是：

第一部分　财务报表分析与报告

第一章　财务报表分析总论

第二章　分析目的与财务报告

第二部分　财务报表的会计分析

第三章　分析筹资活动

第四章　分析投资活动

第五章　分析投资活动：专题

第六章　分析经营活动：收益

第七章　分析筹资活动：现金流量

第三部分　财务分析的应用与解释

第八章　短期流动性

第九章　预测与预测表分析

第十章　资本结构与偿债能力

第十一章　投资收益

第十二章　盈利能力分析

第十三章　以收益为基础的分析与评价

综合案例　应用财务报表分析

与这个体系相类似的还有 Clyde P. Stickney 所著的《财务报表分析——一种战略展望》，该书的目录是：

第一章　财务报告与财务报表分析概论

第二章　收益流量与现金流量：理解企业动态关系

第三章　一般可接受的会计原则：收益确认与资产评估

第四章　一般可接受的会计原则：债务确认与相关费用

第五章　一般可接受的会计原则：公司实体间交易

第六章　分析财务报表中的数据

第七章　盈利能力分析：资产收益率

第八章　盈利能力分析：普通股权益收益率

第九章　风险分析

第十章　预测财务报表与价值评估

第十一章　行业分析案例

从目录看虽然没有直接分为三部分，但实际上其第一章和第二章可作为第一部分，即概述财务分析的环境、资料及企业主要活动之间的关系等。从第三章至第六章可看作是会计分析，从一般可接受的会计原则，分析各会计项目的内涵与质量。第三部分为第七章至第十章，即从盈利能力、风险、预测及价值评估几个方面对企业财务状况及成果进行分析。

（二）概论、分析工具和分析应用三大部分

这个体系中的概论部分主要强调财务分析的环境与目的，而将分析方法专门作为一部分研究。可以说第一部分概论是财务分析的理论基础。

第二部分分析工具则是分析的方法论问题。通常包括分析的程序与具体技术分析方法。从方法论角度看分析程序，可分为经营环境分析（包括行业分析、企业经营战略分析等）、基础资料分析（主要指对财务报表的内涵与质量进行分析）、财务分析、前景分析（包括预测分析与价值评价），形成完整的分析方法论体系。关于具体分析技术，则根据不同环节的特点选择不同的技术方法，如财务分析中的比率分析；前景分析中的预测技术、以现金流量为基础的评价技术和以会计收益为基础的评价技术等。

第三部分是分析的具体应用问题，即上述分析工具在实践领域的应用。通常包括证券分析、信贷分析及经营分析评价在兼并与收购、公司筹资政策和管理交流等方面的应用。

这种体系的典型代表是 Palepu，Bernard & Healy 所著的《经营分析与评价——使用财务报表》一书，该书的体系结构是：

第一部分　绪论

　　第一章　应用财务报表进行经营分析的框架

第二部分　经营分析工具

　　第二章　经营战略分析

　　第三章　会计分析

　　第四章　财务分析

　　第五章　前景分析：预测

　　第六章　前景分析：以折现为基础的评价

　　第七章　前景分析：以会计为基础的评价技术

第三部分　经营分析应用

　　第八章　权益证券分析

　　第九章　信贷分析与危机预测

　　第十章　兼并与收购

　　第十一章　公司筹资政策

　　第十二章　管理交流

采用这种理论、方法、应用体系的还有 George Foster 的《财务报表分析》，但他的分析方法部分介绍的不是按分析程序与内容划分的战略分析、会计分析、财务分析、前景分析，而是按具体分析技术划分的横向比较分析、时间序列分析、比率分析、实证分析等。他的分析应用部分，则从证券市场分析、信贷分析与财务危机预测、会计政策选择角度进行。

（三）概论、经营分析、投资分析、筹资分析和价值评估分析

这种体系的概论部分主要论述财务分析的内涵，通常从企业筹资活动、投资活动和经营活动三方面引出分析目的、分析资料及分析内容。在此基础上从经营分析、投资分析、筹资分析、价值评估分析几个方面，应用相应的分析方法进行系统分析与评价。

这种体系的典型代表是 Erich A. Helfert 所著的《财务分析技术——管理与计量企业绩效的实践指南》一书，其体系与内容是：

前言
第一章　经营财务体系内容
第二章　管理经营基金
第三章　经营绩效评价
第四章　财务预算要求
第五章　动态经营体制
第六章　投资决策分析
第七章　资本成本与经营决策
第八章　筹资选择分析
第九章　价值与企业绩效

从上述分析体系可以看出，作为一个全面系统的分析体系，无论其如何安排篇章结构，基本内容通常都包括分析理论、分析方法、具体分析及分析应用。但目前对分析内容值得研究的问题有三个：一是总体范畴问题；二是内容划分与地位问题；三是具体财务分析的内容问题。

1. 财务分析总体范畴

从分析的总体范畴看，传统的财务分析中的盈利能力分析、偿债能力或支付能力分析、营运能力分析（或投资分析、筹资分析、经营分析，或资产负债表分析、利润表分析、现金流量表分析）等都是不可缺少的。问题是财务分析是否应包括以下内容。

（1）战略分析。在调查样本中，将经营战略分析作为独立章节、详细分析的较少，最具代表性的是 Palepu，Bernard&Healy 所著的《经营分析与评价——使用财务报表》一书。

（2）会计分析。在调查样本中，大部分都有会计分析的内容，而且有些占有相当大的篇幅，如 Leopold A. Bernstein & John J. Wild 两位教授所著的《财务报表分析——理论、应用与解释》、Clyde P. Stickney 所著的《财务报表分析——一种战略展望》等都用较多章节进行会计分析，Palepu，Bernard&Healy 所著的《经营分析与评价——使用财务报表》一书也突出了会计分析的位置。

(3) 价值评估分析。在 20 世纪 90 年代出版的分析书中，大部分都有价值评估分析章节，但通常篇幅不大。将价值评估分析放在较突出位置的是 Palepu，Bernard&Healy 所著的《经营分析与评价——使用财务报表》一书。

(4) 预测分析。预测分析的内容通常伴随着价值评估分析的出现而出现。预测分析往往是价值评估分析的基础。有些书将其作为独立章节存在，有些书将其放在价值评估分析之中。

2. 财务分析内容划分与地位

从总体内容看，现代财务分析或多或少地包含有会计分析、财务分析、战略分析、价值评估分析、预测分析等内容，但会计分析、战略分析、价值评估分析、预测分析与财务分析是否处于同等地位呢?从上述体系与内容分析看，显然有不同的观点。

一种处理方法是将这些内容与方法并列，构成一个分析与评价体系。典型代表是 Palepu，Bernard & Healy 所著的《经营分析与评价——使用财务报表》一书。

另一种处理方法是突出会计分析与财务分析，而将价值评估分析及预测分析内容放在财务分析内容之中，将经营战略分析等内容放在概论中，或不包括战略分析。典型代表是 Leopold A. Bernstein & John J. Wild 两位教授所著的《财务报表分析——理论、应用与解释》和 Clyde 预测分析内容放在财务分析内容之中，将经营战略分析等内容放在概论中，或不包括战略分析。典型代表是 Leopold A. Bernstein & John J. Wild 两位教授所著的《财务报表分析——理论、应用与解释》和 Clyde P. Stickney 所著的《财务报表分析——一种战略展望》。

第三种处理方法是突出财务分析，将会计分析、经营战略分析等内容，将预测分析与价值评估分析作为财务分析的一部分，如 Erich A. Helfert 所著的《财务分析技术——管理与计量企业绩效的实践指南》就属于这种方式；而 George Foster 所著的《财务报表分析》则很少谈及经营战略分析、价值评估分析，会计分析融合在分析方法与分析应用之中。

3. 具体的财务分析内容

从具体的财务分析内容看，有分歧的主要在两个方面。

第一方面，是否划分财务分析与财务分析应用。传统的分析中很少单独将分析应用作为一部分，通常从财务报表种类或分析技术入手进行财务分析。现代财务分析中通常是区分财务分析与分析应用。财务分析往往介绍财务分析的基本内容与基本方法，分析应用则突出各实践领域的财务分析，如证券市场分析、兼并分析等。当然，现代财务分析也存在不区分财务分析与财务分析应用的情况。

第二方面，如何规范财务分析内容与财务分析应用内容。严格区分财务分析内容与财务分析应用内容是很困难的。如有的书将财务分析方法作为财务分析内容，将盈利能力分析、偿债能力分析、预测分析、价值评估分析作为分析应用；有的书将盈利能力分析、风险分析等作为财务分析内容，将企业重组分析、证券市场分析、价值评估分析等作为财务分析应用。

二、本书财务分析体系与内容构建

在研究财务分析产生与发展，界定财务分析内涵，明确财务分析目的与作用的基础上，结合对国外财务分析体系与内容的剖析，我们将这本本科财务分析教材的体系与内容归纳为以下的八章内容。关于战略分析的内容因为在战略管理这门课程中涉及，价值评估等高难度的分析在研究生的课程涉及，所以本财务分析体系未包括上述内容。因为严格区分财务分析内容与财务分析应用内容是很困难的，所以本教材将财务分析内容与财务分析应用内容合在一起编写。

第一章为绪论，本章包括会计的历史、财务分析的意义及重要性、财务分析的产生和发展、财务分析的体系与内容这样四部分内容。

第二章为财务分析方法和财务指标分析。

图中的一条鱼因为选择了不同的方法(换一个角度游)，轻而易举地夺得了冠军！生活中体现方法重要性的例子比比皆是。

有一个小寓言故事：一只蜜蜂和一只苍蝇同时掉进了一个瓶子，在这个瓶子的瓶口处有一个小口。蜜蜂整日在瓶子的底部转来转去，它每日充满希望地一刻不停地咬啊、叮啊，它想只要自己叮破这个瓶子，就可以出去了。结果，三天之后，它死在了瓶子里面。而苍蝇呢，它在瓶子里转了几圈后，发现四周都很坚固，于是就想最好能够找到一个出口，这样才能够逃生。想到这里它就四面八方地寻找出路，结果就意外地发现那里有一个口子，很快便飞了出去。

这个小寓言告诉我们方法的重要性，如果方法不对，即使极为勤奋、埋头苦干，也是徒劳无功；而方法正确，把主要精力放在寻找解决问题的突破口上，则可以事半功倍，取得良好的效果。所以我们首先要将财务分析的方法学好，掌握解决问题的途径。本章主要讲述比较分析法、比率分析法、平衡分析法、趋势分析法、因素分析法和本量利分析法等。

财务指标分析是财务分析的主要内容，构建了财务分析的基本框架，分别为偿债能力分析、营运能力分析、获利能力分析和发展能力分析，主要讲述基本的财务分析比率和基础的财务分析方法。

第三章主要讲述财务报表的阅读，包括一些会计分析方法和如何帮助报表使用者更好地理解和使用财务报表。

第四章到第八章主要讲述财务专题分析，分为成本分析、销售分析、项目预算分析、产品质量与成本的综合分析、财务分析与业绩评价等内容。

附录包括两部分内容：一部分是财务报表的编制。作为报表使用者要想更好地分析和使用财务报表，必须了解企业的经济活动是经过怎样一个程序而在报表中反映出来的，所以该部分通过一个实际案例，让学生根据企业经济活动状况，自己动手编制会计分录、丁字账、总账和财务报表。通过这样一个过程，学生可以充分体会企业经济活动和财务报表之间的关系，更好地理解财务分析的原理和内容并能更好地在实际工作中加以运用。

第二章

财务分析方法和财务指标分析

第一节 财务分析方法

开展财务分析，需要运用一定的方法。财务分析的主要方法有比较分析法、比率分析法、趋势分析法、因素替换法、差额计算（分析）法、平衡分析法和本量利分析法等。

一、比较分析法

（一）比较分析法的定义

比较分析法是通过指标对比，从数量上确定实际指标与基数指标的差异的一种方法，它是其他分析方法的基础。

（二）比较分析法的作用

主要是揭示客观存在的差异，为采用其他方法进一步分析指明方向。

（三）指标对比的种类

1. 实际指标与计划指标比

（1）实际指标较计划指标（±）额 = 实际指标–计划指标

（2）完成计划% = （实际指标/计划指标）×100%

（3）实际指标较计划指标（±）% = [实际指标较计划指标（±）额/计划指标]×100% = 完成计划%–1

这里的计划指标称为基数值，又叫做基期数字。

2. 实际指标与上年同期指标比

比如，本年的销售收入与去年的销售收入进行对比，是增长还是减少，增长或减少的百分比是多少。为了使对比的经济指标具有可比性，在应用比较分析法进行指标对比时，可以先将经济指标进行必要的调整换算。比如，我们进行跨年度的经济效益比较时，要求使用可比价格，就是将价格中的通货膨胀等不可比因素剔除后进行研究。

在实际指标与上年同期指标对比时，也可以计算上面的三个公式，只要把基期数（计划指标）变为上年同期指标即可。

3. 实际指标与先进指标对比

在实际指标与先进指标对比时，也可以计算上面的三个公式，只要把基期数变为先进水平值即可。先进指标可分为两类：一类是企业内部的先进指标，如本企业历史最好水平等；另一类是企业外部的先进水平指标，如同行业先进水平或国际先进水平。

4. 运用比较法应注意的问题

(1)对比指标之间必须具有可比性，即：

① 对比指标的计价标准要相同；

② 对比指标的时间单位要相同；

③ 指标内容相同；

④ 指标的计算方法相同。

(2)绝对数差异与相对数差异结合分析，作出全面判断。

(3)特殊情况。

比如：比较的数额为负数时，如本期有利润而上期为亏损时，不能计算增减百分率；当用以比较的数额为 0 时，不能计算增减百分比；当用以比较的数额为正数，而本期实际数为 0 时，减少百分率为 100%，无须计算。

二、比率分析法

(一) 比率分析法的定义

比率分析法是先计算各项指标的相对数形成比率，然后再比较各种比率的一种分析方法。

(二) 比率分析法的作用

比率是相对数，采用这种方法，可以将某些不同条件、不同质、不可比的指标变为可比指标，以利于进行分析。

(三) 比率分析法的种类

比率指标主要有以下两类。

1. 构成比率

构成比率，是指某项财务指标的各个组成部分数值与总体数值的比率，反映部分与总体的关系。例如，企业资产中流动资产和固定资产占资产总额的百分比，企业负债中流动负债和长期负债占负债数额的百分比，利用构成比率可以分析构成内容的变化，从而掌握经济活动的特点和变化趋势。

2. 相关指标比率

相关指标比率是根据经济活动客观存在的相互联系、相互依存的关系，将两个性质不同但又相关的指标加以对比、求出比率，这种比率叫做相关比率。如资本利润率、销售利润率、人均国民收入、资产负债率等。

比率分析法的优点是计算简便，计算结果容易判断，而且可以使某些指标在不同规模的企业之间进行比较，甚至也能在一定程度上超越行业间的差别进行比较。但采用这一方法时，对比率指标的使用应该注意对比项目的相关性、计算比率的分子项与分母项两个指标口径的一致性、衡量标准的科学性等。

三、趋势分析法

（一）趋势分析法的定义

趋势分析法是将两期或连续数期的财务报告中的相同指标进行定基对比或环比对比，揭示企业财务状况或经营成果变化趋势的一种分析方法。

（二）趋势分析法的作用

采用这种方法可以分析引起变化的主要原因、变动的性质，并预测企业未来的发展前景。

（三）趋势分析法的种类

发展速度是用不同时期的同类指标的数值进行对比，求出比率，分析该项指标发展方向和增减变化速度，以观察经济活动变化趋势。发展速度指标按比较标准期的不同分为定基发展速度和环比发展速度。

其计算公式如下：

$$定基发展速度=\frac{本期某指标数值}{固定基期某指标数值}\times 100\%$$

$$环比发展速度=\frac{本期某指标数值}{前期某指标数值}\times 100\%$$

$$定基增长速度=\frac{本期某指标数值}{固定基期某指标数值}\times 100\%-1$$

$$环比增长速度=\frac{本期某指标数值}{前期某指标数值}\times 100\%-1$$

【例 2-1】 某企业产品销售额动态化分析表见表 2-1。

表 2-1　某企业产品销售额动态变化分析表

指　标	一季度	二季度	三季度	四季度
产品销售额（千元）	50 000	55 000	58 300	59 466
定基发展速度（%）（一季度 = 100）	100	110	116.6	118.9
环比发展速度（%）（上一季度 = 100）	—	110	106	102

该企业的定基发展速度在不断增长，但环比发展速度放慢，这是因为对比的基数在不断改进增大，这种情况也是符合经济发展规律的。

四、因素替换法(连环替代法)

(一) 因素替换法的定义

因素分析法是用来计算相互联系的几个因素对综合经济指标影响程度的一种方法。

(二) 因素替换法的作用

主要是用来衡量与综合经济指标有关的各个因素的影响程度大小，以判断有关方面的经济责任，更有说服力地评价各职能部门的业绩。

(三) 因素替换法的操作程序

【例 2-2】 企业生产 A 产品耗用 A 材料情况见表 2-2。

表 2-2　企业生产 A 产品耗用 A 材料情况

指　　标	计　　划	实　　际	差　　异
产量(件)	100	110	10
单耗(千克/件)	20	18	–2
材料单价(元/千克)	5	6	1
材料费用(元)	10 000	11 880	1 880

第一步：确定分析对象(总差异，即综合指标脱离计划的差异)，11 880–10 000 = 1 880(元)

第二步：用因素替换法进行因素分析

计划指标：100×20×5 = 10 000

第一次替换：110×20×5 = 11 000(第一次替代指标)

由于产品产量增加 10 件，使材料费用上升 1 000 元(11 000–10 000)

第二次替换：110×18×5 = 9 900(第二次替代指标)

由于每件产品耗用 A 材料节约 2 千克，使材料费用下降 1 100 元(9 900–11 000)

第三次替换：110×18×6 = 11 880(第三次替代指标)

由于每千克材料价格上涨 1 元，使材料费用上升 1 980 元(11 880–9 900)

第三步：汇总各因素的影响

1 000–1 100+1 980 = 1 880(元)(等于总差异)

总结以上操作程序：这种方法是在分析某一个因素对综合指标的影响程度时，假设其他因素不变的情况下进行的，分三步进行。第一步，确定分析对象，即综合经济指标实际脱离基数的差异。第二步，通过替换的方式确定各因素的影响程度，依次用各因素的实际数去替换计划数，每次替换的结果与上一次替换结果的差异就是这个因素对综合经济指标的影响程度。有几个因素就替换几次。第三步，汇总各因素的影响，汇总的结果等于总差异。

(四) 因素替换法的注意事项

(1) 进行因素替换时，要遵循一定的次序。

(2) 次序的设定，原则上：先数量指标后质量指标。如果有多个数量指标或多个质量指标共同影响同一个综合指标时，先主体指标后从属指标。

(3) 因素替换中的每一个因素都应该和综合经济指标有因果关系。

五、差额计算(分析)法

(一) 差额计算法的定义

差额计算法是因素替换法的一种简化形式，是用各个因素的实际数与基数的差额直接计算每个因素对综合经济指标影响程度的一种方法。

(二) 差额计算法的作用

与因素替换法相同。

(三) 差额计算法的操作程序

还用上面例 2-2 的例子：

第一步：确定分析对象，11 880–10 000 = 1 880(元)

第二步：用差额计算分析法进行因素分析

(1) 由于产量增加 10 件的影响 (+10)×20×5 = +1 000(元)

(2) 由于产品单耗节约 2 千克的影响：(–2)×110×5 = –1 100(元)

(3) 由于每千克材料单价上升 1 元的影响：(+1)×110×18 = +1 980(元)

第三步：汇总各因素的影响，+ 1 000–1 100 + 1 980 = +1 880(元)

总结以上操作程序：运用差额计算分析法，其操作程序的第二步是依次运用每个因素的实际数与基期数的差额乘以该因素前面因素的实际数，乘以该因素后面因素的基期数，所得结果就是这个因素对综合经济指标的影响程度。不难看出，差额分析法的计算结果与连环替代分析法的计算结果完全相同。在影响因素较少的情况下，由于能够简便、合理地排列影响因素的顺序，差额分析法被普遍应用。

【例 2-3】 某企业流动资产周转情况表如表 2-3 所示。

表 2-3　某企业流动资产周转情况表

指　标	计　划	实　际	差　额
产品销售收入(元)	720 000	1 080 000	360 000
流动资产平均占用额(元/天)	100 000	120 000	20 000
流动资产周转天数(天)	50	40	–10

要求：请用差额计算分析法对流动资产周转天数进行因素分析。

$$流动资产周转天数=\frac{流动资产平均占用额\times 360}{产品销售收入}$$

解：第一步：确定分析对象 40−50 = −10（天）

第二步：用差额分析法进行因素分析

（1）由于产品销售收入增加 360 000 元的影响

$$\left[\left(\frac{1}{1\ 080\ 000}\right)-\frac{1}{720\ 000}\right]\times 100\ 000\times 360=-16.7（天）（节约）$$

（2）由于流动资产平均占用额增加 20 000 元的影响

$$\frac{20\ 000\times 360}{1\ 080\ 000}=6.7（天）（延缓）$$

第三步：汇总各因素的影响：−16.7+6.7 = −10（天）

总结以上操作程序：在运用差额计算分析法时，如果遇到分母因素，也就是遇到有除数因素，应该用该因素实际数的倒数与基期数的倒数之差，乘以该因素前面因素的实际数，乘以该因素后面因素的计划数，所得乘积就是该因素对综合经济指标的影响程度。

由于因素分析法既可以全面分析各因素对某一经济指标的影响，又可以单独分析某个因素对某一经济指标的影响，因而在财务分析中应用广泛。

六、平衡分析法

（一）平衡分析法的定义

平衡分析法是用来查明各项具有平衡关系的经济指标之间的依存情况，测定各项因素对经济指标变动影响程度的一种方法。

（二）平衡分析法的具体运用

平衡分析法是用来分析具有平衡关系的经济指标的协调情况。下面我们通过例题来具体说明此方法的运用。

【例 2-4】 产品产销平衡分析表如表 2-4 所示。

表 2-4　产品产销平衡分析表

指　标	符　号	计　划	实　际	差　异	
				符号	数量
期初产品库存量	C_0	3 000	2 600	ΔC_0	−400
本斯生产量	A	50 000	52 000	ΔA	2 000
期末产品库存量	C_1	2 000	2 200	ΔC_1	200
本斯产品销售量	B	51 000	52 400	ΔB	1 400

其中：期初产品库存量+本期产品生产量＝期末产品库存量+本期产品销售量

$$销售量\ B = C_0 + A - C_1$$

$$计划销售量 = 3\ 000 + 50\ 000 - 2\ 000 = 51\ 000（件）$$

$$实际销售量 = 2\ 600 + 52\ 000 - 2\ 200 = 52\ 400（件）$$

$$\Delta B = \Delta C_0 + \Delta A - \Delta C_1 = -400 + 2\ 000 - 200 = 1\ 400（件）$$

七、本量利分析法

（一）本量利分析法的定义

本量利分析法是根据成本、业务量和利润三者之间的内在联系，并依据企业已完成的经济业务中这三者之间的关系对销售量和销售额进行预测的一种方法。（这种方法也可用于对成本、资金需求量进行预测。）

（二）本量利分析法的计算方法

【例 2-5】 某企业生产并销售 A 产品，售价为 100 元，生产 A 产品单位变动成本为 60 元，生产 A 产品应负担的固定总成本为 20 000 元。计算生产并销售多少 A 产品既不赔钱也不赚钱？（求盈亏平衡点的销售量。）

$$盈亏平衡点销售量 = \frac{固定总成本}{单价-单位变动成本} = \frac{20\ 000}{100-60} = 500（件）$$

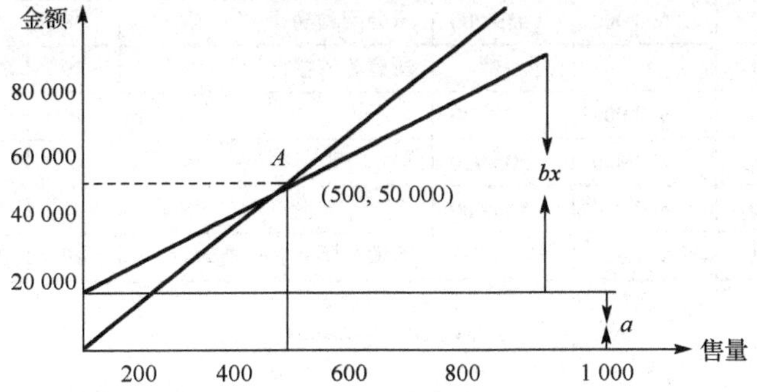

图 2-1　盈亏平衡点分析图

第二节　财务指标分析

一、偿债能力分析

我们以宏达公司为例来说明如何进行企业的偿债能力分析，下面三张报表（见表 2-5、表 2-6、表 2-7）是宏达公司 2015 年的财务报表。

表 2-5　资产负债表

编制单位：宏达股份有限公司　　　　2015 年 12 月 31 日　　　　单位：元

资　　产	行次	年初数	期末数	负债及所有者权益	行次	年初数	期末数
流动资产：				流动负债：			
货币资金	1	1 406 300	820 745	短期借款	22	300 000	50 000
以公允价值计量且其变动计入当期损益的金融资产	2	15 000		应付票据	23	200 000	100 000
应收票据	3	246 000	46 000	应付账款	24	953 800	
应收账款	4	300 000	600 000	其他应付款	25	50 000	50 000
减：坏账准备	5	–900	–1 800	应付工资	26	100 000	100 000
应收账款净额	6	299 100	598 200	应付福利费	27	10 000	80 000
预付账款	7	100 000	100 000	应交税费	28	30 000	305 344
其他应收款	8	5 000	5 000	其他未交款	29	6 600	6 600
存货	9	2 580 000	2 574 700	一年内到期的非流动负债	30	1 000 000	
其他流动资产	10	100 000		预提费用	31	1 000	
流动资产合计	11	4 751 400	4 144 645	流动负债合计	32	2 651 400	1 545 744
长期投资：	12	250 000	250 000	非流动负债	33	600 000	1 160 000
固定资产				负债合计	34	3 351 400	2 705 744
固定资产原价	13	1 500 000	2 401 000	所有者权益			
减：累计折旧	14	400 000	17 000	实收资本	35	5 000 000	5 000 000
固定资产净值	15	1 100 000	2 231 000	盈余公积	36	150 000	185 685.15
在建工程	16	1 500 000	728 000	其中：公益金	37		
固定资产合计	17	2 600 000	2 959 000	未分配利润	38		202 215.85
无形及递延资产				所有者权益合计	39	5 150 000	5 387 901
无形资产	18	600 000	540 000				
递延所得税资产	19	200 000	200 000				
无形及递延资产合计	20	800 000	740 000				
资产合计	21	8 401 400	8 093 645	负债及所有者权益合计	40	8 401 400	8 093 645

表 2-6　利润表

编制单位：宏达股份有限公司　　　　2015 年 12 月 31 日　　　　单位：元

项　　目	行次	上年累计数	本年累计数
一、营业收入	1	1 000 000	1 250 000
减：营业成本	2	620 000	750 000
营业税金及附加	3	1 500	2 000
销售费用	4	20 000	20 000
管理费用	7	140 000	158 000
财务费用	8	25 000	41 500
三、营业利润	9	193 500	278 500

续表

项　　目	行次	上年累计数	本年累计数
加：投资利益	10	30 000	31 500
营业外收入	11	40 000	50 000
减：营业外支出	12	18 500	19 700
加：以前年度损益调整	13		
四、利润总额	14	245 000	340 300
减：所得税	15	80 850	102 399
五、净利润	16	164 150	237 901

表 2-7　现金流量表

编制单位：宏达股份有限公司　　2015 年 12 月 31 日　　单位：元

项　　目	行　　次	金　　额
一、经营活动产生的现金流量：		
销售商品提供劳务收到的现金	1	1 181 000
收到增值税销项税额	2	161 500
现金收入小计	3	1 342 500
购买商品、接受劳务支付的现金	4	349 800
支付给职工以及为职工支付的现金	5	300 000
支付的增值税款	6	142 466
支付的所得税款	7	97 089
支付的增值税、所得税以外的其他税费	8	2 000
支付的其他与经营活动有关的现金	9	70 000
现金支出小计	10	961 355
经营活动产生的现金流量净额	11	381 145
二、投资活动产生的现金流量：		
收回投资所收到的现金	12	16 500
分得股利或利润所收到的现金	13	30 000
处置固定资产而收到的现金净额	14	300 300
现金收入小计	15	346 800
购建固定资产所支付的现金	16	451 000
现金支出小计	17	451 000
投资活动产生的现金流量净额	18	−104 200
三、筹资活动产生的现金流量		
借款所收到的现金	19	400 000
现金收入小计	20	400 000
偿还债务所支付的现金	21	1 250 000
偿付利息所支付的现金	22	12 500
现金支出小计	23	1 262 500
筹资活动产生现金流量净额	24	−862 500
四、现金及现金等价物净增加额：	25	−585 555

偿债能力是指企业偿还到期债务本息的能力，它包括短期偿债能力和长期偿债能力。

(一)短期偿债能力分析

短期偿债能力是指企业流动资产对流动负债及时足额偿还的保证程度，是衡量企业当前财务能力，特别是流动资产变现能力的重要标志。

分析短期偿债能力的常用指标有流动比率、速动比率和现金比率。

1. 流动比率

流动比率(Current Ratio)是流动资产与流动负债的比率。它是衡量企业资产流动性的大小，判明企业短期债务偿还能力最通用的比率。用于评价企业流动资产(Current Assets)在短期债务到期前，可以变为现金用于偿还流动负债(Current Liability)的能力。其计算公式为：

$$\text{流动比率}=\frac{\text{流动资产}}{\text{流动负债}}$$

该比率表明企业每一元钱的流动负债有多少流动资产作为其偿还的保障。一般认为，流动比率越高，反映企业短期偿债能力越强，企业财务风险越小，债权人的权益越有保障，安全程度越高。国际上通常认为，流动比率的下限应大于1，而流动比率等于2时较为恰当。它表明企业的财务状况稳定可靠，除了满足日常生产经营的流动资金需要外，还有足够的财力偿付到期短期债务。

用上述公式计算宏达公司的流动比率：

$$\text{2015 年年初：}\frac{4\ 751\ 400}{2\ 651\ 400}=1.79$$

$$\text{2015 年年末：}\frac{4\ 144\ 645}{1\ 545\ 744}=2.68$$

宏达公司的流动比率2015年年初大于1，而且2015年年末流动比率比年初有所增加且大于2，意味着其可转换成现金的流动资产足以偿还到期流动负债，偿还短期债务能力较强，而且偿债能力有增强趋势。

在运用流动比率指标进行分析时，必须注意以下几个问题。

(1)从短期债权人的角度看，自然希望流动比率越大越好，因为流动比率越高，债权人的安全程度越高。但要注意，有的企业可能为了筹措资金，有意在会计期末采用推迟购货、抓紧收回应收账款、提前偿还债务以及再筹借资金等方法，粉饰流动资产和流动负债状况，提高流动比率。但从企业经营角度看，过高的流动比率通常意味着企业资产利用率低下，管理松懈，闲置现金过多，资金浪费，这必然造成机会成本的增加和获利能力的降低，没有充分利用企业目前的借款能力。

(2)注意计算出来的流动比率，只有和同行业平均流动比率、本企业历史的流动比率进行比较，才能得出比率的优劣。

(3) 流动资产中包含的存货、预付款等能否足额迅速地转换为现金，是有疑问的。如果其流动性较差，即使流动比率很高，也不能说明企业短期偿债能力很强。因此，为了更真实地揭示企业的短期偿债能力，还需要使用速动比率这一指标进行评价。

2. 速动比率

速动比率（Quick Ratio or Acid-test Ratio）是企业速动资产（Quick Assets）与流动负债之比，用于衡量企业流动资产中可以立即用于偿付流动负债的能力。其计算公式如下：

$$速动比率=\frac{流动资产总额-存货}{流动负债}$$

速动资产是流动资产减去变现能力较差、变现能力不稳定的存货之后的余额。由于剔除了存货这一变现能力较弱且不稳定的资产，因此，速动比率较之流动比率能够更加准确、可靠地评价企业资产的流动性及其偿还短期负债的能力。

一般情况下，速动比率越高，表明企业偿还流动负债的能力越强。国际上通常认为，速动比率等于 1 时较为适当。如果速动比率小于 1，必使企业面临很大的偿债风险；如果速动比率大于 1，尽管债务偿还的安全性很高，但却会因企业现金及应收账款资金占用过多而大大增加企业的机会成本。这是因为以下两个方面。

(1) 速动资产中仍含有应收账款，如果应收账款的金额过大或质量较差，事实上会高估速动比率。在评价速动比率时，应结合应收账款周转率指标分析应收账款的质量。

(2) 速动比率与流动比率一样，它反映的是会计期末的情况，并不代表企业长期的财务状况。企业为筹措资金可能会人为地粉饰速动比率，作为债权人应进一步对企业整个会计期间和不同会计期间的速动资产、流动资产和流动负债情况进行分析。

需要说明，速动资产中应包含哪几项流动资产，目前仍有争议。这是因为，除了存货以外，还有一些流动资产的流动性也较差，如待摊费用、预付费用等。因此，也有人主张在计算速动比率时，不仅要扣除存货，还应该扣除待摊费用、预付费用等其他变现能力较差的项目。

用上述公式计算宏达公司的流动比率：

$$2015\ 年年初:\ \frac{4\,751\,400-2\,580\,000}{2\,651\,400}=0.82$$

$$2015\ 年年末:\ \frac{4\,144\,645-2\,574\,700}{1\,545\,744}=1.02$$

宏达公司的速动比率在 1 左右，短期偿债能力较好。

(二) 长期偿债能力分析

长期偿债力是指企业偿还长期负债的能力。反映企业长期偿债能力的财务指标主要有债务比率、产权比率、长期负债对资本化的比率、债务与有形净值比率、利息保障倍数和固定费用偿付能力比率。

1. 债务比率

债务比率(Debt Ratio)是指企业负债总额(Total Liabilities)对资产总额(Total Assets)的比率。它表明企业资产总额中，债权人提供资金所占的比重，以及企业资产对债权人权益的保障程度。其计算公式为：

$$债务比率=\frac{负债总额}{资产总额}$$

一般情况下，债务比率越小，表明企业长期偿债能力越强。但是，也并非说该指标对谁都是越小越好。对债权人来说，该指标越小越好，这样企业偿债能力就越有保证。对企业所有者来说，该指标较大，说明利用较少的自有资产投资形成了较多的生产经营资产，不仅扩大了生产经营规模，而且在经营状况良好的情况下，还可以利用财务杠杆的原理，得到较多的投资利润，如果指标过小则表明企业对财务杠杆利用不够。但债务比率过大，则表明企业的债务负担重，企业资金实力不强，不仅对债权人不利，而且企业有濒临倒闭的危险。一般认为，资产负债率的适宜水平在40%~60%。我国《公司法》规定，公司公开上市，其净资产与资产总额的比例必须在30%以上，即负债占资产总额的比例不得高于70%。一般来说，企业的债务比率不应该大于60%。若债务比率大于60%，说明企业的债务负担过重，已经超过资本基础的承受能力。

用上述公式计算宏达公司的债务比率：

$$2015年年初：\frac{3\,351\,400}{8\,401\,400}=0.399$$

$$2015年年末：\frac{2\,705\,744}{8\,093\,645}=0.334$$

该公司2015年年初和年末的债务比率在公认标准范围内，说明公司长期偿债能力较强，这样有助于增强债权人对该公司出借资金的信心。

2. 产权比率

产权比率(Debt-to-Equity Ratio)是指负债总额与所有者权益总额的比率，是企业财务结构稳健与否的重要标志。它反映企业所有者权益对债权人权益的保障程度。其计算公式为：

$$产权比率=\frac{负债总额}{所有者权益}$$

一般情况下，产权比率越高，企业所存在的风险越大，长期偿债能力越弱，不管企业盈利情况如何，企业必须履行支付利息和赔偿本金的义务和责任；产权比率越低，表明企业的长期偿债能力越强，债权人承担的风险越小，也就越愿意向企业增加借款，但产权比率过低也说明企业不能充分地发挥负债的财务杠杆效应。

一般认为，该指标 1∶1 最理想，如果认为资产负债率应在 40%～60%之间，则意味着产权比率应当维持在 70%～150%之间。

产权比率与资产负债率对评价偿债能力的作用基本相同，两者的主要区别是：资产负债率侧重于分析债务偿付安全性的物质保障程度；产权比率则侧重于揭示财务结构的稳健程度以及自有资金对偿债风险的承受能力。

用上述公式计算宏达公司的产权比率：

$$2015\text{ 年年初：}\frac{3\,351\,400}{5\,150\,000}=0.651$$

$$2015\text{ 年年末：}\frac{2\,705\,744}{5\,387\,901}=0.502$$

该公司 2015 年年初和年末的产权比率不高，表明公司的长期偿债能力较强，而且产权比率年末比年初还降低了 0.149，说明长期偿债能力有所增强，债权人的保障程度较高。

3. 长期负债对资本化的比率

该比率是用长期负债(Long-term Debt)对资本化净资产(所有者权益加上长期负债)的比率来反映流动负债以外的债务对企业的总求偿权。在西方，长期负债已被认为是一种资本化的资产，因此，他们往往将长期负债视为权益的一部分。这一比率实质上是衡量长期负债在全部资本化净资产中所占的比重，比重越大，风险也越大；比重越小，风险也越小。在签订长期借款合同时，这一比率常常是双方签约的一个重要考察对象。计算公式如下：

$$\text{长期负债对资本化的比率}=\frac{\text{长期负债}}{\text{股东权益}+\text{长期负债}}$$

用上述公式计算宏达公司的长期负债对资本化的比率：

$$2015\text{ 年年初：}\frac{600\,000}{5\,150\,000+600\,000}=0.104$$

$$2015\text{ 年年末：}\frac{1\,160\,000}{5\,387\,901+11\,60\,000}=0.177$$

该公司 2015 年年初和年末的长期负债对资本化的比率不高，表明公司的长期偿债能力较强，但该比率年末比年初有所增高，主要是由于 2015 年年内增加了大量长期负债 560 000(1 160 000–600 000)造成的。

4. 债务与有形净值比率

债务与有形净值(Tangible Net Worth)比率是用于测定企业长期偿债能力的比率之一(这一比率显示了债权人在企业破产时的被保护程度)。从长期偿债能力的角度看，与债务比率和产权比率一样，这一比率越低企业的长期偿债能力越强。

债务与有形净值比率是比债务比率和产权比率更保守的比率。这一比率将商誉、商标权、专利权、版权等无形资产从净资产中扣除。因为从保守的观点来看，这些资产不会给债权人提供任何保障。该比率的计算公式如下：

$$债务与有形净值比率=\frac{负债总额}{净资产总额-无形资产}$$

用上述公式计算宏达公司的债务与有形净值比率：

$$2015年年初：\frac{3\ 351\ 400}{5\ 150\ 000-600\ 000}=0.737$$

$$2015年年末：\frac{2\ 705\ 744}{5\ 387\ 901-540\ 000}=0.558$$

该公司 2015 年年初和年末的债务与有形净值比率不高，表明公司的长期偿债能力较强，而且债务与有形净值比率年末比年初还降低了 0.179，说明长期偿债能力有所增强，债权人的保障程度较高。

5. 利息保障倍数

利息保障倍数(Times Interest Earned)又称已获利息倍数，是指企业息税前利润(Earning Before Interest and Tax)与利息费用(Interest Expense)的比率，用以衡量企业偿付借款利息的能力。其计算公式为：

$$利息保障倍数=\frac{息税前利润}{包括资本化利息的利息费用}$$

公式中的分母“包括资本化利息的利息费用”是指本期发生的全部应付利息，不仅包括利润表中的财务费用项目中的利息费用，还包括计入固定资产成本的资本化利息。资本化利息虽然不在利润表中扣除，但仍然是要偿还的。

公式中的“息税前利润”是指利润表中未扣除利息费用和所得税费用之前的利润。由于我国现行利润表中利息费用没有单列，而是混在财务费用之中，外部报表使用者只好用“利润总额加财务费用”来估计。

一般情况下，利息保障倍数越高，表明企业长期负债能力越强；相反，则表明企业没有足够资金来偿还债务利息，企业偿债能力越弱。利息保障倍数通常在 3～6 之间。不同行业的利息费用保障倍数也是有区别的，如美国的食品加工业接近 10，而工程类企业只有 4，说明利息保障倍数与行业有关。

注意：为了考察偿付利息能力的稳定性，一般应计算 5 年的利息保障倍数。经营有周期性的企业，在获利高的年度，可能有一个非常高的利息保障倍数，但在利润低的年度可能无力偿还利息。因为企业在好年景和坏年景都需要偿还利息，所以选择 5 年中最低的利息保障倍数来作为基本的偿付利息能力指标。

用上述公式计算宏达公司的利息保障倍数(假定宏达公司的资本化利息费用数额为 50 000 元)：

$$2015\text{年：}\ \frac{340\ 300+41\ 500}{41\ 500+50\ 000}=4.173$$

从以上计算结果来看，该公司2015年度的利息保障倍数较高，说明企业所创造的息税前利润足以支付包括资本化利息在内的利息费用，同时也从利润表的角度说明该企业的长期偿债能力较好。

6. 固定费用偿付能力

为了更加谨慎地确定企业的长期偿债能力，需要使用一个比利息保障倍数更保守的指标：固定费用偿付能力比率。利息保障倍数和固定费用偿付能力比率之间的主要区别是后者的计算中包括了一部分经营租赁费用。计算公式如下：

$$\text{固定费用偿付能力}=\frac{\text{息税前利润+租赁费的利息部分}}{\text{包括资本化利息的利息费用+租赁费的利息部分}}$$

固定费用偿付能力比率是利息保障倍数的扩展形式，它显示的是企业偿付固定费用的能力。在实务中对固定费用应该包括什么项目存在不同意见，普遍的做法是利息费用加上部分营业租赁支出。

租赁可以分为融资租赁和经营租赁两种。承租人把融资租赁看作是购置资产，并把租入资产归属于固定资产，而把相关的债务归属于企业的负债，因此，租赁费用的一部分被认为是利息费用。所以，利润表中的利息费用包含了与融资租赁有关的利息。经营租赁不在资产负债表中列示，但在利润表中作为租赁费用反映。实际上，很多经营租赁都是长期性的。长期性的经营租赁也是一种长期筹资方式，所以租赁费用的一部分实际上是利息的性质。当把经营租赁费用的一部分包括在固定费用中时，就可以确定企业实际付出的利息总额。

用上述公式计算宏达公司的固定费用偿付能力（假定宏达公司经营性租赁的租赁费用的利息数额为10 000元）：

$$2015\text{年：}\ \frac{340\ 300+41\ 500+10\ 000}{41\ 500+50\ 000+10\ 000}=3.86$$

从以上计算结果来看，该公司2015年度的固定费用偿付能力较高，说明企业所创造的息税前利润足以支付相应的固定费用，同时也从利润表的角度说明该企业的长期偿债能力较好。

7. 长期偿债能力的综合分析

要了解企业长期偿债能力的真实状况，需要将以上相关指标综合起来进行分析。宏达公司2015年年末的负债比率比年初的负债比率有所降低，可说明该企业的长期偿债能力有所提高。2015年年末的产权比率比年初降低了0.149，同样可以表明该企业长期偿债能力有所提高。2015年年初债务与有形净值比率为0.737，2015年年末债务与有形净值比率为0.558，年末比年初降低了0.179，同样表明企业偿债能力提高了。至于长期负债对资本化比率有所提高，由年初的 0.104 提高到年末的 0.177，是由于 2015 年年内增加了大量长期负债 560 000(1 160 000– 600 000)元所造成的。从损益表计算的偿债能力的指标来看，利息保障倍数为 4.173，固定费用偿付能力指标为 3.86，均表明企业所创造的息税前利润足以支付包括资本化利息在内的利息费用。综合以上指标可以说明宏达公司的长期偿债能力较好。

8. 现金流量对偿债能力的影响分析

企业的债务清偿能力和其他各种支付能力是与其流动性密切联系在一起的。企业的流动性虽然能通过资产负债表予以揭示，但现金流量表也能对此作更进一步的披露。企业在一定时期内现金的不断流入与流出，尤其是经营活动导致的现金不断流入和流出，体现出企业良好的流动性和资金运转能力。现金流量表中反映的一定时期的现金净增加额，体现了企业本期为下期提供的可随时支付的财务资源，其数额多少在一定程度上反映其支付能力的高低，因为企业债务的清偿要依据现金流转情况。

现金流量对偿债能力的影响分析主要通过营业现金流量/本期到期的长期负债和本期应付票据、营业现金流量/债务总额等指标进行分析。

(1) 现金到期债务比

现金到期债务比反映企业偿还本期到期债务的能力。通常本期到期的长期负债和本期应付票据是不能展期的，必须如数偿还。该比率越高，企业流动性越好。其计算公式为：

$$\text{现金到期债务比}=\frac{\text{营业现金流量}}{\text{本期到期的长期负债+本期应付票据}}$$

若宏达公司本期到期长期负债和应付票据共为 100 000 元，计算结果为：

$$2015\text{ 年：}\frac{381\ 145}{100\ 000}=3.81$$

假设同行业其他企业平均的现金到期债务比为 2.5，则说明宏达公司归还到期债务的能力是较好的。

(2) 营业现金流量/债务总额

该比率反映了企业用每年的现金流量偿付所有债务的能力。该比率越高，企业承担其债务总额的能力越强。其计算公式为：

$$\text{营业现金流量与债务总额比}=\frac{\text{营业现金流量}}{\text{债务总额}}$$

用上述公式计算宏达公司的营业现金流量与债务总额比：

$$2015\text{ 年：}\frac{381\ 145}{2\ 705\ 744}=14\%$$

假设同行业平均现金债务总额比为 10%，说明宏达公司的举债能力是不错的。该计算说明宏达公司最大的付息能力是 14%，即利息高达 14%时，企业仍然能够按时付息。

只要能按时付息，就能借来新债还旧债，维持负债规模。如果市场利率为10%，那么公司最大的负债能力是381 145/10% = 3 811 450元，仅从付息能力来看，企业还可借债1 105 706 (3 811 450– 2 705 744)元。

偿债能力分析思考题

1. 指出下列交易对有关财务比率的影响。每笔交易中，可用“+”表示增加，“–”表示减少，“0”表示无影响(假定期初利息保障倍数大于1)。

交易内容	利息保障倍数	负债比率	负债与权益比率	债务与有形净值比
(1)以抵押贷款购买固定资产	____	____	____	____
(2)以短期借款购买存货	____	____	____	____
(3)宣布发放现金股利	____	____	____	____
(4)发行普通股收到现金	____	____	____	____
(5)偿还长期借款	____	____	____	____
(6)将债券转换为普通股股票	____	____	____	____
(7)以高于成本价格销售股票	____	____	____	____
(8)宣布发放股票股利	____	____	____	____

二、营运能力分析

营运能力是指企业充分利用现有资源创造社会财富的能力，它可用来评价企业对所拥有的资源的利用程度和能力。其实质就是要以尽可能少的资产创造尽可能多的产品，创造尽可能多的销售收入。由于企业财务状况稳定与否和获利能力强弱都与营运能力有密切关系，因此，营运能力分析能够用来评价一个企业的经营水平、管理水平乃至预测企业的发展前景，对各个利益主体来说关系重大。

反映企业营运能力的财务指标主要有应收账款周转率、存货周转率、流动资产周转率、固定资产周转率等。本章主要从短期资产、长期资产、总资产三个方面对企业的营运能力进行分析评价。

(一)短期资产营运能力分析

1. 应收账款营运能力分析

应收账款周转率。应收账款是企业因对外销售产品、材料，或供应劳务等而应向购货或接受劳务单位收取的款项。各种应收账款的共同特点是企业期望在未来收到现金，分析时必须注意如下两个问题：

(1)应收账款必须经过一段时间后才能收回，存在资金占用成本；

(2)应收账款有可能收不回来。

应收账款的周转速度主要通过应收账款周转率来反映。应收账款周转率是一定时期内营业收入与平均应收账款余额的比率，或称应收账款周转次数。用时间表示的应收账款周转率就是应收账款周转天数，也称平均收现期，反映应收账款的变现速度。其计算公式为：

$$应收账款周转率=\frac{销售净额}{平均应收账款总额}$$

$$应收账款周转天数=\frac{平均应收账款总额}{\frac{销售净额}{365}}$$

$$平均应收账款总额=\frac{年初应收账款余额+年末应收账款余额}{2}$$

$$应收账款周转率\times应收账款周转天数=365$$

应收账款周转率中的分子“销售净额”既包括可能收回的金额，也包括可能无法收回的金额；分母“平均应收账款”中的“应收账款”数额包括资产负债表中的“应收账款与应收票据”等全部赊销应收款项，并应使用未扣除坏账准备的应收账款总额。这样，分子、分母的计算口径才一致。

应收账款周转率计算如表 2-8 所示。

表 2-8　万达公司应收账款周转次数

单位：元

	2015 年	2014 年
销售净额	1 174 728 146	1 001 070 670
年末应收账款，减坏账备抵	181 223 546	152 696 454
年初应收账款，减坏账备抵	152 696 454	126 990 269
坏账备抵：		
2015 年年末 3 100 000 元		
2014 年年末 3 000 000 元		
2013 年年末 2 600 000 元		
年末应收账款总额	184 323 546	155 696 454
(净额加坏账备抵)		
年初应收账款总额(净额加坏账备抵)	155 696 454	129 590 269
平均应收账款总额	170 010 000	142 643 362
应收账款周转次数(次)	6.91	7.02
应收账款周转天数(天)	52.82	52.01

应收账款周转率测算在 1 年内应收账款周转次数。应收账款周转率越大，应收账款质量越好，流动性越强。从以上计算可看出，2015 年度应收账款周转率比 2014 年度的应收账款周转率略有下降，说明公司应加强应收账款的催收工作，缩短应收账款周转天数，加快应收账款的变现速度。

在运用应收账款周转率指标分析时，必须注意以下几个问题：

(1)评价企业的应收账款周转率是好是坏，要结合企业的经营特点，并将计算出的指标与该企业前期指标、行业平均水平或其他类似企业的指标相比较，以得出比较准确的分析结论；

(2)如果应收账款余额的波动性较大，应尽可能使用更详细的计算资料，如按每月的应收账款余额来计算其平均占有额；

(3)通过对应收账款回收速度的分析，可以考核企业销售收入的质量、现金的流量以及潜在的亏损，促使企业尽快地回收账款，加快资金周转，使坏账损失降至最低点；

(4)公式中的应收账款包括会计核算中的“应收账款”和“应收票据”等全部赊销账款。

2. *存货营运能力分析*

存货营运能力的分析点与应收账款营运能力的分析相似，主要是通过存货周转率来反映。存货周转率是一定时期销货成本(Cost of Sales)与平均存货(Average Inventory)余额的比率，或称存货的周转次数。用时间表示的存货周转率称为存货周转天数，用于衡量企业销售能力和存货周转速度。

其计算公式为：

$$存货周转率=\frac{销货成本}{平均存货}$$

$$存货周转天数=\frac{平均存货}{\frac{销货成本}{365}}$$

$$平均存货=\frac{期初存货+期末存货}{2}$$

$$存货周转率\times存货周转天数=365$$

其中，存货是扣除了跌价准备后的净额。

一般来讲，存货周转率越高，表明企业存货周转速度越快，存货的占用水平越低，流动性越强，存货转换为现金或应收账款的速度就越快。提高存货周转率可以提高企业的变现能力，而存货周转速度越慢，存货储存越多，占用资金越多，有积压现象，则变现能力就越差。

存款周转率计算如表 2-9 所示。

用存货周转率可以测量企业的存货管理水平。将企业的存货周转率与行业平均值比较，我们可以判断企业是否有过多的存货。从以上计算可看出，万达公司 2015 年的存货周转次数比 2014 年度有所加快，说明该公司 2015 年度的存货管理效率比 2014 年度有所加强，其原因可能与 2015 年度存货较大幅度减少有关。说明公司加强了存货的管理工作，缩短了存货的周转天数。

表 2-9　万达公司存货周转率

单位：元

	2015 年	2014 年
产品销售成本(A)	945 395 933	820 693 025
存货		
期初存货	77 964 996	121 404 034
期末存货	75 043 651	77 964 996
合计	153 008 647	199 369 030
平均存货(B)	76 504 324	99 684 515
存货周转率(A/B)	12.36 次	8.23 次
存货周转天数	29.54 天	44.34 天

在运用存货周转率指标分析时，必须注意以下几个问题。

(1)存货计价方法的不同对存货周转率具有较大的影响。因此，在分析企业不同时期或不同企业的存货周转率时，应注意存货计价方法的口径一致。

(2)存货周转天数不是越低越好。存货过多会浪费资金，存货过少不能满足流转需要，在特定的生产经营条件下存在一个最佳的存货水平。

(3)应注意应付款项、存货和应收账款之间的关系。一般而言，销售增加会拉动应收账款、存货和应付账款增加，不会引起周转率的明显变化。但是，当企业接受一个大的订单时，先要增加采购，然后依次推动存货和应收账款等周转天数增加。这种周转天数增加，可以在预见到销售萎缩时，先行减少采购，以此引起存货周转天数等下降。这种周转天数下降不是什么好事，并非资产管理的改善。因此，任何财务分析都要以认识经济活动的本来面目为目的，不能仅根据数据的高低简单下结论。

(4)根据期初和期末存货简单计算平均存货容易造成假象，如果企业存在季节性经营，则有可能期初、期末存货偏低或偏高，解决的方法是采用各月月末的数字进行平均来计算其平均占用额。但这对于企业内部分析研究者来说容易做到，对于外部分析者则难以做到。

3. 流动资产营运能力分析

流动资产营运能力的分析指标主要是流动资产周转率。流动资产周转率(次数)是指企业一定时期的销售收入与流动资产平均余额的比率，是反映流动资产周转速度的重要指标，用以评价企业全部流动资产利用效率。用时间表示的流动资产周转率就是流动资产周转天数，其计算公式为：

$$流动资产周转次数=\frac{销售收入}{流动资产平均总额}$$

$$流动资产平均总额=\frac{期初流动资产+期末流动资产}{2}$$

$$流动资产周转天数=\frac{计算天数}{流动资产周转次数}$$

流动资产周转率反映了企业流动资产的周转速度，它是从企业全部资产中流动性最强的流动资产角度对企业资产的利用效率进行分析，以进一步揭示影响企业资产营运能力的主要因素。通常认为，正常经营情况下流动资产周转率越高(周转天数越少)，反映流动资产周转速度越快，可相对节约流动资金，等于相对扩大资产投入，增强企业盈利能力；反之，流动资产周转速度缓慢，则需要补充新的流动资产参加周转，必然降低企业的盈利能力和偿债能力。

我们仍然采用宏达公司的财务报表进行分析，由表 2-5、表 2-6 可知宏达公司 2015 年的流动资产周转次数、周转天数分别为：

$$2015\text{ 年流动资产周转次数}=\frac{1\,250\,000}{\frac{4\,751\,400+4\,144\,645}{2}}=0.28(\text{次})$$

$$2015\text{ 年流动资产周转天数}=365\div 0.28=1\,303(\text{天})$$

由上面的计算可以看出，宏达公司的流动资产周转较慢，年仅周转 0.28 次，差不多近 4 年才周转一次，这必然会降低企业的盈利能力。

(二)长期资产营运能力分析

固定资产营运能力主要是通过固定资产周转率来反映的。固定资产周转率是指企业年销售收入净额与固定资产平均净值的比值，是反映固定资产周转情况，衡量固定资产利用效率的一项指标。其计算公式为：

$$\text{固定资产周转率}=\frac{\text{销售收入净额}}{\text{固定资产平均净值}}$$

$$\text{固定资产周转天数}=\frac{365}{\text{固定资产周转率(次数)}}$$

$$\text{固定资产平均净值}=\frac{(\text{期初固定资产平均净值}+\text{期末固定资产平均净值})}{2}$$

固定资产周转率测量企业的固定资产利用效率。固定资产投资减少了企业的现金流量，生产性资产创造的现金流量必须能够补充固定资产投资，产生一个正的现金流量。

需要说明的是，与固定资产有关的价值指标有固定资产原价、固定资产净值和固定资产净额等。其中，固定资产原价是指固定资产的历史成本。固定资产净值为固定资产原价扣除已计提的累计折旧后的金额。固定资产净额则是固定资产扣除已计提的累计折旧以及已计提的减值准备后的余额。

一般来说，固定资产周转率越高，表明企业的固定资产利用越充分，同时也表明企业固定资产投资得当、结构合理，能够充分发挥经济效率，营运能力较强；反之，如果固定资产周转率不高，则表明固定资产使用效率不高，设备闲置没有得到充分利用，提供的生产成果不多，企业的营运能力不强。

固定资产周转率的计算如表 2-10 所示。

表 2-10　某企业固定资产增减变化

单位：元

项目	原价				折旧		各项固定资产占固定资产总额的比重	
	年初数	本年增加(全新固定资产)	本年减少	年末	年初	年末	年初	年末
生产用	100 000	40 000	20 000	120 000	30 000	40 000	74.1	80
非生产用	20 000	10 000	5 000	25 000	6 000	7 000	14.8	16.7
不适用	10 000	—	10 000	0	4 000	0	7.4	0
无须用	5 000	—	—	5 000	2 000	2 000	3.7	3.3
合计	135 000	50 000	35 000	150 000	42 000	49 000	100	100

假设该企业销售收入净额为 186 000 元，利用表 2-10 中的数字计算该企业的固定资产周转率：

$$\text{固定资产周转率}=\frac{186\,000}{\dfrac{(135\,000-42\,000)+(150\,000-49\,000)}{2}}=1.92$$

若以宏达公司为例，由表 2-5、表 2-6 可知，宏达公司的固定资产周转率为：

$$\frac{1\,250\,000}{\dfrac{1\,100\,000+2\,231\,000}{2}}=0.75$$

从以上计算可看出，宏达公司 2015 年固定资产周转率较低，固定资产周转天数比较多，这表明固定资产使用效率不高，宏达公司应充分利用闲置设备。

在运用固定资产周转率指标分析时，应注意以下问题：企业固定资产所采用的折旧方法和折旧年限不同，会导致固定资产账面净值的不同，也会对固定资产周转率的计算产生重要影响，造成指标的人为差异。

(三) 总资产营运能力分析

总资产营运能力的影响因素主要有：各项资产的利用程度、销售收入的多少。所以要提高企业总资产的营运能力，首先，应安排好各项资产的合理比例，尤其是流动资产与固定资产的比例关系，防止流动资产或固定资产出现闲置。其次，提高各项资产的利用程度。尤其是流动资产中的应收账款、存货项目和固定资产的利用效率。最后，应做到在总资产规模不变的情况下尽可能地扩大销售收入。为此，企业要面向市场，努力开发新用户，提高市场占有率。

反映总资产营运能力的指标有总资产周转率。总资产周转率是指企业一定时期的销售收入净额与总资产平均余额的比率，又称总资产周转次数，反映全部资产的周转速度，用于衡量全部资产的利用效率。用时间表示的总资产周转率就是总资产周转天数。其计算公式为：

$$总资产周转率=\frac{销售收入净额}{总资产平均余额}$$

$$总资产周转天数=\frac{365}{总资产周转率(次数)}$$

$$资产平均余额=\frac{资产总额年初数+资产总额年末数}{2}$$

总资产周转速度越快，说明企业利用总资产进行经营的效率越高，资产的有效使用程度也越高，销售能力就越强，如果该指标较低，说明企业利用全部资产进行经营的效率较低，造成资金浪费，最终会影响企业的获利能力，企业应采用各种措施来提高企业的资产利用程度，比如提高销售收入或处理多余的资产。

利用宏达公司的财务报表，由表 2-5、表 2-6 可以计算，其总资产周转率为：

$$\frac{1\ 250\ 000}{\frac{8\ 401\ 400+8\ 093\ 645}{2}}=0.152$$

从以上计算结果可以看出，该公司 2015 年度总资产周转率很低，这主要是该公司的流动资产周转率和固定资产周转率都非常低造成的，说明该公司利用全部资产进行经营的效率还有待进一步提高。

在运用总资产周转率指标分析时，必须注意以下两个问题。

(1) 如果企业的总资产周转率突然上升，而企业的销售收入与以往持平，则可能是企业本期报废了大量的固定资产造成的，并不能说明企业资产利用率提高。

(2) 在进行总资产周转率分析时，应保持分子与分母在时间口径上的一致。如果各期资金占用额比较稳定且波动不大，季度、年度的平均资金占用额可以用期初和期末数的平均数来计算。如果资金占用的波动性较大，则应采用更详细的资料进行计算。

三、获利能力分析

获利能力是企业资金增值的能力，即企业获取利润的能力，它通常体现为企业收益数额的大小与水平的提高。获利能力对各个相关利益主体都是非常重要的。获利能力的分析对股东是至关重要的，因为股东获得的股利来自于企业的利润，而利润的增长会带来股价的上涨，股东还可以获得资本利得收益。获利能力的分析对于债权人也很重要，尤其是对长期债权人，盈利的大小是其债权收回的最后保证。对于政府部门，企业获利水平是其税收收入的直接来源，企业获利的多少直接影响政府财政收入的实现。因此，各利益相关主体都会关注企业的获利能力分析。通过对获利能力进行分析，可以反映和衡量企业的经营业绩，并发现经营管理中的问题。反映企业获利能力的指标有很多，其中应用比较广泛的主要有：销售毛利率、营业利润率、成本费用利润率、总资产报酬率、资本保值增值率和净资产收益率等。此外，上市公司经常使用的获利能力指标还有普通股权益报酬率、每股收益、每股股利、市盈率和每股净资产等。

(一) 销售毛利率

销售毛利率是指毛利占销售净收入的百分比，其中毛利是销售收入与销售成本的差。其计算公式为：

$$销售(营业)毛利率=\frac{销售(营业)毛利额}{销售(营业)净收入}\times 100\%$$

销售(营业)净收入是指扣除销售折让、销售折扣和销售退回之后的销售(营业)收入。该指标具有以下特点。

(1)该指标越高，对管理费用、销售费用和财务费用等期间费用的承受能力越强，获利能力也就越强；反之，获利能力越弱。销售毛利率是营业利润率的基础和保障，没有足够大的毛利率便不可能有盈利。

(2)实行目标管理的公司，都制定有销售毛利率的短期目标和中长期目标，分析时，可将报告期实际销售毛利率与公司的目标值相比，分析与目标值的差距。

(3)销售毛利率有很明显的行业特点：营业周期短、固定费用低的行业，毛利率通常比较低，如零售业。

(4)销售毛利率除了与目标值比较外，还可以与行业平均值和行业先进水平相比较，以评价本公司的获利能力在同行业中所处的位置，并进一步分析差距形成的原因。

表 2-11 销售(营业)毛利率分析(2015 年度)

单位：千元

指　　标	分　析　期	基期	行业平均水平	行业先进水平
销售净收入	9 560	8 300		
销售毛利	6 450	5 359		
销售毛利率(%)	67.47	65	60	70

由表 2-11 的计算可以看出，分析期的销售毛利率为 67.47%，基期为 65%，分析期比基期增加 2.47%，公司的获利能力超过基期，这是公司管理工作取得的成绩。其原因是销售收入与销售成本的正差异加大，销售收入增长了 15.18%((9 560−8 300) ÷ 8 300×100% = 15.18%)，销售成本增长了 7.06%，说明该企业在销售收入增长的同时，成本相对于收入的增长比例来说是下降了。一般来说，销售收入的增长是由于价格的提高，价格能够上涨说明该企业的产品具有一定的竞争优势，与此同时，该企业又加强了成本管理，所以获利能力自然会提高。该企业的销售毛利率相比于行业平均水平要高，说明该企业在同行业中具有一定的竞争实力，但相比行业先进水平却要低一些，说明该企业和先进水平比还有一定差距，需要找出自身的薄弱环节，加强管理，进一步提高自身效益。

(二)营业利润率

营业利润率是指企业营业利润与全部业务收入的比率，是用来衡量企业一定时期营业收入获取利润的能力，是获利能力的代表性财务指标。其计算公式为：

$$营业利润率=\frac{营业利润}{产品销售净收入+其他业务收入}\times100\%$$

当其他业务收入数额无法获得，也可近似用下述公式计算：

$$营业利润率=\frac{营业利润率}{产品销售净收入}\times100\%$$

该指标越高，说明企业通过扩大销售获取利润的能力越强。

表 2-12　营业利润率分析（2015 年度）

单位：千元

指　　标	上期实际	计划目标	本期实际	比上年实际		比计划	
				±额	±%	±额	±%
产品销售净收入	2 400	2 500	3 480	—	—	980	—
其他业务收入	400	500	450	—	—	-50	—
业务收入合计	2 800	3 000	3 930	—	40.36	930	31
减：产品销售成本	1 200	1 100	1 520	—	—	—	—
其他业务支出	320	350	500	—	—	150	—
期间费用	400	400	420	—	—	20	5
销售税金及附加	20	22	30	—	—	—	—
成本费用小计	1 940	1 872	2 470	—	27.32	598	31.94
营业利润	860	1 128	1 460	—	—	—	—
营业利润率(%)	30.71	37.6	37.15	6.44	—	-0.45	—

从表 2-12 的计算可看出，该企业 2015 年度营业利润率为 37.15%，比计划的营业利润率的 37.60%下降了 0.45%，但比上年同期的营业利润率的 30.71%上升了 6.44%。该企业的获利能力比上年有所提高，主要是因为该企业的业务收入比上年增长了 40.36%，而成本费用仅比上年增长了 27.32%，由于成本费用相对于收入的增长比例来说是相对下降了，因此获利能力有所提高，但该企业仍然没有完成计划目标，主要是由于该企业业务收入比计划增加了 93 万元，增长了 31%，但成本费用比计划增长了 59.8 万元，增长了 31.94%，成本费用的增长比例相对于业务收入的增长比例来说是上升了，所以没有完成获利计划。具体来说，本期的产品销售净收入比计划增长了 98 万元，但其他业务收入比计划下降了 5 万元，与此同时，其他业务支出却比计划上升了 15 万元，所以其他业务的收支情况应成为分析的重点，要找出其他业务亏损的具体原因和具体内容，有针对性地采取措施改进。至于期间费用增加了 2 万元，比计划增加了 5%，这在销售收入增长 31%的情况下，应该

说增加比例并不高，说明企业在控制期间费用方面还是取得了一定的成绩。

(三) 成本费用利润率

成本费用利润率是企业利润总额与成本费用总和的比率，表示企业每百元成本费用能够取得多少利润。其计算公式为：

$$成本费用利润率=\frac{利润总额}{营业成本+期间费用}\times 100\%$$

$$=\frac{利润总额}{营业成本+销售费用+管理费用+财务费用}\times 100\%$$

该指标越高，说明企业为获得收益而付出的代价越小，企业获利能力越强。因此，通过这个比率不仅可以评价企业获利能力的大小，也可以评价企业对成本的控制能力和经营管理水平。

表 2-13　成本费用利润率分析(2015 年度)

单位：元

指　　标	2014 年	2015 年
利润总额	408 000	385 000
营业成本	1 000 000	1 100 000
销售费用	200 000	210 000
管理费用	41 000	40 000
财务费用	50 000	53 000
成本费用利润率	31.6	27.4

从表 2-13 的计算可以看出，该企业 2015 年的成本费用利润率降低，说明企业为获得收益而付出的代价增加，企业的获利能力有所下降，企业需要大力加强成本费用的控制，提高经营管理水平。

(四) 总资产报酬率

1. 总资产报酬率的定义及分析

总资产报酬率是息税前利润总额和平均资产总额的比率。它是反映企业资产综合利用效果的指标，也是衡量企业利用负债和所有者权益总额进行获利的能力的重要指标。其计算公式为：

$$总资产报酬率=\frac{利润总额+利息支出}{平均资产总额}\times 100\%$$

其中：

$$平均资产总额=\frac{期初资产总额+期末资产总额}{2}$$

该指标越高，表明资产利用效果越好，利用资产创造的利润越多，企业的获利能力越强，企业的经营管理水平也就越高，否则相反。

表 2-14　总资产报酬率分析(2015 年度)

单位：千元

指　　标	上年实际	计划目标	报告期	行业平均	社会平均	比上年实际		比计划	
						±额	±%	±额	±%
利润总额	700	1 100	1 050						
利息支出	500	450	600						
息税前利润	1 200	1 550	1 650				6.5		37.5
资产平均总额	10 000	11 480	15 000				31		50
总资产报酬率(%)	12	13.5	11	12	10				

从表 2-14 的计算可以看出，该企业的总资产报酬率为 11%，比上年实际的 12%下降了 1%，同时也没有完成计划，比计划的 13.5%低了 2.5%。这主要是因为该企业的息税前利润比计划增长了 37.5%，但资产平均总额却比计划增长了 50%；该企业的息税前利润比上年增长 6.5%，但资产平均总额却比上年增长 31%，由此可以看出无论是和计划相比，还是和上年实际相比，该企业的资产增长速度都远远超过息税前利润的增长幅度，说明企业在扩大资产投入的同时并没有带来利润的同步增长，所以需要仔细查找原因，看一下增加的资产是否投入了营运，有没有盲目扩大投资的情况；还有增加的资产是生产性的还是非生产性的，增加的资产结构是否合理，从而有针对性地采取改进措施，使利润能够同步增长，提高资产的使用效率。另外，该企业的总资产报酬率虽然略高于社会平均报酬率，但却低于行业报酬率，说明企业在行业竞争中处于不利的地位，应该引起管理当局的高度重视，否则有在竞争中被淘汰的危险。

2. 总资产报酬率的影响因素分析

$$总资产报酬率=\frac{总产值}{平均资产总额}\times\frac{销售净额}{总产值}\times\frac{息税前利润}{销售净额}$$

$$=总资产产值率\times产品销售率\times销售利润率$$

例如，某企业 2014 年和 2015 年有关总资产报酬率、总资产产值率、产品销售率和销售利润率的资料如表 2-15 所示。

表 2-15　某企业 2014 年和 2015 年相关指标

指　　标	2014 年	2015 年
总资产产值率(%)	60	70
产品销售率(%)	90	95
销售利润率(%)	18	16
总资产报酬率(%)	9.72	10.64

$$基期总资产报酬率 = 60\%\times90\%\times18\% = 9.72\%$$

$$报告期总资产报酬率 = 70\%\times95\%\times16\% = 10.64\%$$

(1)确定分析对象

$$总资产报酬率差异 = 10.64\%-9.72\% = 0.92\%$$

(2)因素分析

① 总资产产值率变化对总资产报酬率的影响：

$$(70\%-60\%)\times90\%\times18\% = 1.62\%$$

② 产品销售率变化对总资产报酬率的影响：

$$70\%\times(95\%-90\%)\times18\% = 0.63\%$$

③ 销售利润率变化对总资产报酬率的影响：

$$70\%\times95\%\times(16\%-18\%) = -1.33\%$$

(可见，销售利润率的下降是今后管理的重点)

(3)汇总

$$1.62\%+0.63\%-1.33\% = 0.92\%$$

(五)资产保值增值率

资产保值增值率是指年末所有者权益与年初所有者权益的比率，反映所有者投资的保值增值情况。其计算公式为：

$$资本保值增值率=\frac{年末所有者权益}{年初所有者权益}\times100\%$$

该指标越高，说明企业增值能力越强；反之，说明企业经营业绩不佳，增值能力较弱。该指标通常大于100%。

表2-16 资产保值增值率分析(2015年度)

单位：元

指　　标	2013年	2014年	2015年
年末所有者权益	700 000	740 000	750 000
资产保值增值率		1.06	1.01

从表2-16的计算可以看出，2015年与2014年相比，资产保值增值率下降了，说明企业的经营业绩欠佳，保值增值能力变弱了。

(六)净资产收益率

净资产收益率是企业实现的净利润和平均净资产的比率，反映股东所有的权益所获得的报酬。它是评价企业自有资本及其积累获取报酬水平的最具综合性、代表性的指标，反映企业资本运营的综合效益。其计算公式为：

$$净资产收益率=\frac{净利润}{平均净资产}\times 100\%$$

$$平均净资产=\frac{年初所有者权益+年末所有者权益}{2}$$

通过对该指标的综合对比分析，可以看出企业获利能力在同行业中所处的地位，以及与同类企业的差异水平。指标越高，说明所有者投资带来的收益越高，企业资本的盈利能力就越强，对企业投资人和债权人收益的保证程度也就越高；反之，说明企业资本的盈利能力较弱。

表 2-17　净资产收益率分析(2015 年度)

单位：元

指　　标	2013 年	2014 年	2015 年
年末所有者权益	700 000	740 000	750 000
净利润		310 000	290 000
净资产收益率		43.1	38.9

从表 2-17 的计算可以看出，2015 年与 2014 年相比，净资产收益率下降了，说明所有者的投资带来的收益减少了，企业资本的获利能力降低了。

(七)上市公司获利能力的分析指标

对上市公司来说，除了上述分析指标外，还应考虑上市公司市值或股票价格等因素，需要增加一些上市公司获利能力分析的特殊指标。

1. 普通股权益报酬率

上市公司的股份有普通股和优先股之分，其中优先股的股利是在提取任意盈余公积金和支付普通股股利之前支付，所以，上市公司资产的真正所有者和风险的主要承担者是普通股股东。因此，反映上市公司获利能力的一个很重要的指标为普通股权益报酬率。

其计算公式为：

$$普通股权益报酬率=\frac{可用于普通股分配的利润}{普通股股本平均额}\times 100\%$$

其中：

普通股股本平均额＝年初普通股股本+新股普通股股本×新增普通股时间(月)/12

普通股权益报酬率是从普通股股东的角度反映企业的盈利能力，该指标值越高，则企业的盈利能力越强，普通股股东获得的收益越多。

2. 每股收益

每股收益又称为每股盈余，是用公司的净利润除以公司的普通股股数而得到的，主要用来衡量股份公司普通股股票的价值。每股收益越高，说明企业的获利能力越强，普通股股价就越可能上升。其计算公式为：

$$每股收益=\frac{可用于普通股分配的利润}{普通股股数平均额}$$

公式用英文表示为：

$$\text{Earning Per Share}=\frac{\text{Net Income}-\text{Stock Dividends}}{\text{Average Number of Common Shares Outstanding}}$$

其中：

$$普通股股数平均额=年初普通股股数+新股普通股股数\times新增普通股时间(月)/12$$

3. 每股股利

每股股利是指上市公司本年发放的普通股现金股利总额与年末发行在外的普通股总股数的比值。其计算公式为：

$$每股股利=\frac{普通股现金股利总额}{今年年末发行在外的普通股总股数}$$

每股股利越高，说明该企业的盈利能力越强，股东获得的收益越多。

4. 市盈率

市盈率(Price-Earning Ratio)是普通股每股市价与普通股每股收益的比值，反映了投资者对所获得的收益愿意支付的价格，它可以用来估计股票的投资报酬率和风险。其计算公式为：

$$市盈率=\frac{普通股每股市价}{每股收益}\times100\%$$

市盈率是投资者作出投资决策的重要财务指标之一。市盈率越高，说明该公司越具有良好的发展前景，投资者越能预期获得很好的回报。在每股收益确定的情况下，市盈率越高，风险越大；反之，则相反。在某种情况下，比值越低，对投资者可能越具有吸引力。

5. 每股净资产

每股净资产是期末净资产总额与期末普通股总股数的比率，是公司真正财务实力的表现，是上市公司又一重要财务指标。其计算公式为：

$$每股净资产=\frac{期末净资产总额}{期末普通股总股数}$$

一般来说，该指标越高，说明企业每股实际拥有的净资产越大，公司的未来发展潜力越强。

四、发展能力分析和财务综合分析

企业要想获得生存就必须不断发展，发展是生存之本，也是获利之源。发展能力是指企业在生存的基础上，扩大规模、壮大实力的潜在能力，是公司的核心竞争力、综合能力的体现。公司的财务状况、核心业务、经营能力、公司制度、人力资源、行业环境等因素对公司的发展能力有重要影响。从财务管理目标的实现来看，企业的发展能力也是直接影响财务管理目标实现的一个重要因素。分析企业发展能力主要考察下面几项指标。

(一) 销售收入增长率

销售收入增长率是企业本年销售收入增长额与上年销售收入总额的比率。它反映企业销售收入的增减变动情况。其计算公式为：

$$销售收入增长率=\frac{本年销售收入增长额}{上年销售收入总额}\times100\%$$

$$=\frac{本年销售收入总额-上年销售收入总额}{年销售收入总额}\times100\%$$

销售收入增长率是评价企业成长状况和发展能力的重要指标，它可预测企业经营业务拓展趋势，不断增加企业销售收入，是企业生存的基础和发展的条件。该指标若大于 0，表示企业本年销售收入有所增长，企业市场前景较好；该指标若小于 0，则说明产品和服务不适销对路、质次价高，或是在销售服务等方面存在问题，产品销售不出去，市场份额将会萎缩。该指标在实际操作中，可结合企业前 3 年的销售收入的增长率作出趋势性分析判断，计算公式为：

$$3\text{ 年销售收入平均增长率}=\left(\sqrt[3]{\frac{年末所有者权益总额}{3\text{ 年前年末销售收入总额}}}-1\right)\times100\%$$

表 2-18　奋飞公司和前进公司的销售收入

单位：千元

公 司 名 称	2012 年	2013 年	2014 年	2015 年
奋飞公司	25 000	23 000	26 000	30 000
前进公司	1 600	1 800	2 000	2 500

根据以上数据计算：

$$奋飞公司\ 2015\ 年的销售增长率=(30\,000-26\,000)\div26\,000\times100\%=15.4\%$$

$$前进公司\ 2015\ 年的销售增长率=(2\,500-2\,000)\div2\,000\times100\%=25\%$$

$$奋飞公司\ 3\ 年销售收入平均增长率=\left(\sqrt[3]{\frac{30\,000}{25\,000}}-1\right)\times100\%=6.3\%$$

$$前进公司3年销售收入平均增长率=\left(\sqrt[3]{\frac{2\,500}{1\,600}}-1\right)\times100\%=16.0\%$$

从以上计算可以看出，该指标大于 0，表示两个企业本年的销售收入有所增长，增长速度有所增加，企业市场前景良好。但从两个企业的比较来看，无论是 2015 年的销售增长率还是 3 年的销售收入平均增长率，前进公司均高于奋飞公司，说明前进公司的发展能力比奋飞公司要强。

（二）资本积累率

资本积累率是指企业本年所有者权益增长额与年初所有者权益总额的比率。它反映企业当年资本的积累能力，是评价企业发展能力的重要指标。

其计算公式为：

$$资本积累率=\frac{本年所有者权益增长额}{年初所有者权益}\times100\%$$

我们同样可以计算 3 年的平均资本积累率，以反映企业较长时间的资本积累情况。

$$3年平均资本积累率=\left(\sqrt[3]{\frac{年末所有者权益总额}{3年前年末所有者权益总额}}-1\right)\times100\%$$

资本积累率反映投资者投入企业资本的保全性和增长性。该指标若大于 0，表明企业的资本积累越多，应付风险、持续发展的能力越大；该指标若小于 0，表明企业资本受到侵蚀，所有者权益受到损害，应予以充分重视。资本积累率的计算如表 2-19 所示。

表 2-19　奋飞公司和前进公司的所有者权益

单位：千元

公 司 名 称	2012 年	2013 年	2014 年	2015 年
奋飞公司	60 000	65 000	70 000	80 000
前进公司	40 000	50 000	55 000	60 000

$$奋飞公司2015年的资本积累率=(80\,000-70\,000)\div70\,000\times100\%=14.3\%$$

$$前进公司2015年的资本积累率=(60\,000-55\,000)\div55\,000\times100\%=9.1\%$$

$$奋飞公司3年平均资本积累率=\left(\sqrt[3]{\frac{80\,000}{60\,000}}-1\right)\times100\%=10.1\%$$

$$前进公司3年平均资本积累率=\left(\sqrt[3]{\frac{60\,000}{40\,000}}-1\right)\times100\%=14.5\%$$

从以上计算可以看出，两公司 2015 年度的资本积累率均大于 0，表明两企业持续发展的潜力都大。但从两公司的比较来看，2015 年奋飞公司的资本积累率大于前进公司，但从 3 年平均资本积累率来说，前进公司大于奋飞公司，所以总体来说，前进公司的发展潜力大，但近期奋飞公司的发展能力强。

（三）总资产增长率

总资产增长率是企业本年总资产增长额与年初资产总额的比率。它反映企业本期资产规模的增长情况。其计算公式为：

$$\text{总资产增长率}=\frac{\text{本年总资产增长额}}{\text{年初资产总额}}\times 100\%$$

我们同样可以计算 3 年的平均资产增长率，以反映企业较长时间的资产增长情况。

$$\text{3 年平均资本增长率}=\left(\sqrt[3]{\frac{\text{年末资产总额}}{\text{3 年前年末资产总额}}}-1\right)\times 100\%$$

总资产增长率是从企业资产总额扩张方面衡量企业的发展潜力，表明企业规模增长水平对企业发展后劲的影响。该指标越高，表明企业一定时期内资产经营规模扩张的速度越快。但在实际分析时，应当注意资产规模的质与量的关系，以及企业的后续发展能力，以避免资产盲目扩张。总资产增长率的计算如表 2-20 所示。

表 2-20　奋飞公司和前进公司的资产总额

单位：千元

公 司 名 称	2012 年	2013 年	2014 年	2015 年
奋飞公司	120 000	100 000	110 000	140 000
前进公司	80 000	90 000	120 000	130 000

$$\text{奋飞公司 2015 年的总资产增长率}=(140\,000-110\,000)\div 110\,000\times 100\%=27.3\%$$

$$\text{前进公司 2015 年的总资产增长率}=(130\,000-120\,000)\div 120\,000\times 100\%=8.33\%$$

$$\text{奋飞公司 3 年平均资产增长率}=\left(\sqrt[3]{\frac{140\,000}{120\,000}}-1\right)\times 100\%=5.27\%$$

$$\text{前进公司 3 年平均资产增长率}=\left(\sqrt[3]{\frac{130\,000}{80\,000}}-1\right)\times 100\%=10.1\%$$

从以上计算可以看出，总资产增长率越高，表明企业持续发展的潜力较大。从两个公司的比较来看，2015 年奋飞公司的资产增长率大于前进公司，但从 3 年平均资产增长率来说，前进公司大于奋飞公司，所以总体来说，前进公司的发展潜力大，但近期奋飞公司的发展能力强。

（四）营业利润增长率

营业利润增长率是企业本年营业利润增长额与上年营业利润总额的比率，反映企业营业利润的增减变动情况。其计算公式为：

$$\text{营业利润增长率}=\frac{\text{本年营业利润增长额}}{\text{上年营业利润总额}}\times 100\%$$

我们同样可以计算 3 年的平均营业利润增长率，以反映企业较长时间的营业利润增长情况。

$$3年营业利润平均增长率=\left(\sqrt[3]{\frac{年末营业利润总额}{3年前年末营业利润总额}}-1\right)\times 100\%$$

由于一般增长率指标在分析时仅反映当期情况，而利用 3 年营业利润增长率能够反映企业营业利润增长的历史发展状况以及企业稳步发展的趋势。该指标越高，表明企业所有者权益得到保护程度越大，企业可以长期使用的资金越充足，抗风险和持续发展的能力就越强。营业利润增长率如表 2-21 所示。

表 2-21　奋飞公司和前进公司的营业利润

单位：千元

公 司 名 称	2012 年	2013 年	2014 年	2015 年
奋飞公司	8 000	8 500	9 000	10 000
前进公司	900	1 000	1 200	1 300

$$奋飞公司2015年的营业利润增长率=(10\,000-9\,000)\div 9\,000\times 100\%=11.1\%$$

$$前进公司2015年的营业利润率=(1\,300-1\,200)\div 1\,200\times 100\%=8.33\%$$

$$奋飞公司3年平均营业利润增长率=\left(\sqrt[3]{\frac{10\,000}{8\,000}}-1\right)\times 100\%=7.72\%$$

$$前进公司3年平均营业利润增长率=\left(\sqrt[3]{\frac{1\,300}{900}}-1\right)\times 100\%=13.0\%$$

从以上计算可以看出，两个公司的营业利润增长率都为正值，表明两企业可以长期使用的资金较充足，抗风险和持续发展的能力较强，企业的成本费用管理较好。但从两公司的比较来看，2015 年奋飞公司的营业利润增长率大于前进公司，但从 3 年平均营业利润增长率来说，前进公司大于奋飞公司，所以总体来说，前进公司的发展潜力大，但近期奋飞公司的发展能力强。

（五）财务综合分析

前面我们分别介绍了企业的偿债能力、营运能力、获利能力和发展能力的分析，这四大能力的分析指标不是相互割裂的，而是相互关联的，为了避免“头痛医头、脚痛医脚”的片面做法，必须将企业视为一个不可分割的整体，通过财务综合分析的方法对其进行全方位的考察和评判，这样才能正确评判企业的财务状况和经营成果，为未来发展指明方向。财务综合分析的方法主要有杜邦分析法和沃尔评分法。这两种方法我们在第八章第二节再进行详细介绍。

第三章

财务报表的阅读

财务报表就好比企业的体检表，不仅能反映企业的财务状况和经营成果，更能看出企业体质的强弱如何，目前很多国内企业非但不重视财务报表，甚至做假账编制假报表，使得财务报表无法受到应有的重视，导致出现很多金融财务危机等问题。

企业最主要的财务报表是资产负债表、损益表和现金流量表。我们主要研究这三张财务报表的阅读和财务报表附注的阅读。

第一节　资产负债表的阅读

一、资产负债表的含义

我们都知道资产负债表(Blance Sheet)是反映企业某一特定日期财务状况的财务报表，那么通过分析资产负债表，就可以了解公司的财务状况，对公司的偿债能力、资本结构是否合理、流动资金充足性等做出判断。

从资产负债表的名称可以看出，资产负债表就是反映企业资产、负债和所有者权益状况的报表，通常称为财务状况，比如资产总额是多少、流动资产有多少、固定资产有多少，在这些资产里面，有多少是借来的，又有多少是老板投资进来的。

严格意义上的财务状况至少包含三层意思：一是关于资产、负债和所有者权益构成情况及其合理性；二是流动性，通常指资产的流动性，也就是资产变成现金的能力；三是关于财务弹性，即企业应付意外情况的能力，如意外灾害、意外机会等。

值得注意的是，资产负债表是一个时点报表。时点报表有两层不同的意思。

第一，不同时期的时点报表相加是没有意义的，我们不能把一年十二个月的资产负债表各项目全部相加，来计算企业一年的总资产和总负债。时点报表所反映的数据是企业资产、负债等的存量，也就是一个保持的数字，比如，你在银行存了一个 1 000 元的三年期存款，当别人问你有多少存款时，你不能说三年共有 3 000 元钱。

第二，时点报表中的每一个数字都是某个时刻的数字，很可能由于企业川流不息的经营活动而发生变化，今天的银行存款是 1 000 万元，明天的银行存款可能就是 1 100 万元或 900 万元，这时时刻刻变化着的数字，只反映当时时刻的情况，过了这个时刻就是另一种情况。所以，资产负债表上的日期，不仅有年、月，还有日，它只反映到这一天为止的资产、负债情况。如果要了解去年的资产负债情况，就应当是去年年底（12 月 31 日）资产负债表上的数字，要了解这个月的，就是这个月月底的数字。

二、资产负债表的结构与形式

资产负债表由表头、表体和财务报表附注三部分组成。表头部分列示报表的名称、编制单位、编制日期和货币计量单位等内容；表体部分用来列示资产负债表的具体内容。

资产负债表表体部分列示资产、负债和所有者权益的结构方式有三种，即左右式、报告式和财务状况式。

（一）左右式资产负债表

左右式资产负债表就是将资产项目逐项列示在表体部分的左方，负债和所有者权益项目列示在资产负债表表体部分的右方，并使资产负债表左右双方平衡。左右式资产负债表是便于报表使用人对企业财务状况进行对比分析最好的一种格式。

（二）报告式资产负债表

报告式资产负债表的表体分为上下两部分，上部分列示各项资产，下部分列示各项负债和所有者权益。

（三）财务状况式（又称营运资金式）资产负债表

财务状况式资产负债表又称营运资金式资产负债表。这是近期发展起来的一种资产负债表形式。这种形式的资产负债表先是列示流动资产，次列示流动负债，前者减去后者即为营运资金；然后加各项非流动资产，减去各项非流动负债，得所有者权益总额。财务状况式资产负债表突出“营运资金”，这可使报表使用者对企业的支付能力的大致情况一目了然，因为营运资金是衡量一个企业偿付短期债务能力的尺度。财务状况式资产负债表是根据“流动资产–流动负债 = 营运资金；营运资金+非流动资产–非流动负债 = 所有者权益”公式编制的，基本格式如表 3-1 所示。

我们国家的资产负债表采用的是左右式的资产负债表。《企业会计准则》要求，我国企业的资产负债表各个项目按照流动性排列。对于资产和负债，流动性分别有不同的意思。资产的流动性是指资产的变现能力，也就是资产变成现金的能力，资产变现能力越强，流动性就越强。例如，货币资金本身就是现金，不存在变现问题，所以，它在资产负债表中排第一，应收票据和应收账款可以在比较短的时间转变成现金，原材料、产成品、库存商品变成现金的时间更长一些，所以，要靠后排；负债的流动性是指负债的偿还期限，偿还期越短的负债，流动性越强，所以，短期借款比长期借款要排在更前面。

表 3-1　资产负债表

编制单位：　　　　　　　　　　　　　年　月　日　　　　　　　　　　　　　单位：

流动资产	
……	流动资产总额
流动负债	
……	流动负债总额
营运资金	
非流动资产	
……	非流动资产总额
非流动负债	
……	非流动负债总额
所有者权益	

资产负债表要按流动性排列是怎样形成的呢？一般都认为这是一种传统习惯，在 19 世纪，股票市场没有发达起来以前，企业的资金来源主要是从银行借款，银行关心的是企业的偿债能力，这就要看流动资产是不是充裕。为了适应银行这种要求，企业在编资产负债表时都习惯地将流动资产排在前面，慢慢地就形成了按流动性排列的方式。

资产负债表里包括了两个时间的数字，一个是年初数，一个是期末数。年初数是去年年底(12 月 31 日)的数据，期末数是编制资产负债表当期期末的数据，如果是月度报表，就是该月月末的数据；如果是年报，就是该年年末的数据，这样的好处是便于比较，了解增减幅度，这在会计上叫做比较资产负债表，也就是将两个不同时间的数据放在一张资产负债表里，实际上就是两张资产负债表，一张是去年的，一张是当年的。中国证券监督管理委员会关于年度报告的准则要求说明变动幅度在 30%以上的报表项目，这个变动幅度就是通过年初数和期末数计算出来的。

三、关于资产负债表的阅读方法

资产负债表能总括地反映企业的资产状况，必须有一定的阅读方法，才能正确掌握企业资产状况。这主要从以下几个方面进行论述。

(一) 资产的分类

任何企业都必须具备一定的资产，才能进行各种经营活动。什么是资产呢？资产是企业拥有或控制的，能以货币计量的，在未来能为企业带来利益的经济资源。资产可以按不同的标准进行分类，其分类如下：

- 资产
  - 按货币性质分
    - 货币性资产：现金+银行存款+有价证券等
    - 非货币资产
      - 库存材料+库存商品+低值易耗品+委托加工产品
      - 固定资产等
  - 按实物形态分
    - 有形资产：现金+固定资产+库存商品等
    - 无形资产：专利权+商标权+专有技术+土地使用权+商誉等
  - 按流动性质分
    - 流动资产：现金+应收账款+存货等
    - 非流动资产：长期投资+固定资产+无形资产+长期待摊费

(二)流动资产

在资产负债表中，资产被划分为流动资产和长期资产两大类。流动资产是指可以在一年或者超过一年的一个正常营业周期内变现或耗用的资产。在资产负债表中，流动资产项目包括货币资金、交易性金融资产、应收票据、应收账款、其他应收款、存货等。

关于流动资产的含义，有以下两点需要说明。

1. 营业周期

一般来说，营业周期是指公司从支付货币购买商品或劳务开始，到这些商品或劳务重新转化为公司的货币为止的时间。对大多数公司而言，如商业企业、批量生产的工业企业、服务业等，其营业周期通常小于 1 年。但仍有一些行业的上市公司，其营业周期通常长于 1 年，如造船企业、工程建筑企业等。流动资产与其他非流动资产的划分，通常按 1 年内能否或是否准备 1 年内变现或消耗来划分。但在公司营业周期长于 1 年的条件下，则应以营业周期为标准来划分流动资产和非流动资产。

2. 特定资产的持有目的

如果持有目的是 1 年内或一次性消耗(表现为售出，或一次性使用完毕)，则应作流动资产；反之，则应作非流动资产。例如，对于生产汽车的公司，如果它生产出来的汽车是用于销售，则有关汽车应作为该公司的流动资产；如果它生产的汽车有一部分用于自己的运输活动，长期参加公司的经营周转，这部分汽车就应作为固定资产处理。

(1)货币资金。

货币资金是指企业生产经营过程中停留在货币形态的那部分资金，它具有可立即作为支付手段并被普遍接受等特性。

货币资金 = 库存现金+银行存款+其他货币资金(外埠存款、银行汇票存款、银行本票存款、信用证保证金存款、信用卡存款、在途货币资金、存出投资款等)

货币资金是企业流动性最强的资产，即变现速度最快的资产。当该项目数额较大时，企业的支付能力较强，对债权人、供货商的债务偿还和货款支付有较大的保障，但货币资金的留存不仅仅是为了还债付款，更重要的是投入生产，周转增值，因此，当该项目数额较大时，对企业的盈利能力会产生不良影响，即损失了资金的增值能力。

当货币资金的数额较小时，企业的支付能力会受到影响，即面临偿债和支付货款的巨大压力。国际上一些知名公司破产的原因之一就是其短期偿债能力不足。

货币资金的分析是从货币资金结存量和货币资金周转率两个方面进行分析，借以评价企业货币资金的支付能力和使用效率。

① 货币资金结存量分析。货币资金结存量分析的基本方法是将货币资金结存量与近期支付款项净额加以比较，分析其结存量水平与当时的支付需要是否相适应。

【例 3-1】 B 企业货币资金结存量分析情况如表 3-2 所示。

表 3-2　B 企业货币资金结存量分析情况表

可用于支付资金	金　额	近期支付款项	金　额
1．银行存款	41 600	1．应付账款	60 000
2．现金	400	2．应付税金	22 000
3．应收账款	100 000	3．应付工资	40 000
4．其他应收款	3 000	4．应付利润	4 000
		5．其他应付款	2 000
合　计	145 000	合　计	128 000
不足数		多余数	17 000
平　衡	145 000	平　衡	145 000

货币资金结存量分析还可以通过货币资金支付能力指标进行。其计算公式如下：

$$货币资金支付能力(\%)=\frac{货币资金结存量}{近期支付款项净额}\times100\%$$

$$该企业货币资金支付能力=\frac{42\ 000}{128\ 000-103\ 000}\times100\%=168\%$$

货币资金支付能力(%)大于 100%，说明支付能力强；小于 100%，说明支付能力不足。但是，对整个企业来说，货币资金既不宜太多，也不宜太少。因为，过多表明资金没有及时参加循环周转，不能在生产经营中发挥作用；过少则会造成偿付债务上的困难，表明企业财务状况不良。所以每个企业都应当保持适当的货币资金偿付能力。

从表 3-2 看，该厂可用于支付的资金多余数为 17 000 元，支付能力超过急需支付款项的 68%，说明支付能力较强，货币资金结余较多。

② 货币资金周转率分析。货币资金周转率是每期实际收到的销售款项与期初货币资产结存量的比值，是反映货币资金使用效率的指标。其计算公式为：

$$货币资金周转率=\frac{每期实际收到的销售款项}{期初货币资金结存量}$$

【例 3-2】 C 企业 2015 年 8 月初货币资金余额为 170 万元，本月销售收入 1 160 万元，其中现销占 80%；另外本月收回以前赊销款项 16 万元。该企业 8 月份货币资金周转率为：

$$货币资金周转率=\frac{1\,160\times80\%+16}{170}=5.55(次)$$

从上例可以看出，企业提高货币资金使用效率，主要通过扩大销售，加快收取货款和降低货币资金结存量两条途径来实现。

(2)交易性金融资产。

公司持有的金融资产当满足下列情形之一时，应当划分为交易性金融资产。

① 公司取得该金融资产的目的是近期内出售，比如公司以赚取差价为目的从二级市场上购入的股票。注意：当该项目金额较大时，通常说明企业的支付能力和盈利能力有保证。特别是企业将未来需要支付的货币资金暂时购买国债，这一方面能保证随用随取，另一方面还能获得一定的收益，但若投资于风险大收益高的股票，则对企业的支付能力和盈利能力会有较大的影响。

② 初始确认时，该金融资产属于集中管理的可辨认金融工具组合的一部分，该组合以短期获利方式进行管理。

③ 属于衍生金融工具(属于财务担保合同和有效套期工具除外)。

根据交易性金融资产的上述情形，可以发现交易性金融资产的特点主要包括以下几点。

① 公司获得交易性金融资产的主要目的是为了通过近期内出售来获得投资收益。从时间来看属于短期投资。

② 公司购买交易性金融资产的资金来源是暂时闲置的资金，因而交易性金融资产投资首先考虑的是该投资的流动性。

③ 由于交易性金融资产的流动性很强，因而作为交易性金融资产的金融工具一般都具有活跃的市场，比如从二级市场购买的股票、债券等。

④ 由于交易性金融资产一般都具有活跃的市场，因而其公允价值相对容易取得，通常以活跃市场的价格作为公允价值。

⑤ 交易性金融资产的投资对象可以是权益工具，也可以是债务工具，还可以是一个投资组合。

⑥ 企业购买的衍生金融资产一般情况下应当划分为交易性金融资产。

关注：上市公司可能利用长期投资与短期投资的划分来“改善”其流动比率。

在前面的学习中应该已经发现，上市公司流动资产与流动负债之间的对比关系非常重要。在会计中，流动资产减流动负债被称为营运资金、营运资本或净流动资产；流动资产与流动负债的比率被称为流动比率。美国上市公司界认为流动比率维持在 2∶1 左右较为理想。一些上市公司为了“改善”其流动比率，故意将长期投资的一部分人为地划分为短期投资。请看例 3-3。

【例 3-3】 某上市公司连续三年的概括性的资产负债表如表 3-3 所示。

表 3-3 资产负债表

××上市公司　　××年 12 月 31 日　　单位：万元

资　产	1997 年	1998 年	1999 年	负债和所有者权益	1997 年	1998 年	1999 年
短期投资	300	300	300	流动负债	220	240	250
其他流动资产	100	120	150	长期负债	400	400	400
流动资产合计	400	420	450	负债合计	620	640	650
其他资产	500	600	700	所有者权益	280	380	500
资产合计	900	1 020	1 150	负债与所有者权益合计	900	1 020	1 150

面对这样一张报表，直接计算其流动比率，每年大体保持在 2∶1 左右，人们可能对该公司的短期流动状况较为满意。但是，稍加注意其流动资产的价值变化就会发现，本应处于经常变化的短期投资在 3 年内并无任何数量上的变化。这可能是上市公司将长期投资划为短期投资以"改善"其流动比率的一种信号！

那么，如何判定上市公司存在这种操纵行为的可能性呢？

我们认为，可以通过下列途径来获取上市公司可能存在上述操纵行为的信息。

① 从短期投资的数量看。短期投资具有金额经常波动的特点。跨年度不变且金额较为整齐的"短期投资"极有可能是长期投资。

② 从其实际营运资金的运作情况看。上市公司将长期投资人为地划拨到短期投资，只能改变流动比率，不可能改变上市公司的现金支付能力和其他流动资产项目的变现能力。上市公司的流动比率状况好与现金支付能力差本身就是短期投资长期性的一个信号。

③ 从投资收益的角度看。短期投资收益具有盈亏不定、笔数较多的特点，而长期投资收益一般具有固定性、业务笔数较少的特点。如果在投资收益的构成中出现异常情况，则是对上市公司操纵行为的又一佐证。

(3)应收及预付款。

该项目的性质是企业拥有的债权，主要包括应收账款、应收票据、其他应收款和预付账款等。其中，应收账款和应收票据是企业销售商品或提供劳务应收取的价款；其他应收款是其他应收及暂付款，通常与企业销售商品无直接联系，如预借的差旅费等。预付账款是企业未来购买生产用材料而预先向供应单位支付的款项。应收及预付款项的性质是企业拥有的债权，是企业的资金被他人占用，因此，这个项目的金额越小越好。下面结合具体项目逐一分析。

① 应收账款。通常认为应收账款过多，企业资金一方面被购货方占用多，另一方面还为购货方代交增值税等税金，并且一旦应收账款收不回来，造成的损失更大，会对企业财务状况造成不良影响。但是，应收账款的性质如是销货款，应收账款的多少则与企业销售规模、销售政策有着密切关系。表现在：销售政策越宽松，销售规模越大，相应的应收账款就越多，反之，应收账款就越少。对应收账款进行分析，应配合"应收账款明细表"，了解应收账款的账龄，加强催收管理。

② 应收票据。按制度规定，应收票据即商业汇票。商业汇票的有效期：最长不超过6个月，通常为3～6个月；商业汇票有明确的承兑人背书承兑，因此，收不回票款的可能性极小。特别是银行承兑汇票，其信用程度更强，收款更有保证。

③ 预付账款。预付账款是企业预付给供应单位的购货定金。由于是外单位占有本企业的资金，因此，预付账款越少越好。预付账款过多表明企业供应方面有问题。

④ 其他应收款。其他应收款仅仅是指暂付款，一般期限较短。若其他应收款过大，则属于不正常现象，容易产生一些不明资金占用，因此，其他应收款越少越好。分析时应注意是否有通过“其他应收款”转移销售收入偷税的违法行为，应及时加以纠正。

(4)存货。

存货(Inventory)是指企业在日常生产经营过程中持有的以备出售，或者仍然处在生产过程，或者在生产或提供劳务过程中将要消耗的材料或物料等，包括各类材料、商品、在产品、半成品、产成品等。

存货的计价。发出存货的计价方法有先进先出法、加权平均法、移动平均法、后进先出法、计划成本法、毛利率法、零售价法等。在物价变动时期，不同的计价方法所确定的发出存货与期末存货金额也不一样。

【例3-3】 某一商店销售甲商品。期初有甲商品存货6件，每件单价100元；本期分3次购入24件，第一批10件的单价为110元，第二批10件单价为130元，第三批4件的单价为150元；本期卖出22件，销售单价200元，期末结存8件。计算在先进先出法、加权平均法和后进先出法下，本期发生的存货成本和期末存货成本如表3-4所示。从表中可以看出：由于存货计价方法不同，在物价上涨时期，先进先出法和后进先出法分别确定的发出的存货成本要相差300元。了解存货计价方法对报表数据的影响，对于阅读理解报表是很有用的。

表3-4 存货计价方法对报表数据影响

单位：元

	先进先出法	加权平均法	后进先出法
期初存货6件	6 × 100 = 600	6 × 100 = 600	6 × 100 = 600
本期购入24件	10 × 110 = 1 100 10 × 130 = 1 300 4 × 150 = 600 合计 3 000		
本期发出22件	先购进的22件成本： 6 × 100 = 600 10 × 110 = 1 100 6 × 130 = 780 合计 2 480	加权平均单价 (600+3 000) ÷ (6+24) = 120 22 × 120 = 2 640	后购进的22件成本： 4 × 150 = 600 10 × 130 = 1 300 8 × 110 = 880 合计 2 780
期末存货8件	4 × 130 = 520 4 × 150 = 600 合计 1 120	8 × 120 = 960	6 × 100 = 600 2 × 110 = 220 合计 820

续表

	先进先出法	加权平均法	后进先出法
销货收入 22 件 单价 200 元	22 × 200 = 4 400	22 × 200 = 4 400	22 × 200 = 4 400
销货成本	2 480	2 640	2 780
销货毛利	1 920	1 760	1 620
与后进先出法比较销货毛利增加	300	140	—

存货的控制方法。存货的控制方法有许多种，这里只介绍最常用和最重要的一种方法——经济批量法。

① 经济订货量。

由于储存存货要发生储存成本，因此要考虑如何使存货总成本最低，这关键在于科学地确定每次进货数量。存货成本主要包括采购成本、订货成本、储存成本和缺货成本。但是因为采购成本与订货数量无关，缺货成本也由于能够预计存货的年需要量和平均耗用量，存货可随时得到补充，而不存在缺货的问题，因而能排除采购成本和缺货成本对经济订货批量的影响。储存成本的高低与采购量的多少成正比，订货成本的高低与采购量成反比，能够使一定时期订货成本和储存成本之和最低的采购批量即为经济订货的批量。储存成本、订货成本与采购量的关系，如图 3-1 所示。

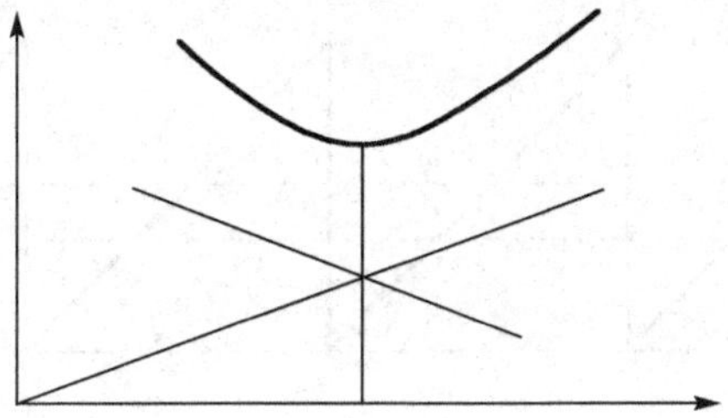

图 3-1 储存成本、订货成本与采购量的关系

从图 3-1 可见，订货批量越大，储存成本越高；但是，订货次数减少，又使订货成本下降；反之，订货批量越小，储存成本越低，订货成本越高。

$$Q^* = \sqrt{2}\ SD/C$$

$$TC = \sqrt{2}\ SDC$$

【例 3-4】 M 公司全年需要 A 材料 2 400 吨，每订货一次的订货成本为 600 元，每吨年储存成本 8 元。求经济订货批量和存货总成本。

将上例数字代入上述两个公式得

$$Q^* = \sqrt{2}\ \times 2\ 400 \times 600 \div 8 = 600\text{(吨)}$$

$$TC = \sqrt{2}\ \times 600 \times 2\ 400 \times 8 = 4\ 800\text{(元)}$$

计算表明，最经济的订货批量是 600 吨，其存货总成本最低为 4 800 元。

② 再订货点。

经济订货批量的基本模型是假设公司的存货能够随着使用随时补充。实际上，任何单位都不会等到存货全部用光再去采购，而需要在没有耗用完之前提前订货。因此，当公司再次发出订单订货时，尚存的存货量即再订货点。用公式表示：

$$再订货点 = 交货时间 \times 平均耗用量$$

其中，交货时间为订货日期到到货日期之间相隔的天数。平均耗用量是单位时间的耗用量。应当指出，交货时间单位与单位时间耗用量中的单位时间，必须以同一时间单位表示，即如果交货时间是月数，则平均耗用量即为每月的耗用量；如果交货时间是天数，则平均耗用量是每天的耗用量。

依前例数据，M 公司的经济订货量为 600 吨，一年订货 4 次，假设交货时间为一个月，每月平均耗用量为 200 吨，则再订货点为：

$$再订货点 = 1 \times 200 = 200(吨)$$

即经济订货量能满足三个月的生产消耗。公司必须在第二个月月末再次订货，订货时尚有 200 吨材料供公司在一个月内消耗，当交货时间一到，存货降至零时，600 吨订货已送达到库。因此，其再订货点为 200 吨，再订货点可用图 3-2 表示。

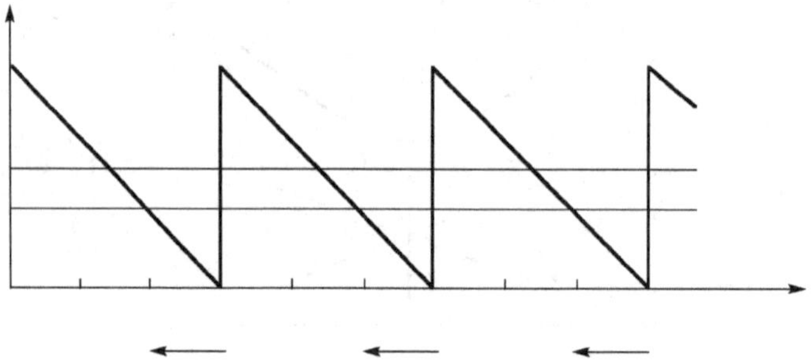

图 3-2　再订货点

再订货点对公司的经济订货批量无任何影响，它使公司订货更接近实际，要求公司其存货达到再订货点时，就要发出订单，不能等到存货用光后再去订货，从而避免缺货造成生产中断。

③ 保险储备量。

经济订货量是在假设每日耗用量不变，供货单位的供货时间不变，而且不存在缺货的情况下计算出来的。实际上，每日耗用量与供货单位的交货时间往往因各种原因而发生变化，因此，如果公司完全按照经济订货批量和再订货点采购存货，当出现耗用量增加、供货延迟的情况时，公司会因缺货而中断生产，发生缺货成本。为防止需求和供货变化增加存货储备的数量即为保险储备量。保险储备量在正常生产情况下不予动用，只有在消耗量增大或送货延迟时才使用。

建立保险储备量虽然能避免缺货而增加缺货成本，但是过量储存保险储备又会增加储存费用。研究保险储备量的目的就在于确定合理的保险储备量，使缺货成本与储存成本之和最低，即经济保险储备量。

确定经济保险储备量可分两步：第一，假设各种不同的保险储备量，计算各种保险储备量的总成本；第二，比较各种保险储备量的总成本，择其低者即为经济保险储备量。保险储备总成本可用以下公式表示：

保险储备总成本＝缺货成本+保险储备成本

其中，

缺货成本＝单位缺货成本×一次订货的缺货量×年订货次数

保险储备成本＝保险储备量×单位存货年储存成本

依前例数据，年需要存货量 2 400 吨，每吨年储存成本 8 元，单位缺货成本 40 元，每年采购 4 次，经济订货量为 600 吨。在供应间隔期内存货需求量的概率如表 3-5 所示。

表 3-5　供应间隔期内存货需求量的概率

需求量(吨)	600	650	700	750
概率(%)	94	3	2	1

上述保险储备量计算表中，设定了四种保险储备量：(1)当不设置保险储备量时，有 94%的可能不缺货，但仍有 3%的可能缺货 50 吨(650－600)，一次订货缺货量则为 1.5 吨(缺货量 50 吨×缺货概率 3%)，一年订货 4 次，单位缺货成本 40 元，则缺货成本为 240 元；还有 2%的可能缺货 100 吨，一次订货的缺货量为 2 吨，一年订货 4 次，单位缺货成本 40 元，则缺货成本 320 元，再加上 1%的可能缺货 150 吨，共计发生缺货成本 800 元；由于保险储备量为 0，不会发生储备费用。(2)当保险储备量为 50 吨，共需储备 650 吨，若耗用 650 吨以下，不会发生缺货，但若耗用 650 吨以上至 700 吨时，不缺货的概率为 97%，但仍有 2%的可能缺货 50 吨，一次订货的缺货量为 1 吨，单位缺货成本 40 元，一年采购 4 次，缺货成本为 160 元，还有 2%可能缺货 100 吨，一次订货的缺货量为 1 吨，则缺货成本为 160 元，缺货成本共计 320 元；同时，50 吨保险储备的存储成本为 400 元；以下数据依此类推(详见表 3-6)。

表 3-6

保险储备量(吨)	缺货量(吨)	缺货概率(%)	一次订货的批量(吨)	缺货成本(元)	储备成本(元)	总成本(元)
(1)	(2)	(3)	(4)＝(2)×(3)	(5)＝(4)×40×4	(6)＝(1)×8	(7)＝(5)+(6)
0	650～600	3	1.5	1.5×40×4＝240	0	800
	700～600	2	2	2×40×4＝160	0	
	750～600	1	1.5	1.5×40×4＝240	0	
50	700～650	2	1	1×40×4＝160	50×8＝400	720
	750～650	1	1	1×40×4＝160		
100	750～700	1	0.5	0.5×40×4＝80	100×8＝800	880
150	750～750	0	0	0	150×8＝12 000	1 200

通过计算可知，该公司的保险储备量定在 50 吨为宜，能够使缺货成本和储存成本之和最小，为 720 元。

(5) 待摊费用。

核算企业已经支出，但应由本期和以后各期分别负担的分摊期限在一年以内（包括一年）的各项费用，如低值易耗品摊销、预付保险费、固定资产修理费用，以及一次购买印花税票和一次交纳印花税税额较大需分摊的数额等。（报表中，待摊费用借方余额+预提费用借方余额；注意与长期待摊费用的区别。）

待摊费用作为一项已经支付的费用，对企业未来的财务状况不会再起良性作用，属于企业的不良资产。因此，企业的待摊费用越少越好。同时应注意在会计核算中人为地调节待摊费用的摊销期，进而调节成本费用的错误行为。新会计制度中已取消待摊费用科目。

（三）长期资产

1. 长期投资

长期投资（Long-term Investment）是指不准备在一年以内变现的对外投资，包括股票投资、债券投资和其他股权投资。对长期投资的分析，一方面要了解投资的管理要求，另一方面要分析投资收益。

(1) 投资管理要求。

按我国现行法律规定，除企业的性质是投资公司外，其他企业对外投资总和不得超过其净资产的 50%。当企业当年更新改造的任务较重时，企业不得对外投资。应注意分析企业的投资行为是否符合法律要求。

(2) 投资收益分析。

对长期股权投资的会计核算方法不同，确认的投资收益也不同。长期股权投资的核算方法有两种：成本法和权益法。

凡持股比例在 20%以下，一般认为对被投资公司无重大影响，应采用成本法。

一般持股比例在 20%～50%之间，通常认为对被投资公司有重大影响，应采用权益法。

凡持股比例在 50%以上，通常认为对被投资公司拥有控制能力，平时采用成本法核算，在编制合并财务报表时用权益法进行调整。

用成本法和权益法核算长期股权投资的区别主要在于通过成本法进行核算时，账面价值一般不进行调整，始终以成本反映；而采用权益法核算时，账面价值要随着被投资企业净资产的增减变动而相应变动。不同的核算方法下投资收益的确认时间与数额也不同。

例 5： A 公司 2013 年 5 月 1 日认购了 B 公司的股票 4 000 000 股，每股面值 1 元，取得成本为 6 000 000 元。A 公司取得的股权占 B 公司全部股权的 40%。2013 年 12 月 31 日，B 公司报告当年税后利润为 2 000 000 元。2014 年 3 月 10 日，B 公司派发股利，A 公司收到 480 000 元；2015 年 12 月 31 日 B 公司报告亏损 300 000 元。对 A 公司该项投资分别采用成本法和权益法核算，以查看其对“长期投资”和“投资收益”的影响。这两种方法的比较如表 3-7 所示。

表 3-7　A 公司的投资核算

	成　本　法		权　益　法	
	长期投资	投资收益	长期投资	投资收益
A 公司长期投资入账价值	6 000 000	—	6 000 000	—
2013.12.31 B 公司报告当年税后利润	—	不确认	+800 000	(2 000 000 × 40%)+800 000
A 公司长期投资账面价值	6 000 000	—	6 800 000	—
2014.3.10　B 公司派发股利，A 公司收到 480 000 元	—	480 000	–480 000	—
A 公司长期投资账面价值	6 000 000	—	6 320 000	—
2015.12.31 B 公司报告当年亏损	—	—	–120 000	(300 000 × 40%)–120 000
A 公司长期投资账面价值	6 000 000	—	6 200 000	—

从表 3-7 中可以看出，采用成本法核算时，长期投资的账面价值一直是购入成本 6 000 000 元，它不随着 B 公司经营状况的变化而变化。而采用权益法，长期投资的账面价值随着 B 公司的经营状况而变动，以反映在 B 公司的权益状况。因此，对投资收益或损失均在 B 公司报告后按 A 公司所享的份额确认，而不管是否已收到股利。因此，在阅读报表时，一定要注意长期股权投资的具体核算方法。

2. 固定资产

固定资产(Fixed Assets)是指同时具有以下特征的有形资产：为生产商品、提供劳务、出租或经营管理而持有的，使用年限超过一年，单位价值较高的资产。固定资产是企业的劳动资料，它能连续在若干生产周期内发挥作用而不改变其原有的实物形态，其价值会随着使用磨损而逐步以折旧的形式转移到产品成本和有关费用中，再随同产品出售转化为企业的货币资金。固定资产在同时满足以下两个条件时，才能加以确认：

第一，该固定资产包含的经济利益很可能流入企业；

第二，该固定资产的成本能可靠计量。

企业在对固定资产进行确认时，应当按照固定资产定义和确认条件，考虑企业的具体情形而加以判断。

对固定资产的分析应注意以下几个方面。

(1)规模分析。

一个企业固定资产的多少，通常代表一个企业生产经营规模的大小和生产经营能力的高低。只有具备一定生产规模的企业，才能在激烈的市场竞争中生存和发展；只有具备一定生产规模的企业，才能创造更大的效益。不同的企业其固定资产占总资产的比重不同，只有达到行业要求的标准，企业才能够减少经营风险，保证长远发展。

(2)新旧程度分析。

企业固定资产的数量代表了一个企业的规模，企业固定资产的新旧程度在一定意义上来说，代表企业的发展。这是因为一个企业发展的必要条件就是固定资产不断更新改造，以新的生产线不断补充旧的生产线，以新的性质优良的设备，逐渐替换旧设备，不断生产出新的适合市场需要的高质量产品。只有不断推出新的高质量产品，才能不断提高企业的盈利水平。所以，当一个企业设备较新时，一般表现为企业的生产率较高，产品质量较好，能够巩固或占领市场，获得更大的盈利；反之，则会逐渐被市场淘汰。因此，要根据固定资产的新旧程度合理安排企业的更新改造。

(3)折旧分析。

固定资产的价值是以折旧的方式逐渐转移到产品成本和有关费用中的，因此，各期折旧额的多少，直接关系到企业的盈利水平。为此，我们应当分析影响折旧额高低的因素。

影响折旧的因素主要有四个。①固定资产原值。固定资产原值的大小取决于购置固定资产时发生的支出多少。通常固定资产原值中包括购置时支付的价款，安装、运输、调试等费用，以及为固定资产达到预定可使用状态前所发生的可直接归属于该资产的其他支出等。与固定资产有关的后续支出，如果使可能流入企业的经济利益超过了原先的估计，如延长了固定资产的使用寿命，或者使产品质量实质性提高，或者使产品成本实质性降低，则应当计入固定资产账面价值，其增计金额不应超过该固定资产的可收回金额。应计入固定资产账面价值以外的后续支出，确认为费用。②净残值。固定资产的净残值是指固定资产报废时收回的残料价值减去清理费用的差额，这个差额与固定资产原价相除即净残值率。③固定资产使用寿命。按照企业会计制度和税法的规定，企业的任何固定资产都有一个使用寿命，企业可根据自身情况，再确定一个明确的年限作为该项固定资产的使用寿命，企业应当根据固定资产的性质和使用情况，合理地确定固定资产的使用寿命和预计净残值。企业应当定期对固定资产的使用寿命进行复核。如果固定资产使用寿命的预期数与原先的估计数有重大差异，则应当相应调整固定资产折旧年限，但固定资产的使用寿命、预计净残值一经选定，不得随意调整。④折旧方法。按我国企业会计制度规定，固定资产的折旧方法分为两类：一是直线法(也称平均年限法)，二是加速法。直线法的特点是在每期(或每个折旧单位)内的折旧额是相等的，如每年折旧额相等；加速法的特点是在每期内的折旧额不等，即从折旧开始到提足折旧为止，每期的折旧额是逐渐减少的。因此，在相同的使用年限内，采用两种折旧方法在每期计提的折旧费用不等，也就是说计入每期成本、费用中的折旧额不等，这样对企业每期利润的影响是不同的。

3. 无形资产

无形资产(Intangible Assets)是指企业为生产商品、提供劳务、出租给他人，或为管理目的而持有的、没有实物形态的非货币性长期资产。

无形资产可分为可辨认无形资产和不可辨认无形资产。可辨认无形资产包括专利权、非专利权、商标权、著作权、土地使用权、特许权等；不可辨认无形资产是指商誉。

无形资产在满足以下两个条件时，企业才能加以确认：第一，该资产产生的经济利益很可能流入企业；第二，该资产的成本能可靠的计量。

企业能够控制无形资产产生的经济利益，比如，企业拥有无形资产的法定所有权，或企业与他人签订了协议，使得企业的相关权利受到法律的保护。在判断无形资产产生的经济利益是否能流入企业时，企业管理部门应对无形资产在预计使用年限内存在的各种因素做出稳健的估计。企业的自创商誉不能加以确认。

某上市公司商誉＝买方付给上市公司所有者出让股权的价款–上市公司净资产公平市价之和×买方购买股权百分比。

为了讨论商誉的价值确定问题，我们举例来说明。

设甲上市公司于 2015 年 1 月 1 日购买了乙上市公司 100%的股份，丙上市公司 80%的股份。乙和丙的净资产账面价值与公平市价的资料如表 3-8 所示。

表 3-8　净资产价值

单位：万元

	账 面 净 值	公 平 市 价
乙	1 000	2 500
丙	4 000	5 000

甲支付给乙的所有者 3 800 万元，向出让丙股权 80%的所有者支付 4 200 万元。按照上述公式，乙和丙的商誉分别计算如下：

$$乙商誉 = 3\,800 - 2\,500 = 1\,300(万元)$$

$$丙商誉 = 4\,200 - 5\,000 \times 80\% = 200(万元)$$

这类资产不具有实物形态，具有较大的经济价值，但其经济价值又具有高度的不确定性。无形资产的特点要求企业应加强无形资产的保护，如申请注册商标、保护商标等。

按企业会计制度规定，企业取得的无形资产应按使用期逐期摊销，计入管理费用。要分析无形资产的摊销是否合理，企业可以用无形资产作为出资。按制度规定，无形资产的出资额不得超过注册资本的 20%，要分析无形资产出资额是否真实，是否超过规定比例。

4. 其他资产

其他资产是指除上述资产以外的其他资产，如长期待摊费用等。

长期待摊费用是指企业已经支出，但摊销期限在一年以上(不包括一年)的各项费用，包括固定资产大修理支出、租入固定资产的改良支出等。应当由本期负担的借款利息、租金等，不得作为长期待摊费用处理。

长期待摊费用应当单独核算，在费用项目的受益期限内分期平均摊销。大修理费用采用待摊方式的，应当将发生的大修理费用在下一次大修理前平均摊销；租入固定资产改良支出应当在租赁期限与租赁资产尚可使用年限两者较短的期限内平均摊销；其他长期待摊费用应当在受益期内平均摊销。

股份有限公司委托其他单位发行股票而支付的手续费或佣金等相关费用，减去股票发行冻结期间的利息收入后的余额，从发行股票的溢价中不够抵消的，或者无溢价的，若金额较小的，直接计入当期损益；若金额较大的，可作为长期待摊费用，在不超过两年的期限内平均摊销，计入损益。

除购建固定资产以外，所有筹建期间所发生的费用，先在长期待摊费用中归集，待企业开始生产经营当月起一次计入开始生产经营当月的损益。

如果长期待摊的费用项目不能使以后会计期间受益的，应当将尚未摊销的该项目的摊余价值全部转入当期损益。

长期待摊费用从其性质上看是已经支付，需要在以后几个会计年度内摊销的费用。它既不能用来变成现金，又不能用来抵债。因此，这是企业的一项不良资产，越少越好。其他资产从其性质上看是特殊资产，是企业不能任意支配处置的资产，也对企业经营无良性作用，因此，其他资产也是越少越好。

（四）资产减值

企业应当定期或者至少于每年年度终了，对各项资产进行全面检查，并根据谨慎性原则的要求，合理地预计各项资产可能发生的损失，对可能发生的各项资产损失计提资产减值准备。

企业应当合理计提各项资产减值准备，但不得计提秘密准备。如有确凿证据表明企业不恰当地运用了谨慎性原则计提了秘密准备的，应当作为重大会计差错予以更正，并在财务报表附注中说明。

1．短期投资跌价准备

企业应当在期末对各项短期投资进行全面检查。短期投资应按公允价值计量，市价低于成本的部分，应当计提短期投资跌价准备。

2．坏账准备

企业在每个资产负债表日应当对应收款项的账面价值进行检查，具体分析各应收款项的特征、金额大小、信用期限、债务人的信誉等相关情况，确定应收款项收回的可能性，从而预计可能发生的坏账损失。如果有证据表明应收款项已经无法收回，则意味着企业应收款项发生减值，应当将其确认为坏账损失。

对于坏账损失的核算，会计上曾经有两种方法可供选择，即直接转销法和备抵法。在备抵法下，为了核算坏账准备金的提取和实际转销情况，需要设置“坏账准备”账户。该账户的性质属于资产类，其贷方登记提取的坏账准备（包括首次计提和以后补提的准备）、已转销的坏账又收回时而恢复的坏账准备；借方登记实际发生坏账时冲销的坏账准备、年末冲销多提的坏账准备。

3. 存货跌价准备

资产负债表日，存货应当按照成本与可变现净值孰低法计量。当期末存货的成本低于可变现净值时，存货仍按成本计量；当期末存货的可变现净值低于成本时，则按可变现净值计量，同时按照可变现净值低于成本的差额计提存货跌价准备，计入当期损益。

4. 长期投资、固定资产、无形资产减值准备

企业应当在期末对长期投资、固定资产、无形资产逐项进行检查，如果由于市价持续下跌、被投资单位经营状况恶化，或技术陈旧、损坏、长期闲置等原因，导致其可收回金额低于其账面价值的，应当计提长期投资、固定资产、无形资产减值准备。

(五) 负债项目分析

负债是指过去的交易、事项形成的现时义务，履行该义务预期会导致经济利益流出企业。从性质看包括两类：一是外单位借入的款项；二是所欠的款项。

(六) 流动负债

1. 短期借款

短期借款(Short-term Loans)是指企业从银行或其他单位借入的期限在 1 年以内或超过 1 年的一个营业周期以内的各种借款。如短期流动资金借款、结算借款、票据贴现借款、新产品试制借款、引进技术借款、进口原材料短期外汇借款等。

2. 应付票据

应付票据(Note Payable)是指企业因赊销交易而签发的允诺在不超出 1 年的期限内按票据上规定的日期支付一定金额的银行承兑汇票和商业承兑汇票。

3. 应付账款

应付账款(Accounts Payable)是指企业因购买材料、商品或接受劳务供应等业务而发生的债务。这是买卖双方在购销活动中由于取得物资、接受劳务与支付款项在时间上不一致而产生的流动负债。

4. 预收账款

预收账款(Advances from Customers)是指企业因商品销售尚未发生或劳务尚未提供，而向购货方收取的货款或定金。如收到销售订单时同时收取的保证金、预收报纸杂志的订费、预收商品包装物上的押金。

5. 其他应付款

其他应付款(Other Payables)是指除了应付票据、应付账款、应付职工薪酬等以外，与

企业活动直接或间接相关的各种应付和暂收款项，主要包括应付租入固定资产和包装物的租金、存入保证金，以及计算工资过程中的各种代扣应付款项等。

6. 应付职工薪酬

应付职工薪酬(Accrued Payroll and Welfare Payable)是指企业为获得职工提供的服务而给予各种形式的报酬以及其他相关支出。具体包括：职工工资、职工福利费、社会保险费、住房公积金、工会经费和职工教育经费、非货币性福利、辞退福利和股份支付。

7. 应交税费

应交税费(Taxes Payable)是指企业按照税法规定应计算缴纳的各种税费。这些税费在尚未缴纳之前，就形成企业的一项流动负债。

8. 应付股利(Dividends Payable)

9. 预计负债(Contingent Liabilities)

如对外提供担保、商业承兑汇票贴现、未决诉讼、产品质量保证等很可能产生的负债。

10. 一年内到期的长期负债(Long-term Liabilities Due Within one year)

11. 其他流动负债(Other Current Liabilities)

(七)长期负债分析

在阅读报表时，应主要关注债务利息会计处理。

(1)为购建固定资产而发生的长期负债费用，在办理竣工决算手续前所发生的负债费用，应进行资本化处理。

(2)为购建固定资产而发生的长期负债费用，在办理竣工决算手续后所发生的负债费用，应计入当期损益。

(3)属于流动负债性质的借款费用，或者虽然是长期负债性质但不是用于购建固定资产的负债费用，应计入当期损益。

(4)与对外投资有关而发生的负债费用，应计入投资损益。

(5)在筹建期间发生的长期负债费用，发生时应计入长期待摊费用，待开始生产经营的当月可一次性计入当期损益。。

(6)在清算期间发生的长期负债费用，应计入清算损益。

第二节　利润表的阅读

一、利润表的概念和作用

利润表又称收益表、损益表，是反映企业在一定会计期间的经营成果的财务报表。利润表的作用表现在以下几个方面。

(1) 为企业外部投资者以及信贷者作投资决策及贷款决策提供依据。通过利润表，可以计算利润的绝对值指标，也可以计算投资报酬率以及资金利润率等相对值指标，并通过前后两个时期以及同一时期不同行业或企业的同类指标的比较分析，了解该企业的获利水平、利润变化趋势，据此决定是否投资，是否追加投资以及是否改变投资方向。

(2) 为企业内部管理层的经营决策提供依据。利润表综合地反映了营业收入、营业成本以及期间费用等，披露利润组成的各大要素，通过比较分析利润的增减变化，可以寻求其根本原因，以便在价格、品种、成本、费用以及其他方面揭露矛盾，找出差距，明确今后的工作重点，以便做出正确的决策。

(3) 为企业内部业绩考核提供重要的依据。企业一定时期的利润总额集中地反映了各部门工作的结果，它既是制订各部门工作计划的参考，又是考核各部门计划执行结果的重要依据。利润表内所提供的相关数据可以用来评判各部门工作的业绩，以便做出正确的奖惩决策。

二、利润表的主要项目

(一) 收入类项目的阅读与分析

1. 营业收入

营业收入反映企业经营的主要业务和其他业务所确认的收入总额。这个项目应根据“主营业务收入”和“其他业务收入”科目的发生额分析填列。其他业务收入主要指转让技术取得的收入、销售材料取得的收入、资产出租收入等。

2. 营业外收入

营业外收入反映企业发生的与经营业务无直接关系的各项收入。这个项目应根据“营业外收入”科目的发生额分析填列。主要包括固定资产盘盈、处理固定资产净收益、罚款收入等。

3. 投资收益

投资收益反映企业以各种方式对外投资所取得的收益。这个项目应根据“投资收益”科目的发生额分析填列。包括股权投资收益、债权投资收益及投资转让出售收益等。如为投资损失，该项目以“-”号填列。

(二) 收入的结构分析

收入的结构分析主要从以下几种结构分析。

(1) 收入的稳定性结构：指经常性收入所占的比重。

(2) 收入的有效性结构：指有效收入所占的比重。

(3) 收入的品种结构：指各种产品或业务在总的销售收入中的比重。

(4) 收入的行业结构：指根据分部报告计算各行业营业收入占企业总营业收入的比重。

(5) 收入的地区结构：指各地区营业收入的比重。

(三) 费用支出类项目的阅读与分析

1. 营业成本

营业成本反映企业经营的主要业务和其他业务所发生的成本总额。该项目应根据“主营业务成本”和“其他业务成本”科目的发生额分析填列。主营业务成本在制造业企业是指已经销售的产品的制造成本。

2. 销售费用

销售费用是指企业在销售商品过程中发生的费用，如销售人员的工资及福利费、佣金、广告费等。

例： 我国 1995 年与 1994 年相比，工业企业的销售费用增长了 38.58%，占主营业务利润的比重高达 19.94%，直接侵蚀了近两成的主营业务利润。

3. 管理费用

管理费用是指企业为组织和管理生产活动所发生的费用，如管理人员的工资及福利费、办公费、管理用固定资产折旧和修理费、业务招待费、劳动保险费、工会经费、坏账损失等。

例： 1995 年我国工业企业管理费用占主营业务利润为 56.92%，成为影响利润下降和资产运营效率下降的主要原因之一。

4. 财务费用

财务费用是指企业在融资过程中发生的支出，如结算的手续费、借款的利息支出等。

例： 工业企业 1995 年财务费用占主营业务利润的比率为 33.64%，其中借款利息占 88.14%。利息负担沉重，直接和主要的原因是企业资产负债率过高。

5. 营业外支出

营业外支出是指与企业经营活动没有直接联系的各种支出。如固定资产盘亏、处理固定资产净损失、非常损失等。

6. 所得税费用

计算所得税费用时，需对时间性差异和永久性差异进行调整。

例： 甲企业 2004 年会计利润为 100 万元，在计算当年应纳税所得时有下列资料。

(1) 在其投资收益中，有从受资企业乙企业分回的股利收入 10 万元。甲企业和乙企业的适用税率相同，均为 33%。甲企业在核算对乙企业的投资时，用成本法处理。

(2) 在企业的管理费用中，有超过税法规定标准限额的业务招待费 20 万元。

(3) 在企业的营业外支出中，包括罚款及滞纳金支出 5 万元。

计算应纳税所得额及所得税。

应纳税所得额＝会计利润+不属会计收入但属应税收入项目–属会计收入但不属应税收入项目+属会计费用但不属应税费用项目–属应税费用但不属会计费用项目

＝100+0–10+20+5–0＝115（万元）

115×33%＝37.95（万元）

（四）费用的结构分析

1. 主营业务成本率

$$主营业务成本率 = \frac{主营业务成本}{主营业务收入} \times 100\%$$

例：1995 年工业企业的主营业务成本率为 80.6%，比 1994 年上升了 3%，因而减少利润 1 588 亿元。这意味着，主营业务成本率每降低 1%，就可以使工业企业增加利润 599 亿多元。

2. 三项期间费用比重

例：1995 年全部工业企业的管理费用和财务费用合计为 6 810 亿元，占主营业务利润的 90.5%，大大高于制造成本的上升对利润的影响。其中，利息费用高达 2 230 亿元，占财务费用的 88.1%。

3. 研究开发费用比重

例：1995 年福特汽车公司的研究开发费用达 70 亿元，占销售额的比重为 5%左右。而我国 1995 年 2.3 万家大中型工业企业的研究开发费用总计为 366 亿元，仅占销售额的 1.19%。

（五）利润类项目的阅读与分析

1. 营业利润

营业利润反映企业实现的营业利润。如为亏损，该项目以“–”号填列。

2. 利润总额

利润总额反映企业实现的利润。如为亏损，该项目以“–”号填列。

3. 净利润

净利润反映企业实现的净利润。如为亏损，该项目以“–”号填列

（六）利润的结构与盈利模式分析

从利润表的结构和内容来看，构成企业利润主体的是核心利润和投资收益。但是，从

业绩形成的实际情况来看，企业的盈利模式可以归为以下四种。

(1) 自身经营主导型。以自身开展经营活动为内容，以消耗经营性资产为基础，以产生核心利润和经营活动引起的现金净流量为主要业绩表现。

这里的经营活动，是指与企业利润表中形成核心利润有关的活动，主要包括企业的生产活动、销售活动以及提供劳务等。

经营活动应该产生核心利润和带来相应的经营活动现金净流量。在企业以自身经营活动为主体的情况下，企业的核心利润应成为其利润总额的主要贡献力量。

(2) 对外投资主导型。以对外投资活动为内容，已消耗投资资产为基础，以产生投资收益和投资活动引起的现金流入量为主要业绩表现。

这里的投资活动，是指与企业利润表中形成投资收益有关的活动，主要包括企业取得或处置交易性金融资产、持有至到期投资以及长期股权投资等各项对外投资活动等。

对外投资活动应该产生投资收益，带来相应的现金净流量。在企业对外投资为主体的情况下，企业的投资收益应成为其利润总额的主要贡献力量。

企业投资收益的产生来源主要有：公允价值变动损益、股权收益（成本法权益法确认）、债权收益、投资转让价差、收取现金股利和利息（也可以理解为已经包含在股权收益和债权收益中）等。

(3) 资产重组型。以对企业的经营性资产或者投资性资产进行重组为内容，以优化企业的经营性资产或者投资性资产为基础，以产生利润和相应的现金流量为业绩表现。

在已有的经营活动和投资活动产生的业绩难以满足投资者经营目标的情况下，企业的控股股东完全可以凭借其自身拥有的资源对企业的资产进行重组：通过资产置换或者改善其结构的方式优化企业的经营性资产、投资性资产，使其恢复或者达到股东对企业盈利能力和盈利规模的预期。

显然，这种重组的基础和条件是控股股东有可以驾驭的资源。重组成功后企业的盈利模式又重新归于自身经营主导型或者对外投资主导型。

(4) 会计操纵型。以会计方法对财务进行账面调节为主要手段，在报表中直接产生利润。

在已有的经营活动和投资活动产生的业绩难以满足投资者的经营目标、企业的控股股东又没有可以利用的重组资源的情况下，企业的控股股东完全可能通过财务会计手法对企业的利润进行报表调节或者操纵，使其恢复或者达到股东对企业盈利能力和盈利规模的预期。

显然，这种会计调节缺乏现实依据，不符合会计准则的规范要求，且难以调节出相应的现金流入量，以此难以维持长期的业绩表现，缺乏可持续发展的动力和基础。这样的企业是投资者应尽量远离的投资对象。

第三节 现金流量表的阅读

现金流量表，是反映企业会计期间内经营活动、投资活动和筹资活动等对现金及现金等价物产生影响的财务报表。其主要目的是为报表使用者提供企业一定会计期间内现金流入和现金流出的有关信息。

一、经营活动产生的现金流量

（一）经营活动流入的现金

经营活动流入的现金主要包括以下几项。

(1) 销售商品、提供劳务受到的现金：反映企业因销售商品、提供劳务而实际收到的现金（含销售收入和应向购买者收取的增值税额）。

(2) 收到的税费返还：反映企业收到返还的各种税费，如收到的增值税、消费税、营业税、所得税、教育费附加返还等。

(3) 收到的其他与经营活动有关的现金：反映企业除了上述各项目外，收到的其他与经营活动有关的现金流入，如罚没收入、流动资产损失中有个人赔偿的现金收入等。按照准则的要求，如果其他现金流入金额较大，应该单列项目反映。

（二）经营活动流出的现金

经营活动流出的现金主要包括以下项目。

(1) 购买商品、接受劳务支付的现金：反映企业购买材料、商品、接受劳务实际支付的现金。

(2) 支付给职工以及为职工支付的现金：反映企业实际支付给职工以及为职工支付的现金，包括本期实际支付给职工的工资、奖金、各种津贴和补贴等，以及为职工支付的其他费用。不包括支付的离退休人员的各项费用和支付给在建工程人员的工资等。企业支付给离退休人员的各项费用，包括支付的统筹退休金以及未参加统筹的退休人员的费用，在“支付的其他与经营活动有关的现金”项目中反映；企业支付给在建工程人员的工资，在“购建固定资产、无形资产和其他长期资产所支付的现金”项目反映。

(3) 支付的各项税费：如支付的教育费附加、矿产资源补偿税、印花税、房产税、土地增值税、车船使用税、预交的营业税等。不包括计入固定资产价值、实际支付的耕地占用税等，也不包括本期退回的增值税、所得税等。

(4) 支付的其他与经营活动有关的现金：反映企业除了上述各项目外，支付的其他与经营活动有关的现金流出，如罚没支出、支付的差旅费、业务招待费现金支出、支付的保险费等。按照准则的规定，如果其他现金流出金额较大，应该单列项目反映。

(三) 经营活动现金流量的质量分析

1. 经营活动产生的现金流量小于零

经营活动产生的现金流量小于零，意味着企业通过正常的商品购、产、销所带来的现金流入量，不足以支付因上述经营活动而引起的货币流出。企业正常生产经营活动所取得现金支付，可以通过以下几种方式解决：①消耗企业现存的货币积累；②挤占本来可以用于投资活动的现金，推迟投资活动的进行；③在不能挤占本来可以用于投资活动的现金的条件下，进行额外贷款融资，以支持经营活动的现金需要；④在没有贷款融资渠道的条件下，只能采用拖延债务支付或加大经营活动引起的负债规模来解决。

从企业的成长过程来分析，在企业开始从事经营活动的初期，由于在生产阶段的各个环节都处于“磨合”状态，设备、人力资源的利用率相对较低，材料的消耗量相对较高，因而导致企业的成本消耗较高。同时，为了开拓市场，企业有可能投入较大资金，采用各种手段将自己的产品推向市场(包括采用渗透法定价、加大广告支出、放宽收账期等)，从而有可能使企业在这一时期的经营活动现金流量表现为“入不敷出”的状态。

我们认为，如果是由于上述原因导致的经营活动现金流量小于零，那么这是企业在发展过程中不可避免的正常状态。但是，如果企业在正常生产经营期间仍出现这种状态，我们应当认为企业经营活动现金流量的质量不高。

2. 经营活动产生的现金流量等于零

经营活动产生的现金流量等于零，意味着企业通过正常的商品购、产、销所带来的现金流入量，刚刚能够支付因上述经营活动而引起的货币流出。

在企业的经营活动产生的现金流量等于零时，企业的经营活动现金流量处于“收支平衡”的状态。企业正常经营活动不需要额外补充流动资金，企业的经营活动也不能为企业的投资活动以及融资活动贡献现金。

但是，必须注意的是，在企业的成本消耗中，有相当一部分属于按照权责发生制原则的要求而需确认的摊销成本(如无形资产、递延资产摊销、固定资产折旧等)和应计成本(如对预提费用的处理)(下面我们把这两类成本统称为非现金消耗性成本)。显然，在经营活动产生的现金流量等于零时，企业经营活动产生的现金流量是不可能为这部分非现金消耗性成本的资源消耗提供货币补偿的。因此，从长期来看，经营活动产生的现金流量等于零的状态，根本不可能维持企业经营活动的货币“简单再生产”。

因此，我们认为，如果企业在正常生产经营期间持续出现这种状态，那么企业经营活动现金流量的质量不高。

3. 经营活动产生的现金流量大于零，但不足以全部补偿当期的非现金消耗性成本

经营活动产生的现金流量大于零，但不足以补偿当期的非现金消耗性成本，意味着企业通过正常的商品购、产、销所带来的现金流入量，不但能够支付因上述经营活动而引起

的货币流出，而且还有余力补偿一部分当期的非现金消耗性成本。

此时，企业虽然在现金流量的压力方面比前两种状态要好，但是，如果这种状态持续，则企业经营活动产生的现金流量从长期来看，也不可能维持企业经营活动的货币“简单再生产”。

因此，我们认为，如果企业在正常生产经营期间持续出现这种状态，那么企业经营活动现金流量的质量仍然不能给予较高评价。

4. *经营活动产生的现金流量大于零，并恰能补偿当期的非现金消耗性成本*

经营活动产生的现金流量大于零，并恰能补偿当期的非现金消耗性成本，意味着企业通过正常的商品购、产、销所带来的现金流入量，不但能够支付因上述经营活动而引起的货币流出，而且还有余力补偿全部当期的非现金消耗性成本。

在这种情况下，企业在经营活动现金流量方面的压力已经解脱。如果这种状态持续，则企业经营活动产生的现金流量从长期来看，刚好能够维持企业经营活动的货币“简单再生产”。

但是，从整体上看，这种维持企业经营活动的货币“简单再生产”的状态，仍然不能为企业扩大投资等发展提供货币支持。企业的经营活动要为企业扩大投资等发展提供货币支持，只能依赖于企业经营活动产生的现金流量的规模继续加大。

5. *经营活动产生的现金流量大于零，并在补偿当期的非现金消耗性成本后仍有剩余*

经营活动产生的现金流量大于零，并在补偿当期的非现金消耗性成本后仍有剩余，这意味着企业通过正常的商品购、产、销所带来的现金流入量，不但能够支付因上述经营活动而引起的货币流出、补偿全部当期的非现金消耗性成本，而且还有余力为企业的投资等活动提供现金流量的支持。

应该说，在这种状态下，企业经营活动产生的现金流量已经处于良好的运转状态。如果这种状态持续，则企业经营活动产生的现金流量将对企业经营活动的稳定与发展、企业投资规模的扩大起到重要的促进作用。

从上面的分析可以看出，企业经营活动产生的现金流量仅仅大于零是不够的。企业经营活动产生的现金流量要想对企业做出较大贡献，必须在上述第五种状态下运行。

二、投资活动产生的现金流量

投资活动主要包括：取得和收回投资、购建和处置固定资产、无形资产和其他长期资产等。

(一) 投资活动流入的现金

投资活动流入的现金主要包括以下项目。

(1) 收回投资所收到的现金：反映企业因出售、转让或到期收回除现金等价物以外的短期投资、长期股权投资而收到的现金，以及收回长期债券投资本金而收到的现金。不包括长期债权投资收回的利息，以及收回的非现金资产。

(2)取得投资收益所收到的现金：反映企业因股权性投资和债权性投资而取得的现金股利、股息，以及从子公司、联营企业和合营企业分回利润收到的现金。不包括股票股利。

(3)处置固定资产、无形资产和其他长期资产而收到的现金净额：反映企业处置固定资产、无形资产和其他长期资产所取得的现金，减去为处置这些资产而支付的有关费用后的净额。由于自然灾害所造成的固定资产等长期资产损失而收到的保险赔偿收入，也在本项目反映。

(4)收到的其他与投资活动有关的现金：反映企业除了上述各项目外，收到的其他与投资活动有关的现金流入。按照准则要求，如果其他现金流入价值较大，应该单列项目反映。

(二)投资活动流出的现金

投资活动流出的现金主要包括以下项目。

(1)购建固定资产、无形资产和其他长期资产所支付的现金：反映企业购买、建造固定资产，取得无形资产和其他长期资产所支付的现金，不包括为购建固定资产而发生的借款利息资本化的部分，以及融资租入固定资产而支付的租赁费。借款利息和融资租入固定资产支付的租赁费，在筹资活动产生的现金流量中反映。

(2)投资所支付的现金：反映企业进行权益性投资和债权性投资支付的现金，包括企业取得的除现金等价物以外的短期股票投资、短期债券投资、长期股权投资、长期债权投资支付的现金，以及支付的佣金、手续费等附加费用。

企业购买股票和债权时，实际支付的价款中包含的已宣告但尚未领取的现金股利或已到付息期但尚未领取的债券利息，应在投资活动的“收到的与其他投资活动有关的现金”项目反映。

(3)支付的其他与投资活动有关的现金：反映企业除了上述各项目外，支付的其他与投资活动相关的现金流出。按照准则的规定，如果其他现金流出金额较大，应该单列项目反映。

(三)投资活动现金流量的质量分析

1. 投资活动产生的现金流量小于零

投资活动产生的现金流量小于零，意味着企业在购建和处置固定资产、无形资产和其他长期资产、权益性投资以及债权性投资等方面所支付的现金之和大于企业在收回投资、分得股利或利润、取得债券利息收入、处置固定资产、无形资产和其他长期资产而收到的现金净额之和。企业上述活动的现金流量，处于“入不敷出”的状态。企业投资活动所需的缺口，可以通过以下几种方式解决：①消耗企业现存的货币积累；②挤占本来可以用于经营活动的现金，削减经营活动的现金消耗；③利用经营活动积累的现金进行补充；④在不能挤占本来可以用于经营活动的现金的条件下，进行额外贷款融资，以支持经营活动的现金需要；⑤在没有贷款融资渠道的条件下，只能采用拖延债务支付或加大投资活动引起的负债规模来解决。

从投资活动的目的来分析，企业的投资活动主要有三个目的：①为企业正常生产经营活动奠定基础，如购建固定资产、无形资产和其他长期资产等；②为企业对外扩张和其他发展性目的进行权益性投资和债权性投资；③利用企业暂时不用的闲置货币资金来进行短期投资，以求获得较高的投资收益。

在上述三个目的中，前两种投资一般都应与企业的长期规划和短期计划相一致。第三种投资则在很多情况下是企业的一种短期理财安排。因此，面对投资活动产生的现金流量小于零的企业，我们首先应该考虑的是：在企业的投资活动符合企业的长期规划和短期计划的条件下，这种现象表明了企业的经营活动发展和企业扩张的内在需要，也反映了企业在扩张方面的努力与尝试。

2. 投资活动产生的现金流量大于等于零

投资活动产生的现金流量大于等于零，意味着企业在投资活动方面的现金流入量大于流出量。这种情况的发生，或者是由于企业在本会计期间的投资回收活动的规模大于投资支出的规模，或者是由于企业在经营活动与筹资活动方面急需资金而不得不处理手中的长期资产以求变现等原因所引起。因此，必须对企业投资活动的现金流量原因进行具体分析。

必须指出的是，企业投资活动现金流出量，有的需要由经营活动的现金流入量来补偿。例如，企业的固定资产、无形资产的购建支出，将由未来会计期间使用有关固定资产和无形资产的经营活动的现金流量来补偿。因此，即使在一定时期企业投资活动产生的现金流量小于零，我们也不能对投资活动产生的现金流量的质量简单作出否定的评价。

三、筹资活动产生的现金流量

筹资活动是指导致企业资本及债务规模和构成发生变化的活动。

（一）筹资活动流入的现金

筹资活动流入的现金主要包括以下项目。

(1)吸收投资所收到的现金：反映企业收到的投资者投入的现金，包括以发行股票、债券等方式筹集的资金实际收到的款项净额（发行收入减去支付的佣金等发行费用后的净额）。以发行股票、债券等方式筹集资金而由企业直接支付的审计、咨询等费用，在“支付的其他与筹资活动有关的现金”项目中反映，不在本项目减去。

(2)借款所收到的现金：反映企业举借各种短期、长期借款所收到的现金。

(3)收到的其他与筹资活动有关的现金：反映企业除了上述各项目外，收到的其他与筹资活动有关的现金流入，如接受现金捐赠等。按照准则的规定，如果其他现金流入金额较大，应该单列项目反映。

（二）筹资活动流出的现金

筹资活动流出的现金主要包括以下项目。

(1)偿还债务所支付的现金：反映企业以现金偿还债务的本金，包括偿还金融企业的借款本金、债券本金等。企业偿还的借款利息、债券利息，在“分配股利、利润或偿付利息所支付的现金”项目反映，不包括在本项目内。

(2)分配股利、利润或偿付利息支付的现金：反映企业实际支付的现金股利，支付给其他投资单位的利润以及支付的借款利息、债券利息等。

(3)支付的其他与筹资活动有关的现金：反映企业除了上述各项目外，支付的其他与筹资活动有关的现金流出，如捐赠现金支出、融资租入固定资产支付的租赁费等。按照准则的规定，如果其他现金流出金额较大，应该单列项目反映。

（三）筹资活动现金流量质量分析

1. 筹资活动产生的现金流量大于零

筹资活动产生的现金流量大于零，意味着企业在吸收权益性投资、发行债券以及借款等方面所收到的现金之和大于企业在偿还债务、支付筹资费用、分配股利或利润、偿付利息、融资租赁支付的现金以及减少注册资本等方面支付的现金之和。在企业处于发展的起步阶段，投资需要大量资金，企业经营活动的现金流量小于零的条件下，企业现金流量的需求，主要通过筹资活动来解决。因此，分析筹资活动产生的现金流量的大小是否正常，关键要看企业的筹资活动是否已经纳入企业的发展规划，是企业管理层以扩大投资和经营活动为目标的主要筹资行为还是企业因投资活动和经营活动的现金流出失控、企业不得已的筹资行为。

2. 筹资活动产生的现金流量小于零

筹资活动产生的现金流量小于零，意味着企业在吸收权益性投资、发行债券以及借款等方面所收到的现金之和小于企业在偿还债务、支付筹资费用、分配股利或利润、偿付利息、融资租赁而支付的现金，以及减少注册资本等方面支付的现金之和。这种情况的出现，或者是企业在本会计期间集中发生偿还债务、支付筹资费用、分配股利或利润、偿付利息、融资租赁等业务，或者是因为企业投资活动和经营活动在现金流量方面运转较好，有能力完成上述各项支付。但是，企业的筹资活动产生的现金流量小于零，也可能是企业在投资和企业扩张方面没有更多的作为的一种表现。

投资活动和筹资活动属于企业的理财活动。一方面，在任何期间，企业均有可能因这些方面的活动而引起现金流量的变化。不过，处于开业初期的企业，其理财活动引起的现金流量变化较大，占企业现金流量变化的比重也较大。

另一方面，理财活动也意味着企业存在相应的财务风险。例如，企业对外发行债券，就必须承担定期支付利息、到期还本的责任。如果企业不能履行偿债责任，有关方面就会对企业采取法律措施。又如，企业购买股票，就可能存在着股票跌价损失的风险，等等。因此，企业的理财活动越大，财务风险也可能越大。

第四节　财务报表附注分析

上市公司的财务报告由财务报表和财务报表附注组成。

财务报表附注是为了帮助理解财务报表的内容，而对报表的有关项目等所作的解释，其主要内容包括：所采用的主要会计处理方法；会计处理方法的变更情况、变更原因以及对财务状况和经营成果的影响；非经常性项目的说明；财务报表中有关重要项目的明细资料；其他有助于理解和分析财务报表需要说明的事项。

通过财务报表附注分析，可以帮助我们找出下一步财务报表分析时的重点。

一、分析公司基本情况，关注上市公司的历史和主营业务

财务报表附注的第一部分是公司基本情况，介绍上市公司的历史和主营业务范围。在进行报表附注分析时，应要了解公司的基本情况。通过公司简介中介绍的公司经营范围，我们可以了解并大致划分公司主营业务所处的行业，进一步找出相应行业的对比资料进行分析。

例：通过公司简介了解银广夏主营业务的行业为：农业(动植物养殖、种植等)、食品和制酒业、日用化工业和房地产。

二、关注会计处理方法对利润的影响

财务报表附注的第二部分是公司所采用的主要会计处理方法、会计处理方法的变更情况、变更原因，以及对财务状况和经营成果的影响。

例：2000 年以前蓝田股份没有执行“农业企业财务制度”，而执行“工业企业财务制度”，过长的固定资产折旧年限增大了蓝田股份的利润。在辨别蓝田股份的利润的真实程度时，我们必须考虑会计处理方法的变更对其利润的影响。

三、分析子公司对总利润的影响程度

财务报表附注的第三部分是控股公司及关联企业的基本情况。

一家上市公司可以有多家控股公司及关联企业，各家子公司对总公司的利润贡献是不同的。通过分析上市公司的子公司和关联企业的基本情况，我们可以找出对公司经营活动和盈利能力影响最大的子公司或关联企业。这些子公司和关联企业应该是调查分析重点。

银广夏 2000 年纳入合并财务报表范围的子公司共有 13 家，9 个行业。其中，2 家房地产企业、2 家种植企业、2 家化工企业、1 家玻璃制品生产企业、1 家实业投资企业、1 家广告文化企业、1 家制酒企业、1 家计算机软盘生产企业、1 家制药企业和 1 家生物萃取企业。

分析“注释五、控股公司及合营企业”，我们发现银广夏的子公司和合营企业分布于 9 个行业，纳入合并财务报表范围的子公司中，注册资本最大的企业是天津广夏(集团)有限公司，其主要业务是生物萃取；比较大的子公司还有武汉世纪贸易大厦有限公司(房地产行业)和宁夏广夏制药厂(制药行业)。这三家子公司可能对银广夏的经营活动和盈利能力有重要影响。

表 3-9　银广夏 2000 年纳入合并财务报表范围的子公司情况

公司名称	注册地	注册资本(元)	公司实际投资额(元)	持股比例	主营业务
广夏(银川)天然物产有限公司	银川	1 000 000	800 000	80%	麻黄种植
宁夏广夏房地产开发有限公司	银川	8 000 000	8 000 000	100%	房地产
银川广夏春之醇保健品有限公司	银川	10 000 000	8 300 000	83%	保健酒
广夏(银川)磁技术有限公司	银川	5 684 813	5 684 813	100%	微软键盘
广夏(银川)葡萄酿酒有限公司	银川	10 000 000	6 200 000	95%	葡萄种植及加工
宁夏广夏制药厂	银川	50 000 000	28 150 000	100%	药制剂生产销售
宁夏万得活性炭有限公司	银川	20 000 000	10 200 000	51%	活性炭生产
宁夏(固原)实业集团有限公司	宁夏固原	33 000 000	30 000 000	90%	石灰化工产品等
天津广夏(集团)有限公司	天津	100 000 000	95 191 499	100%	生物萃取
广夏海韵文化有限公司	北京	10 000 000	10 000 000	100%	广告、文化
武汉世纪贸易大厦有限公司	武汉	58 000 000	29 580 000	51%	房地产
芜湖广夏生物技术股份有限公司	安徽芜湖	31 840 000	15 904 080	49.95%	玻璃制品生产
广夏罗马尼亚国际实业有限公司	罗马尼亚	7 451 820	7 451 820	100%	实业投资

四、分析财务报表重要项目的明细资料

财务报表附注的第四部分是财务报表主要项目注释，列示财务报表中有关重要项目的明细资料，这些明细资料是判断财务报表反映公司财务状况和经营成果及现金流量情况真实程度的重要线索。

我们必须逐一仔细阅读和分析财务报表重要项目的明细资料，这是判断财务报表反映公司财务状况和经营成果及现金流量情况真实程度的重要步骤。

(一) 应收账款

银广夏 2000 年度“财务报表主要项目注释”的第二项是“应收账款”，列示公司应收账款的账龄结构和欠款金额前五名单位情况(如表 3-10、表 3-11 所示)。

银广夏一年以内应收账款 4 亿多元，占应收账款总额的 76.89%。其中，最大的欠款

单位是德国诚信贸易公司，其欠款达到2亿多元，占应收账款总额大约50%，欠款原因是依合同执行进度付款。

表 3-10　银广夏 2000 年应收账款账龄结构

账　龄	2000.12.31			1999.12.31		
	元	比例	坏账准备	元	比例	坏账准备
一年以内	418 447 152.41	76.89%		182 247 379.01	68.72%	
一年以上二年以内	74 266 905.35	14%	1 375 969.72	51 557 087.06	19%	5 516 134.91
二年以上三年以内	21 998 434.93	4%	2 797 608.90	15 402 741.61	6%	12 489 607.21
三年以上	29 482 424.81	5.42%	6 823 505.73	15 982 257.07	6.03%	10 091 676.85
合计	544 194 917.50	100.00%	10 997 084.35	265 189 464.75	100%	28 097 418.97

表 3-11　银广夏 2000 年应收账款的欠款金额前五名单位情况

欠款单位名称	所欠金额(元)	欠款时间	欠 款 原 因
德国诚信贸易公司	267 699 059.65	1 年内	依合同执行进度付款
武汉商业发展有限公司	56 640 000.00	2～3 年内	售楼款尾款
河北大蒲河镇农技站	10 800 000.00	2～3 年内	依合同执行进度付款
武汉武商集团	10 000 000.00	2～3 年内	售楼款尾款
安徽涡阳高炉酒厂	8 219 827.83	1 年内	依合同执行进度付款

分析财务报表附注的应收账款明细资料，我们注意到，德国诚信贸易公司是银广夏的主要欠款单位。作为银广夏的主要欠款单位，我们需要了解德国诚信贸易公司的基本情况。

为了解德国诚信贸易公司的基本情况，我们访问搜狐网站(http：//www.sohu.com)，顺序点击主页“国家与地区”、“世界各国/地区”、“德国”、“工商经济”、“德国工商总会”，进入“中国德国商会”网站(http：//www.ahk-china.org)，然后点击主页上方“中文信息”，我们可以找到“德国工商总会北京代表处联系方式”。

根据德国有关法律规定，所有德国境内企业(手工业者、自由职业者和农业加工业除外)均必须加入德国工商会。按照“德国工商总会北京代表处联系方式”，我们与德国工商总会北京代表处联系，查询德国诚信贸易公司的电话和地址，然后，按照电话和地址询问该公司的基本情况和主营业务经营范围。

中国工商银行总行在德国汉堡商会查到德国诚信贸易公司的如下记录：“Fidelity Trading GMBH 公司于 1990 年在该会注册，注册资本 51 129.19 欧元(约 10 万马克)，负责人为 Kiaus Landry，主要经营范围是机械产品和技术咨询。

既然德国诚信贸易公司的主要经营范围是机械产品和技术咨询，该公司对银广夏的欠款应该是购买银广夏机械产品的货款。

从前面分析的“公司简介”和“控股子公司及合营企业”，我们已经知道，银广夏的主营业务范围不包括机械产品，没有一家控股子公司或者合营企业生产经营机械产品。银广夏 50%应收账款是一家经营机械产品的德国公司应付货款，这与银广夏的主营业务不相符。银广夏的应收账款应该是调查分析重点。

（二）预付账款

预付账款是指公司按照购货合同规定预付给供应单位的款项。

银广夏 2000 年度的“财务报表主要项目注释”第五项是“预付账款”，列示公司预付账款的账龄结构和欠款金额前五名单位情况（如表 3-12、表 3-13 所示）。

表 3-12　银广夏 2000 年预付账款账龄结构

账　龄	2000.12.31		1999.12.31	
	元	比例	元	比例
一年以内	183 490 691.57	92.67%	143 780 828.00	92.97%
一年以上二年以内	3 829 725.82	1.93%	7 042 653.73	4.55%
二年以上三年以内	9 172 792.00	4.63%	2 589 751.30	1.67%
三年以上	1 511 740.46	0.76%	1 245 799.32	0.81%
合计	198 004 949.85	100.00%	154 659 032.35	100%

表 3-13　银广夏 2000 年预付账款的欠款金额前五名单位情况

欠款单位名称	所欠金额（元）	欠款时间	欠款原因
德国西·伊利期公司	165 788 310.00	1 年内	预付购设备款
郑州东方企业集团公司	3 226 287.20	1 年内	预付货款
蚌埠铁路生活服务有限公司	2 543 671.95	1 年内	预付货款
河北省大成第二工程处	2 300 000.00	1 年内	预付工程款
张家港市华原化工有限公司	1 587 739.02	1 年内	预付货款

在银广夏 2000 年预付账款中，2000 年银广夏支付德国西·伊利期公司 1.6 亿多元的预付购设备款。我们注意到银广夏 50%的应收账款（2 亿多元）是一家经营机械产品的德国公司应付货款，而银广夏又支付另一家德国公司 1.6 亿多元的预付购设备款。银广夏与这两家德国公司的关系应该是调查分析的重点。

（三）存货

银广夏 2000 年度的“财务报表主要项目注释”第六项是“存货”，列示存货的明细资料如表 3-14 所示。

表 3-14　银广夏 2000 年存货结构明细资料

类　别	2000.12.31		1999.12.31	
	金额（元）	跌价准备（元）	金额（元）	跌价准备（元）
原材料	16 273 439.95	—	18 655 637.04	—
在产品	15 352 184.29	—	5 202 021.17	—

续表

类别	2000.12.31		1999.12.31	
	金额(元)	跌价准备(元)	金额(元)	跌价准备(元)
产成品	94 026 352.94	7 094 359.78	42 240 804.09	—
开发产品	274 786 148.24	—	285 771 101.76	—
分期收款发出商品	—	—	5 318 959.84	—
低值易耗品	1 481 836.13	—	2 207 907.41	—
合计	401 919 961.55	7 094 359.78	359 396 431.31	—

在银广夏2000年存货中，武汉世界贸易大厦有限公司已完工未销售的房产2.7亿多元，占存货总额的68%。这部分存货的销售情况影响公司的现金流量和流动资产的质量，并且对银广夏的盈利前景有重要影响。

(四)长期股权投资

(1)银广夏长期股权投资如表3-15所示。

表3-15 长期股权投资

项目名称	期初数				期末数	
	金额(元)	减值准备(元)	本期增加(元)	本期减少(元)	金额(元)	减值准备(元)
股权投资(2)	141 198 698.95	22 839 011.21	24 721 685.48	34 169 650.39	131 750 734.04	20 576 471.97
股权投资差额(3)	20 196 000.00	—	—	612 000.00	19 584 000.00	—
合计	161 394 698.95	22 839 011.21	24 721 685.48	34 781 650.39	151 334 734.04	20 576 471.97

(2)银广夏长期股权投资如表3-16所示。

表3-16 股权投资

被投资公司名称	投资期限	持股比例	原投资金额(元)	本年权益调整(元)	累计权益调整(元)	期末余额(元)
深圳广夏录像器材有限公司	10年	100%	3 554 001.00	0	668 131.81	4 222 132.81
深圳广夏微型软盘有限公司	10年	100%	33 761 186.00	0	8 929 557.15	24 831 628.85
深圳广夏软盘配件有限公司	10年	100%	9 600 000.00	0	1 436 491.11	11 036 491.11
北京广夏尼阿迈食品有限公司	15年	50%	1 666 000.00	0	603 308.84	1 062 691.16
北京广夏尼阿迈食品有限责任公司	15年	90%	1 800 000.00	—	—	1 800 000.00
四川广夏实业有限公司	10年	90%	1 400 000.00	—	—	1 400 000.00
武汉广夏枸杞开发有限公司	20年	51%	5 100 000.00	1 698 596.62	2 697 879.96	2 402 120.04
广夏湖北商贸有限责任公司	20年	80%	2 400 000.00	116 236.70	496 786.48	1 903 213.52
银川广夏昊都酒业有限公司	20年	49%	14 700 000.00	8 818 791.23	1 143 165.46	13 556 834.54
华东广夏实业有限公司	20年	93.50%	10 000 000.00	—	—	10 000 000.00
华南广夏实业有限公司	20年	58.82%	2 000 000.00	—	—	2 000 000.00

续表

被投资公司名称	投资期限	持股比例	原投资金额（元）	本年权益调整（元）	累计权益调整（元）	期末余额（元）
北京广夏经贸发展有限公司	20年	100%	1 000 000.00	—	—	1 000 000.00
广夏（银川）广告有限公司	20年	71.42%	2 000 000.00	—	—	2 000 000.00
广夏（银川）超临界萃取有限公司	20年	100%	10 959 918.92	—	—	10 959 918.92
中电广夏科教信息资源发展中心有限公司	20年	25%	7 500 000.00	—	—	7 500 000.00
北戴河广夏天然物产公司	20年	40%	8 000 000.00	1 209 799.41	1 349 367.86	9 349 367.86
银川广夏新进松下日宝高级印刷有限公司	20年	19.13%	8 888 888.98	—	—	8 888 888.98
银川市商业银行	20年	7.94%	10 000 000.00	—		10 000 000.00
银川广夏新进计算机公司高新技术有限公司	20年	20%	969 696.00	—	—	969 696.00
深圳广夏投资实业有限公司	20年	15%	517 750.25	—	—	517 750.25
西北大学葡萄酒学院	10年	30%	3 000 000.00	—	—	3 000 000.00
中国西部电子商务股份有限公司	20年	16.67%	3 350 000.00	—	—	3 350 000.00
合计			142 167 441.15	9 423 825.14	10 416 707.11	131 750 734.04

（3）银广夏长期股权投资如表3-17所示。

表3-17　股权投资差额

被投资公司名称	初始金额（元）	形成原因	摊销期限	本年摊销（元）	累计摊销（元）	期末余额（元）
武汉世纪贸易大厦有限公司	21 420 000	购入股权差额	35年	612 000	1 836 000	19 584 000

银广夏2000年年末22家被投资公司的长期股权投资合计131 750 734.04元，加上武汉世纪贸易大厦有限公司的股权投资差额19 584 000元，长期股权投资合计151 334 734.04元。

到2000年年末止，银广夏长期股权投资的行业包括磁产品、食品、萃取产品、房地产等多种行业，长期股权投资总额1.5亿元。计算机软盘、录像器材和食品等行业竞争激烈，平均利润下降，银广夏在这些行业的长期股权投资收益前景暗淡。

（五）长期投资减值准备

银广夏2000年“长期股权投资减值准备”明细资料如表3-18所示。

表3-18　银广夏2000年长期股权投资减值准备明细资料

被投资公司名称	占被投资公司股权的比例	期末余额（元）	期初计提准备（元）	累计金额（元）	备注
深圳广夏软盘配件有限公司	100%	11 036 491.11	5 518 245.56	5 518 245.56	关停并转
深圳广夏录像器材有限公司	100%	4 222 132.81	2 111 066.41	2 111 066.41	关停并转
北京广夏尼阿迈有限公司	50%	1 062 691.16	531 000.00	531 000.00	关停并转
深圳广夏微型软盘有限公司	100%	24 831 628.85	12 416 160.00	12 416 160.00	关停并转
合　计		41 152 943.93	20 576 471.97	20 576 471.97	关停并转

由于银广夏的 4 家被投资公司发生关停并转，2000 年年末“长期投资减值准备”的累计金额是 20 576 471.97(元)。

(六)在建工程

银广夏 2000 年度的“财务报表主要项目注释”第十一项是“在建工程”，列示在建工程的明细资料如表 3-19 所示。

表 3-19　银广夏 2000 年在建工程明细资料

工程项目名称	期初数(元)	本期增加(元)	本期转入固定资产(元)	其他减少数(元)	期末数(元)	资金来源(元)
未安装设备	—	22 962 389.00	—	—	22 962 389.00	自筹
麻黄种植工程	52 718 852.64	14 627 493.31	2 901 689.78	1 008 486.83	63 436 169.34	配股资金
葡萄种植工程	149 205 416.54	81 805 353.51	281 448.00	211 935.29	230 517 386.76	配股资金
活性炭工程	20 298 509.24	6 979 430.71	140 000.00	—	27 137 939.95	配股资金
芜湖萃取工程		38 525 453.59	18 118 446.26	—	20 407 007.33	自筹
广夏制药厂工程		25 217 557.28	—	—	25 217 557.28	自筹
其他工程	758 939.31	4 105 870.67	—	—	4 864 809.98	
合计	222 981 717.73	194 223 548.07	21 441 584.04	1 220 422.12	394 543 259.64	
其中：利息资本化金额	43 697 178.91	21 773 250.27	—		65 470 429.18	

银广夏 2000 年有大约 4 亿元的在建工程，其中比较大的在建工程是葡萄种植工程、麻黄种植工程和芜湖萃取工程。根据银广夏 2000 年度的在建工程明细资料，我们可以推断银广夏的未来利润来源应该是麻黄制品、葡萄制品和萃取产品。分析这些行业的未来前景可以知道银广夏未来的盈利前景。

(七)短期借款

银广夏 2000 年度的“财务报表主要项目注释”第十五项是“短期借款”，列示短期借款的明细资料如表 3-20 所示。

表 3-20　银广夏 2000 年短期借款明细资料

项目	2000.12.31 金额(元)	借款期限	月利率	1999.12.31 金额(元)
银行借款	929 188 925.12			346 272 931.23
其中：抵押	249 058 600.00	2000.1 ~ 12	5.445‰ ~ 8.387 5‰	37 779 300.00
担保	580 170 857.12	2000.1 ~ 12	3.625‰ ~ 8.387 5‰	246 873 631.23
信用	99 959 468.00	2000.1 ~ 12	5.362 5‰	61 620 000.00
非银行金融机构借款	50 000.00			
其中：信用	50 000.00		9.15‰	
其他单位借款	2 650 000.00		9.15‰	
合计	931 888 925.12			346 272 931.23

银广夏2000年短期借款比1999年增加了大约2倍，其中，银行一年期抵押借款增加了6倍，银行一年期担保借款增加了1倍。银广夏大幅度增加短期借款，意味着其出现了比较大的短期现金流量缺口。银广夏大幅度增加短期借款应该是调查分析重点。

（八）长期借款

银广夏2000年度的“财务报表主要项目注释”第二十三项是“长期借款”，列示长期借款的明细资料如表3-21所示。

表3-21 银广夏2000年长期借款明细资料

贷款单位	2000.12.31						1999.12.31			
	原币	汇率	折合人民币	借款期限	年利率	借款条件	原币	汇率	折合人民币	借款条件
中国工商银行总行营业部									200 000 000.00	抵押
中国工商银行银川分行									2 000 000.00	担保
中国工商银行银川分行									1 000 000.00	担保
中国工商银行银川市新市区支行			20 000 000.00	99.04.29～2004.04.27	0.07	担保			20 000 000.00	担保
中国工商银行银川市新市区支行			30 000 000.00	2000.10.16～2005.10.29						
中国工商银行银川市新市区支行			37 300 000.00	2000.12.25～2004.12.24	0.07	担保			20 000 000.00	担保
中国工商银行银川中山北街营业部									6 000 000.00	担保
中国农业银行宁夏回族自治区分行			76 000 000.00	2000.06.16～2005.6.16	0.06	担保			9 500 000.00	担保
中国农业银行宁夏回族自治区分行									5 000 000.00	担保
中国农业银行宁夏回族自治区分行									5 000 000.00	担保
中国农业银行宁夏回族自治区分行									6 000 000.00	担保
中国农业银行宁夏回族自治区分行									30 000 000.00	担保
中国农业银行宁夏回族自治区分行									4 500 000.00	担保
中国农业银行宁夏回族自治区分行									12 000 000.00	担保
中经信信托投资公司	USD49万	01:08.3	41 287 686.00	99.10.30～2004.10.16	6.66%	信用	USD498万	01:08.3	41 287 686.00	信用
中国银行芜湖市分行中山路办事处			42 985 000.00	99.08.26～2003.10.26	5.445%～6.345%	担保			9 380 000.00	抵押
中国工商银行芜湖市分行									24 308 000.00	担保
合　计			247 572 686.00						403 975 686.00	

银广夏2000年长期借款主要来自于中国工商银行和中国农业银行的贷款。2000年长期借款比1999年减少1亿多元，但是，前面“短期借款”注释显示银广夏短期借款增加近6亿元。银广夏减少长期借款，大幅度增加短期借款，说明银广夏短期现金缺口大，并且暗示银广夏的经营活动存在某些问题。

（九）投资收益

银广夏2000年度的“财务报表主要项目注释”第三十一项是“投资收益”，列示投资收益的明细资料如表3-22所示。

表 3-22　银广夏 2000 年投资收益明细资料

类　别	2000（元）	1999（元）
股权转让损失	(17 394 404.60)	
联营公司或合营公司未分配的利润	225 000.00	
年末调整的被投资公司所有者权益净增(减)	(9 423 825.14)	(3 591 171.40)
股权投资差额摊销	(612 000.00)	(636 991.57)
合计	(27 205 229.74)	(4 228 162.97)

银广夏 2000 年股权转让损失 1 700 万元。前面分析“长期股权投资”和“长期投资减值准备”的明细资料时，我们已经注意到银广夏投资的计算机软盘、录像器材和食品等行业竞争激烈，行业平均利润下降，长期股权投资前景暗淡，4 家被投资公司发生关停并转。所以，银广夏 2000 年出现投资损失是必然结果。

(十)承诺事项

例如，银广夏 2000 年度财务报告中的财务报表“注释八、承诺事项”，列示五项承诺事项如下。

注释八、承诺事项

(1)公司于 2000 年 11 月 27 日中标“燕山丘陵山地(怀来地区)防沙治沙技术综合开发与示范项目”。该项目预计总投资人民币 3 875.7 万元。其中，国家科技部投资人民币 250 万元，地方政府配套资金人民币 250 万元，公司联合其他企业投入 3 375.7 万元。公司拟在河北省怀来县注册“广夏(怀来)沙产业科技开发有限公司”，公司许出租人民币 1 000 万元。

(2)公司于 2000 年 6 月 2 日决定设立广夏(银川)超临界萃取公司。注册资本为人民币 8 000 万元。截至审计报告日已出资人民币 1 095 万元、预付设备款 6 905 万元，该设备已到港，尚未办理入账手续。

(3)公司于 2000 年 4 月 9 日决定对芜湖广夏华东玻璃制品股份有限公司增资扩股，更名为芜湖广夏生物技术股份有限公司，拟以进口设备价值人民币 4 351 万元作为增资，公司已预付设备款，设备已到港口未商检评估，尚未办理入账手续。

(4)公司于 2000 年 4 月 20 日签订合同，决定设立宁夏广夏制药厂；注册资本为人民币 5 000 万元，公司需出资人民币 5 000 万元。截至审计报告日已出资人民币 2 815 万元，尚需出资人民币 2 185 万元。

公司于 2000 年 8 月 17 日签订合同，决定设立华南广夏实业有限公司，注册资本为人民币 1 700 万元，公司需出资人民币 1 000 万元。截至审计报告日已出资人民币 200 万元，尚需出资人民币 800 万元。

银广夏 2000 年“承诺事项”中，决定设立广夏(银川)超临界萃取公司。前面分析银广夏 2000 年度报告的财务报表注释五时，我们注意到，银广夏最大的子公司是生产生物萃取产品的天津广夏(集团)有限公司。银广夏决定再设立一家大的超临界萃取企业，这意味着生物萃取产品对银广夏的盈利前景有重要影响。银广夏的生物萃取业务应该是调查分析重点。

(十一)资产抵押说明

银广夏 2000 年度报告的财务报表注释十是“资产抵押说明”，列示其资产抵押的明细资料如下。

注释十、资产抵押说明

(1)公司之附属公司武汉世纪贸易大厦有限公司以其开发的武汉世贸大厦写字楼 13～16 层作为抵押物向招商银行武汉市分行循礼门支行贷款计人民币 2 350 万元。

(2)公司之附属公司武汉世纪贸易大厦有限公司以武汉商业发展股份有限公司资产作为抵押物向中国农业银行汉口支行贷款 100 万元。

(3)公司之附属公司武汉世纪贸易大厦有限公司以其开发的武汉世贸大厦写字楼 23 层作为抵押物向武汉广夏枸杞开发有限公司提供贷款之抵押担保计人民币 500 万元。

(4)公司之附属公司芜湖广夏生物技术股份有限公司以其机械设备抵押贷款人民币 939 万元，抵押物金额人民币 2 160 万元。

(5)公司以武汉世贸大厦写字楼 44～51 层、53～56 层、天津广夏集团的厂房和北京方庄芳星园三区 18 号楼资产作为抵押物贷款人民币 2 亿元。

我们发现，银广夏已经将其尚未出售的武汉世贸大厦部分房产、天津广夏集团的厂房和其他房产和机械设备等抵押给银行，作为银行贷款的抵押品，从而获得 2 亿多元的贷款。

前面分析银广夏 2000 年度报告财务报表注释六的第六项“存货”时，我们注意到，武汉世界贸易大厦已完工未销售之房产价值 2.7 亿多元，占存货总额的 68%。现在，我们知道，武汉世界贸易大厦尚未销售房产共计 17 层已经抵押给银行，在未清偿银行抵押贷款之前，银广夏不能出售这些房产。

五、关注财务报表附注分析提供的线索

例：前面分析银广夏 2000 年度报告财务报表附注，我们共发现以下 4 个有用线索。

(1)银广夏 50%的应收账款是一家经营机械产品的德国公司应付账款，而银广夏的主营业务范围不包括机械产品。银广夏 2000 年应收账款应该是分析重点，同时银广夏支付给另一家德国公司 1.6 亿多元的预付设备款。银广夏与这两家德国公司的关系是判断银广夏财务报表反映其财务状况及经营成果和现金流量情况真实程度的重要线索。

(2)银广夏武汉世界贸易大厦已完工未销售之房产价值 2.7 亿多元，占存货总额的 68%。武汉世界贸易大厦尚未销售房产共计 17 层已经抵押给银行，在未清偿银行抵押贷款之前，银广夏不能出售这些房产。

(3)银广夏2000年短期借款比1999年增加了近2倍，其中，银行一年期抵押借款增加了近6倍，银行一年期担保借款增加了1倍多。银广夏2000年长期借款比1999年减少1亿多元，短期借款增加近6亿元。银广夏减少长期借款，同时大幅度增加短期借款，这意味着银广夏的短期现金流量缺口增大。

(4)银广夏最大的子公司是生产生物萃取产品的天津广夏(集团)有限公司，银广夏决定再设立一家大的超临界萃取企业，这意味着生物萃取产品对银广夏的经营活动和盈利前景有重要影响。银广夏的生物萃取业务应该是调查分析重点。

第五节　上市公司虚假财务报表的识别

无论是银行发放贷款还是投资者选择股票投资，银行信贷人员和投资者必须分析上市公司的财务报告和其他信息资料。如果上市公司编制虚假财务报表，而银行和投资者不能识别其虚假性，那么，根据这些虚假财务报表，银行和投资者将做出错误的贷款或投资决策，不可避免地将遭受惨重的坏账损失或投资损失，甚至血本无归。

银行信贷人员和投资者对于上市公司的盈利前景分析主要依据其公开发表的财务报表和其他公告信息。虚假财务报表可能完全扭曲银行信贷人员和投资者对上市公司盈利前景的预测结果，从而使银行和投资者遭受惨重的损失。

一、两个虚假财务报表导致投资者损失的案例

(1)成都红光实业股份有限公司原主要负责人，1997年2月为了使公司股票能够上市，在明知1996年度公司实际亏损5 377.8万元的情况下，依旧决定调整财务数据，虚增1996年度净利润5 428万元，虚报利润1亿余元，欺诈上市。1997年上市以来，红光公司连续亏损，三年半累计亏损逾7亿元。红光公司股票1999年5月4日实行特别处理，进入“ST”；2000年5月12日暂停交易，进入“PT”。2000年中期红光公司资产负债率为99.71%，已经处于资不抵债的境地。

2000年12月14日，四川省成都市中级人民法院一审判决，成都红光实业股份有限公司“欺诈发行股票罪”罪名成立，同时判处对PT红光罚金人民币100万元，罚金在判决生效之日起30日内缴纳。

判处被告人何行毅(原董事长)、焉占翠(原总经理)、刘正齐(原副总经理)、陈哨兵(原财务部部长)，从三年有期徒刑到缓刑等不同的刑事处罚。

红光公司的违法行为使广大投资者遭受了惨重损失。该股票1997年6月6日上市时开市价14元，最高14.5元，此后股价一路下滑。上海一位股民投资55万元全仓买进红光公司股票，共计损失10.1万元。

(2)银广夏公司。2001年8月2日，《财经》杂志发表“银广夏陷阱”一文，揭露银

广夏公司 1999 年和 2000 年从大宗萃取产品出口到利润猛增和股价离谱上涨——是一场彻头彻尾的骗局。中国证监会于 2001 年 8 月 3 日，对银广夏公司正式立案调查，现已查明银广夏公司通过伪造购销合同、伪造出口报关单、虚开增值税专用发票、伪造免税文件和伪造金融票据等手段，虚构主营业务收入，虚构巨额利润 7.45 亿元，其中 1999 年 1.78 亿元，2000 年 5.67 亿元。同时，还查明深圳中天勤会计师事务所及其签字注册会计师违反有关法律法规，为银广夏公司出具了严重失实的审计报告。对上述涉嫌犯罪的有关责任人员，中国证监会已依法移送公安机关追究其刑事责任。

为保护投资者利益，经公司申请，中国证监会同意，公司股票自 2001 年 8 月 9 日起停牌 30 天。复牌后 15 个交易日股价暴跌 79%。股价从 2001 年 8 月 2 日收盘价 30.79 元，跌至 2001 年 10 月 8 日收盘价 6.35 元。银广夏股票的持有者遭受了惨重的损失。

2001 年 8 月 11 日，大成基金管理有限公司发布有关情况公告："基金景宏持有银广夏股票 6 720 000 股，市值为 2.05 亿；基金景福持有银广夏股票 4 856 403 股，市值为 1.48 亿元。"

2001 年 8 月 10 日，上海金陵股份有限公司发布提示公告："至 2000 年 12 月 31 日，公司持有银广夏股票 3 591 774 股，公司又增持银广夏股票 3 538 072 股，共计持有银广夏股票 7 129 846 股，共计投资成本 222 879 247.18 元，平均每股持股成本 31.26 元。"

浙江中国轻纺城集团股份有限公司在 2001 年中报称："截至 2001 年 8 月 3 日，本公司持有银广夏股票 250.667 7 万股，投资成本 8 997.107 5 万元。"据此测算，轻纺城买入银广夏股票的平均成本为每股 35.89 元。

为什么基金景宏、基金景福、上海金陵和轻纺城会重仓持有银广夏股票？

基金景宏的负责人解释说，当初选择银广夏作为重仓品种，是因为看到该公司业绩非常优秀，未来前景看好的特点，并且流通盘很大，适合基金进出。该负责人 1997 年曾亲自赴银川对银广夏实地考察，与公司董事长、董事会秘书进行过交流，他们对公司的前景充满信心。同时，该公司负责人承认当时的考察有些过于相信公司的"一面之词"，只局限于表面，并不像《财经》杂志调查得那样细致。

上海金陵负责人解释说，公司在投资决策前对银广夏中报、年报进行了仔细研究，银广夏连续两年业绩快速增长，再加上西部开发概念，应该是个好公司。公司曾派人参加银广夏的股东大会，对银广夏公司所在地进行过实地考察。

北京中关村科技发展股份有限公司与银广夏于 2000 年 5 月签署《对等担保协议》，对公司与银广夏的互保事项作出说明。到报告期末，银广夏为中关村担保 1 亿元，中关村公司为银广夏担保 5 000 万元。中关村总经理说，与银广夏签订互保协议，是因为认为银广夏是一个非常好的公司，在上市公司里是最好的。而中关村对银广夏的调查，仅是财务部门去过两个人，看其全部报表，看其业绩。段永基说："中关村北京财务部门的同志比较天真，以为上市公司批准的报表还是比较可信的。

二、识别虚假财务报表的基本分析方法

为了分析上市公司的盈利能力、预测盈利前景和判断公司财务报表反映其财务状况和经营成果以及现金流量情况的真实程度，我们需要阅读上市公司的年度报告、中期报告、季度报告和其他公告，以及其他有关公开信息资料，进行财务分析、基本面分析和现场调查。

(一) 财务分析方法

财务分析是对上市公司的年度报告、中期报告、季度报告的财务报告部分进行分析。财务报告部分包括三项内容：财务报告的审计报告、财务报表附注和财务报表。

财务分析包括财务报告的审计报告类型分析、财务报表附注分析、财务数据和财务指标的静态分析、趋势分析和同业比较。

1. 审计报告类型分析

进行上市公司的财务分析时，我们首先阅读财务报告的审计报告。审计报告是注册会计师对上市公司的财务报表是否真实地反映其财务状况、经营成果和资金变动情况等发表的审计意见。

根据上市公司反映其财务状况、经营成果和资金变动情况的真实程度，注册会计师出具不同的审计报告。上市公司财务报告的审计报告有五种类型：(1)无保留意见审计报告(无解释)；(2)无保留意见审计报告(有解释)；(3)保留意见审计报告；(4)拒绝发表意见审计报告；(5)否定意见审计报告。

我们可以根据审计报告初步判断报表信息的可靠性，但为了防止注册会计师与被审计单位联合编制虚假财务报表欺骗投资者，还需要进行以下详细分析。

2. 财务报表附注分析

在分析财务报表之前，我们应该先分析财务报表附注。财务报表附注是为帮助理解财务报表的内容而对报表的有关项目等所作的解释。

例如，2000 年 12 月 31 日蓝田股份的存货是 279 344 857.29 元，财务报表附注列示了存货明细资料，其中，在产品 212 298 168.51 元。蓝田股份的主营产品是水产品和饮料，水产品和饮料的存货不易于保存。蓝田股份的在产品占存货总额的 82%，一旦产品滞销或存货腐烂变质，蓝田股份将遭受巨大损失。蓝田股份的在产品应该是调查分析重点。

3. 财务数据如财务指标的静态分析

静态分析是对一家上市公司一定时期或时点的财务数据和财务指标进行分析。

我们前面给大家介绍各种比率分析，如结构比率、偿债能力比率、营运能力比率、获利能力比率等，这些比率分析均属于静态分析。通过静态分析可以很好地了解企业的财务状况，同时也可以一定程度上分析财务报表信息的可靠性。

4. 趋势分析

趋势分析是对一家上市公司不同时期或时点的财务数据和财务指标进行分析。

我们前面给大家介绍发展能力分析时，会用到某一指标，如：销售收入、总资产、每股股利等，用这些指标连续几年的数字进行对比找出发展趋势。还可以用连续几年的各种财务比率，如：用连续五年的流动比率进行对比，画出趋势图，从而分析企业连续五年偿债能力的变化。

5. 同业比较分析

同业比较是将一家上市公司的财务数据和财务指标与同行业企业相比较。

通过同业比较可以找出本企业的某些财务指标有没有异常之处，如：明显高于或低于行业平均值，从而找出进一步分析的重点。

我们看一个将静态分析、趋势分析、同业比较结合起来的案例。

例如，通过财务报表附注和静态分析，我们发现蓝田股份的在产品占存货的82%；通过趋势分析，我们发现其存货占流动资产比率逐年上升；通过同业比较分析，我们发现其存货结构已经严重偏离了同业平均水平。所以，蓝田股份的存货及其结构应该是调查分析重点。

（二）基本层面分析

上市公司的基本层面分析包括宏观经济分析、行业现状和前景分析、公司在行业的位置、公司高级管理人员的经营管理能力、公司的经营策略、公司的市场份额和声望，等等。基本面分析与财务分析息息相关。

基本面分析是对公司面临的环境、在所属行业的位置及其基本经营状况的分析，通过基本面分析同样可以找出进一步分析的重点。

例如，由于行业竞争越来越激烈，水产品行业的平均利润率不断下降。蓝田股份2000年农副水产品收入约13亿元，高于同业平均值约3倍。蓝田股份的水产品销售方式是在公司养殖基地现场，客户上门提货，买卖双方“钱货两清”成交。与同业企业销售策略相比，蓝田股份的销售方式不能支持其农、副、水产品收入高于同业平均值约3倍。蓝田股份的销售策略对农副水产品收入的影响应该是调查分析重点，应进一步审查其收入有没有虚假成分，会不会存在造假现象。

（三）现场调查

现场调查是判断上市公司财务报表反映其财务状况及经营成果和现金流量情况真实程度的核心环节。现场调查结果是判断财务报表真实程度的依据以及确定贷款或投资对象的依据。

现场调查的程序包括：准备现场调查提纲；到调查对象单位或部门现场调查；与现场调查对象单位或部门的管理人员面谈，询问有关问题。切忌不能将现场调查变为“现场参观”。

我们比较熟悉的财务报表造假典型——上市公司银广夏蒙骗了大量中小投资者，有些投资者曾亲自到银广夏总部或子公司调查，但是却没有发现其编制虚假财务报表，原因就在于这些投资者在进行调查之前，没有先进行财务分析和基本面分析，从而没有发现银广夏的问题区域和风险线索，自然也就没有准备针对性的调查提纲。他们到现场后，只是被动地听银广夏的董事长和其他高级人员介绍公司情况，畅想公司的美好前景。这种现场调查是毫无用处的，严格地说，这不能称为“现场调查”，只能算作是一次“现场参观”。“现场调查”和“现场参观”有本质区别。

第四章

成 本 分 析

第一节　成本分析的意义

成本分析的任务在于按照客观经济规律的要求对各项影响成本降低的因素进行科学的分析，查明各种因素对成本升降的影响程度，挖掘成本降低潜力，制定出不断降低成本的方案。

(一) 从财务管理的角度来看

我们都学过财务管理，知道企业的目标是生存、发展和获利。财务管理的目标是企业价值最大化。而企业价值对于上市企业来说，等于每股价格乘以股票股数；对于非上市企业，可以用企业未来的每年净现金流量的贴现值的总和来估算。我们考虑一下上市企业，它的企业价值等于每股股价乘以股票总数，那么每股股价是由什么决定的呢？我们学过这个公式，市盈率=P/E，P 是每股股价，E 是每股盈利，这样 P=E*市盈率，市盈率受很多因素影响，包括企业风险、人们的心理预期等，但一般来说，相对稳定、正常的成熟的股票市场，平均市盈率为 10～11，市盈率 5～20 都被认为是正常的，而且它的影响因素很多是属于企业不可控的，所以我们重点考虑每股盈余，它等于企业的净利润除以总股数。我们要实现企业的目标，很重要的一个方面就是增加企业的净利润，对于非上市企业要增加企业的净现金流量也同样需要增加企业的净利润。我们可以用下面的箭头图来概括上面的内容：

企业的目标→财务管理的目标：企业价值最大化→净利润=收入-成本（成本分析）

既然净利润等于收入减去成本，那么怎样才能增加企业的净利润呢？我们考虑一下财务报表中的利润表，净利润在利润表中的最后一行。我们一起回顾一下我们的利润表：

主营业务收入

减：主营业务成本

　　主营业务税金及附加

主营业务利润

加：其他业务利润

减：销售费用

管理费用

财务费用

营业利润

加：投资收益

补贴收入

营业外收支净额

利润总额

减：所得税

净利润

从利润表上我们可以清楚地看到提高净利润的途径只有两条：一是增加收入，二是降低成本、费用。在收入总额不变的情况下，成本越低，净利润则越高，我们的财务管理目标和企业目标就越能够完成得更好。

从这张表上我们也可以清楚地看到，降低成本的关键就在于降低期间费用（营业费用、管理费用、财务费用）和主营业务成本，主营业务成本又主要包括原材料成本、生产工人工资、制造费用等，对于这些成本项目的分析就是我们这几节成本分析课的重点。从这里我们也可以看到成本分析具有重要意义，它可以帮助我们找到成本上升的原因，找到降低成本的途径，从而更好地提高企业的经济效益，实现企业的目标。

学习财务分析，重点是学习思考问题的方法，而不是死记公式和概念。例如，一位总裁招聘一名经营管理人员时，很多学经济管理和财务的人应聘，这位总裁出了这样一个题目：一个企业的经济效益出现滑坡，请问你应从哪些方面进行分析？很多同学在分析时没有一个清晰的思路，而只是举一些例子，如我知道太阳神企业是怎样导致效益不好的或我知道三株口服液是怎样垮掉的等。实际上那位总裁主要就是看应聘者脑子里有没有最基本的分析思路，即利润=收入–成本，效益下降，无非就是成本不变，收入下降；或收入不变，成本升高；或收入下降，成本升高同时出现；或两者同时上升，但成本上升的比收入上升的高；或两者同时下降，但收入下降的比成本下降的多。然后根据企业的具体情况进行具体分析，比如，收入下降可能由于竞争产品或新产品的出现，使企业产品的市场占有率下降，或由于管理的问题导致产品质量下降而引起顾客不满，或售后服务没跟上，使顾客感到购买本企业的产品无保障等。同样可以进一步分析成本上升的原因，是由于期间费用的升高，还是原材料价格上涨，或者工资费用升高，或者制造费用上升，都要进行进一步分析。关于成本分析的一些方法我们下面会陆续介绍。

所以，我们学习财务分析时要重点学习思维方法，学习分析问题的思路和方法。我们分析时所用的数学方法都是最简单的加、减、乘、除，既没有用极限，也没有用微分、积分这些高等数学方法，我们的重点在于搞清楚这些经济指标的含义，在于学习一种分析问题的思路和方法，搞清楚各种分析方法的经济含义，而不是满足于算对几个数字。

(二) 从战略管理的角度看

迈克尔·波特是哈佛商学院的教授，他著有《竞争战略》一书，这本书写得很精彩，希望大家有时间看一看。在这本书里，他把企业获得可持续的竞争优势的基本战略分为三种：一种是成本领先战略，另外两种是差异化战略和集中战略。

差异化战略是指企业通过产品的差异化(特点)将自己与竞争对手区分开，由于产品的独特性而给产品一个额外的加价。例如，我们有的企业提出“人无我有，人有我优，人优我转”，追求的就是一种差异化战略。集中战略指的是企业选择行业中的一个细分市场或一组细分市场，通过在目标市场中追求成本优势或差异化来挤走其他竞争者。

通过成本分析可以帮助企业更好地追求成本领先战略。企业可以努力降低成本，成为行业中的低成本生产者，以在竞争中具有优势。例如，有些国企用德国进口的吹瓶机吹出的农药瓶子竞争不过乡镇企业用废旧塑料生产出来的农药瓶子，日本进口豆腐生产线生产的豆腐制品竞争不过家庭小作坊，都是因为成本太高，以至于在价格上没有竞争优势。现在世界各地的打火机都竞争不过我国浙江温州的打火机，就是因为温州的打火机价格最低，温州都是家庭作坊，一家老小齐上阵，一会儿工夫就加工好了，用麻袋一装，五毛钱一个就卖出去了，生产成本非常低。所以企业加强成本管理，成为行业中低成本的生产者具有战略意义。

成本分析方法的学习和研究具有重大意义，我们在这里先介绍最基本的成本分析方法，重点学习分析问题的思维方法，希望读者今后在实践中不断学习和研究新的方法。

知识拓展

我国有的成本分析方法还是受到国际好评的。例如，美国犹他州大学的三位教授到鞍钢考察班组经济核算后就给予了很高的评价，并撰写了一篇题为“责任会计在中国——鞍山钢铁公司的实验”的论文。该文认为中国解决了世界各国公司长期以来难以解决的反映班组生产成果成本的问题。这说明，班组经济核算这种具有中国特色的责任核算方式，已受到国际社会的注意，外国学者把它称为中国式责任会计或群众路线会计，说它是一种新的管理原则。(我们在第四节和第五节会介绍这种成本分析方法。)

第二节 期间费用分析

一、期间费用包括的内容

从前面的利润表我们可以清楚地看到期间费用包括：销售费用、管理费用和财务费用。这三项费用具体分析时要注意以下两个问题。

(1)销售费用和管理费用中有一部分是变动费用。这一部分费用的多少跟销售量或产量有着直接关系，随着销售量或产量的增加而增加。例如，销售费用中的运输费、装卸费、包装费、销售服务费等，管理费用中的机物料消耗、修理费等。这些期间费用的变动费用在实际数与计划数进行对比时，应将计划数先进行调整，变动性的管理费用的计划数要乘以产量完成计划百分比，变动性的销售费用的计划数要乘以销售收入完成百分比，然后再与实际数进行对比。

(2)无形资产及长期待摊费用的摊销以及坏账准备的提取金额受企业会计政策的影响很大。在无形资产、长期待摊费用及应收账款金额既定的情况下，这部分摊销金额和坏账准备金额的大小取决于企业制度中的摊销年限和提取比例。通过改变摊销年限和提取比例而降低这部分费用，虽然能使企业账面利润得到改观，但并不能说明企业费用降低的业绩，分析时应格外注意。

二、管理费用分析的程序与方法

管理费用是指企业的董事会和行政管理部门在企业的经营中发生的，或者应当由企业统一负担的公司经费、工会经费、待业保险费、劳动保险费、董事会费、聘请中介机构费、咨询费、诉讼费、业务招待费、房产税、车船使用税、土地使用税、印花税、技术转让费、矿产资源补偿费、无形资产摊销、职工教育经费、研究与开发费、排污费、存货盘盈或盘亏、计提的坏账准备和存货跌价准备等。

一般是先按照总体和分项目与各项费用计划或上期实际进行对比，确定差异，从中确定重点分析项目；然后，结合各种明细资料，查明各项费用超支或节约的原因，从而评价费用管理工作并制定节约费用开支的各项措施。

例：某企业 2016 年 1 月至 3 月，由于部分产品亏损，利润总额逐月下降，同期管理费用支出却有增长趋势。有关资料如表 4-1 所示。

表 4-1　管理费用分析表

单位：元

费用项目	本年计划	上年同期实际数	本年累计实际数	本年比上年同期差异
工资及福利费	51 460	12 800	13 460	
修理费	12 650	3 162	3 080	
办公费	14 750	3 687	3 182	
差旅费	6 250	1 862	3 640	
保险费	6 850	1 780	1 760	
研究开发费	2 020	500	460	
业务招待费	8 650	2 200	4 080	
职工教育经费	1 680	410	480	
工会经费	3 100	702	770	
税金	31 560	7 890	7 640	
其他	12 500	3 020	4 840	
合计				

我们在分析各种报表时，应先注意看表的宾词栏和甲栏，表格的第一栏为宾词栏，第一列为甲栏。我们先看一下这张表的宾词栏和甲栏内容，然后再进行分析。

对表 4-1 中的各项费用可进行分类分析。

(1) 管理性费用：如企业行政管理部门人员的工资、福利费、办公费、差旅费、保险费、工会经费等。这类费用支出的多少取决于企业管理系统的设置和运行情况。分析时，主要按费用项目分析是否按预算进行支出，在紧缩开支、提高工作效率方面是否有所改进。案例中，工资及福利费、差旅费比上年周期有了较大幅度增加，应作为分析重点。办公费本期实际比上年周期减少，说明企业工作的效率有所提高。

(2) 发展性费用：如研究开发费用、职工教育经费等。这类费用支出与企业发展相关，实际是对企业未来的投资。这类费用的支出应当规划合理、经济可行，不能盲目缩减。具体分析时，应当联系各项支出的效果进行评价。案例中，在管理费用所占比重本来就不大的“研究开发费”，与大部分费用项目较猛的增势相比，本期支出比上年同期支出反而减少了，这是值得注意的问题。

(3) 防护性费用：如警卫消防费等。这类支出直接与企业安全生产相关，分析时，应结合企业安全生产设施情况和安全生产教育的开展情况进行，查明费用变动的原因和费用支出效果。

(4) 业务性费用：如业务招待费、仓库保管费等。这类费用支出的多少与企业生产规模的大小、生产经营业务的开展情况直接联系。分析时，重点查明费用超支的原因，特别是其中的不合理支出。案例中，本期的业务招待费，比去年同期大幅上升，说明企业发展缺乏宽松的外部环境。

(5) 非生产性费用：主要指材料、产成品的盘亏和毁损、坏账损失等。重点检查企业工作质量，尤其是库存材料、产成品的保管情况。

三、销售费用分析

销售费用也称为营业费用，它是企业销售商品过程中发生的费用，包括运输费、装卸费、包装费、保险费、展览费和广告费，以及为销售本企业产品而专设的销售机构的职工工资、福利费、业务费等。如果是商业企业，还包括进货过程中发生的运输费、装卸费、包装费、保险费、运输途中的合理损耗和入库前的挑选整理费等。

(1) 销售过程中的运输费、装卸费、包装费、保险费等是企业对客户提供产品时的附加服务，它虽然耗费企业资源，但是企业提高客户服务质量时不可减少的费用，通常属于变动成本，与企业销售量的变动成正比。企业在进行降低这部分费用的决策时，一定要谨慎考虑它对企业和产品形象的影响，对送货时间等市场竞争能力的影响。

(2) 展览和广告费用于提高企业或产品知名度，拓展产品或服务市场，是企业增加收入的手段。展览和广告费的金额是否能增加营业收入，展览和广告费的金额是否合理较难确定，但其决策时的根本依据是增加的营业利润至少应能够抵补广告支出，其评价手段可用展览和广告后一定时期的销售收入增长额与展览和广告费投入额进行比较。现在的企业都接受了通过广告增加销售的观点，但是产品或服务收入的增加从根本上不是凭借广告的力量，而是凭借产品或服务满足顾客需要的能力，如产品设计、服务多样性、质量、售后服务、便捷、客户使用低成本等。同时，企业应意识到，广告费是一项抵减收入的费用，广告费的大幅度增加可能意味着产品利润率的降低，在成熟的市场上，这可能增加企业营业收入，但不能增加甚至可能减少企业利润。企业应针对产品及服务特点、目标市场的特点，慎重制定广告策略，并及时分析广告投入的效用。

(3) 专设销售机构的费用通常随企业营业规模的扩大呈阶梯状上升。专设的销售机构可以使企业更好地开拓不同地区的市场，扩大企业在该地区的销售量。但是，相对于委托代理商或分销商的销售方式，专设销售机构的费用是固定的，这就需要企业在当地的销售收入至少高于保本点，保证收回该专设销售机构的费用，否则专设销售机构将成为企业的包袱。因此，专设销售机构的费用可与该销售机构实现的销售收入、销售利润等指标一起进行本量利分析，以判断其合理性。

(4) 商业企业在进货过程中发生的各项费用的多少与企业采购频率、采购批量等采购策略有关，商业企业减少进货费用的关键是按照经济采购批量的决策方式进行采购，应努力减少运输途中的损耗，如选取稳妥、负责的运输商等。

四、财务费用分析

财务费用是企业为了筹集资金而发生的费用，包括利息费用、汇兑损失和相关的手续费。我国企业的利息费用和汇兑损益作为财务费用的冲减也归类为财务费用。财务费用是企业筹资活动和闲置资金利用效果的反映。财务费用的高低主要取决于企业的筹资决策，即资金来源中负债比例、长短期债务安排的结果。

(1) 利息费用的分析主要用于判断企业财务风险的大小，可以通过计算利息保障倍数、企业财务杠杆系数等指标进行分析。

(2) 利息收入是企业的一项收入，它是企业将闲置资金存入银行所得到的利息。企业购买债券等积极投资行为所得到的利息属于投资收益，不是此处的利息。通常情况下，银行存款利息率应远低于企业的投资收益率，因此除保持流动性必要的现金外，将资金过多地存于银行说明企业资金运用效率低。如果企业利息收入金额突然大幅度增加，最常见的原因是企业新近筹集大笔资金用于固定资产投资。

(3) 汇兑损失和汇兑收益是有外汇业务的企业因汇率变化而产生的外汇项目的增值和减值。企业虽无法控制汇率的变化，但可以通过对汇率变化的预测，及时调整相关的外汇资产，合理安排外汇负债期限，尽量减少汇兑损失，增加汇兑收益。可以说，汇兑损失和汇兑收益可以在一定程度上反映企业财务部门管理外汇资金的绩效。

第三节 产品生产成本变动情况的总括分析（总成本分析）

本节内容包括：制造费用分析、影响产品生产成本的因素、全部产品生产成本计划完成情况分析和可比产品成本降低计划完成情况分析。

一、制造费用分析

某企业××车间制造费用构成分析表如表 4-2 所示。

表 4-2 ××车间制造费用构成分析表

单位：千元

费用要素	计划		实际		差异			
	全额	占比重	全额	占比重	(±)额	(±)%	(±)比率%	对费用总额影响
1．外购材料	1 000	50	1 180	51.3	+180	18	1.3	+9
2．外购燃料	200	10	200	8.69	0	0	−1.31	0
3．外购动力	100	5	140	6.1	+40	40	1.1	+2
4．工资	300	15	320	13.91	+20	6.67	−1.09	+1
5．职工福利费	20	1	20	0.87	0	0	−0.13	0
6．折旧费	200	10	200	8.69	0	0	−1.31	0
7．修理费	100	5	100	4.35	0	0	−0.65	0
8．利息支出	50	2.5	40	1.74	−10	−20	−0.76	−0.5
9．其他	30	1.5	100	4.35	+70	233.33	+2.85	+3.5
合计	2 000	100	2 300	100	+300	+15	−	+15

从表 4-2 中可以看出，这个企业的制造费用实际比计划增加了 300 000 元，增加了 15%。但仔细分析会发现制造费用中外购材料、外购燃料和外购动力等属于变动性制造费用，它会随着产量的变化而变化，而这张表中并没有告诉我们实际产量和计划产量的情况，所以分析无法全面和准确。如果实际产量不等于计划产量，那么这些实际的变动性的制造费用应该跟调整后的计划数进行对比：

变动费用调整后的计划数=原计划数×产品完成%

假设该车间分析期产量计划完成 130%。

在分析时分别计算出变动费用调整后的计划数，然后再用实际数与调整后的计划数对比分析，如表 4-3 所示。

通过分析可以看到该车间制造成本总额实际为 2 300 000 元，比原计划 2 000 000 元超额 300 000 元，但比调整后的计划数节约 90 000 元，节约 3.77%，其中外购材料比调整后的计划数节约 120 000 元，节约 9.23%；外购燃料比调整后的计划数节约 60 000 元，节约 23.08%，这说明企业分析期在降低材料和能源消耗方面付出了很大的努力，这是制造成本下降的主要原因，利息支出实际比计划节约 10 000 元，节约 20%，说明企业在调动资金方面做出了成绩。工资费用实际比计划超额 20 000 元，超额 6.67%，在产量大幅度增加的条件下，工资略有超额也是可取的。其他费用实际比计划增加 70 000 元，超额 233.33%，如此高幅度的增长应结合其他费用具体构成项目进一步分析。

表 4-3　××车间制造费用预算执行情况分析表

单位：千元

费用要素	计　划	调整后的计划数	实　际	(±)额	(±)%
1．外购材料	1 000	1 300	1 180	−120	−9.23
2．外购燃料	200	260	200	−60	−23.08
3．外购动力	100	130	140	+10	+7.69
4．工资	300	300	320	+20	+6.67
5．职工福利费	20	20	20	0	0
6．折旧费	200	200	200	0	0
7．修理费	100	100	100	0	0
8．利息支出	50	50	40	−10	−20
9．其他	30	30	100	+70	+233.33
合计	2 000	2 390	2 300	−90	−3.77

二、影响产品生产成本的因素

(一)企业设置的地点与资源条件

(1)企业距离市场的位置。这里的市场包括原材料供应市场及产品销售市场，距离越近，成本越节约。

(2)气候条件。气候条件往往会对农产品的生产成本影响巨大。

(3)运输条件。不同的运输工具和设备成本差异也很大。

(二)企业规模和技术设备水平

企业规模的扩大和技术装备水平的提高可以使单位产品成本中的固定费用相对节约。

(三)企业专业化和协作水平

企业专业化水平越高，协作水平越高，越会产生规模经济效应，成本会越低。

(四)市场价格变动

材料、能源价格变动直接影响产品成本。

(五)成本开支范围

会计制度和会计准则规定的成本开支范围发生变化，也会影响成本水平。

三、全部产品生产成本计划完成情况分析

对产品生产成本进行分析的方法包括两类：按产品种类分析和按成本项目分析。

(一)按产品种类分析全部产品生产成本计划完成情况

(1)注意问题：不能直接用实际总成本/计划总成本，因为这两项指标计算的时候产量和产品品种构成可能不同，而我们比较的是成本的差异，所以必须将计划总成本进行调整，换算成实际产量、实际品种构成、计划单位成本计算的总成本。计算公式为：

$$全部产品生产成本计划完成率=\frac{实际总成本}{按实际产量计算的计划总成本}\times 100\%$$

(2)**例**：某企业的产品生产成本表如表4-4所示。按实际产量分别计算上年总成本、计划总成本、实际总成本。并根据表4-4中的资料，继续分析一下每种产品的计划完成情况。

表4-4　某企业的产品生成成本表

单位：千元

产品名称	计量单位	实际产量	单位成本			总成本			实际比计划升降额	实际比计划升降率(%)
			上年实际平均	本年计划	本年实际	按上年实际平均单位成本计算	按本年计划单位成本计划计算	本期实际		
一、可比产品							626	621.6	–4.4	–0.70
其中：甲产品	件	2	60	58	58.3	720	116	116.6	0.6	0.52
乙产品	件	5	120	102	101	120	510	505	–5	–0.98
二、不可比产品						600	140	135	–5	–3.57
其中：丙产品	件	5		28	27		140	135	–5	–3.57
合计							766	756.6	–9.4	–1.2

$$全部产品生产成本计划完成率=756.6\div 766\times 100\%=98.8\%$$

$$成本升降率=98.8\%-100\%=-1.2\%$$

具体分析：

通过以上分析可以看出，本期企业全部产品生产成本计划超额完成，实际比计划降低1.2%或9 400元，完成情况是好的。但是，从可比产品和不可比产品分别来看，它们的计划完成程度是不相同的；总的降低额94 000元，降低率1.2%，其中不可比产品占5 000元，降低率为3.57%，而可比产品占4 400元，降低率为0.7%，其中主要是乙产品成本降低5 000元。甲产品成本还升高了600元。显然，进一步分析应重点查明甲产品成本升高和乙、丙产品成本降低的具体原因，以便采取相应的措施。

(3)考核产品成本计划完成情况需注意问题：

① 计划本身的正确性。计划相当于企业的目标，应该是通过努力可以达到的。如上例，不可比产品实际成本的降低幅度达3.57%，很可能是计划成本规定得偏高；由于不可比产品过去没有正式生产过，缺乏可靠的成本资料，原材料消耗定额、劳动定额可能规定得保守。因此在分析时，要特别注意其计划本身的正确程度，并根据分析结果修改下期计划。分析可比产品成本，也要注意其计划规定得是否先进、正确。找出在正常情况下成本

水平最低的季度(多为第四季度)，在考核成本计划指标的先进程度时，通常可以利用本期计划成本跟该季度实际成本对比，此外也可以和上年实际平均成本或上年同期实际成本比较。

② 成本核算资料的真实性。产品实际成本不真实，出现虚升虚降的假象，就不能正确评价企业生产经营活动的经济效果，据此的分析也就成了无源之水、无本之木。检查成本的真实性，应注意以下几个问题：

- 生产成本的归集是否严格地遵守了国家规定的成本开支范围；
- 是否正确地划分了各个月份的费用界限；
- 是否正确地划分了各种产品之间的费用界限；
- 是否正确地划分了完工产品和在产品之间的费用界限；
- 有无任意调剂成本、掩盖亏损的现象。

(二)按成本项目分析全部产品生产成本计划完成情况

(1)**例**：某企业全部产品按成本项目的分析表如表 4-5 所示。

表 4-5 某企业全部产品按成本项目的分析表

单位：千元

成本项目	全部产品			其中：可比产品				
	按计划成本计算	本期实际	差异	按上年实际平均单位成本计算	按计划单位成本计算	本期实际	差异	
							比上年	比计划
原材料	327	339	+12	292	284	292	0	+8
燃料及动力	66	63.6	−2.4	64	48	44.6	−19.4	−3.4
工资及福利费	237	204	−33	226	183	178	−48	−5
制造费用								
废品损失	136	131	−5	128	102	97	−31	−5
		19	+19	10	9	10	0	+1
全部产品生产成本	766	756.6	−9.4	720	626	621.6	−98.4	−4.4

具体分析：

从表 4-5 中我们可以看出，全部产品生产成本比计划降低 9 400 元，根据成本项目来看，主要是工资及福利费项目降低 33 000 元和原材料、废品损失项目分别升高 12 000 元和 19 000 元综合影响的结果。显然，应进一步分析并重点查明这三个项目变动的原因。从表 4-5 中我们还可以看出，工资及福利费项目的降低和废品损失项目的升高，主要发生在不可比产品，而原材料项目的升高却主要发生在可比产品上。

四、可比产品成本降低计划完成情况分析

前面曾讲过，可比产品是企业以前年度正式生产过的产品，有上年度正常的成本资料可做比较，对可比产品不仅规定了计划单位成本和总成本指标，还规定了成本降低计划指标。即计划总成本比按上年度实际单位成本计算的总成本的降低额和降低率。

(一)可比产品成本降低计划完成情况的总括评价

1. 可比产品四个指标的计算公式

(1)计划降低额=Σ(本期计划产量×各种可比产品上年实际平均单位成本)-本期计划总成本

(2)计划降低率=计划降低额/Σ(本期计划产量×各种可比产品上年实际平均单位成本)

(3)实际降低额=Σ(实际产量×各种可比产品上年实际平均单位成本)-本期实际总成本

(4)实际降低率=实际降低额/Σ(本期实际产量×各种可比产品上年实际平均单位成本)

记公式时的注意事项：①无论是计划总成本还是实际总成本，都是跟调整后的上年总成本对比，只不过一个是用计划产量调整，另一个是用实际产量调整；②考察成本降低计划完成情况，不是实际总成本同计划总成本对比，而是实际降低额(率)同计划降低额(率)比较。

2. 案例

某企业可比产品成本降低计划表如表 4-6 所示。

表 4-6　某企业可比产品成本降低计划表

单位：千元

可比产品	计划产量(件)	单位成本		总成本		计划降低任务	
		上年实际平均	本年计划	按上年实际平均单位成本计算	按本年计划单位成本计算	降低额	降低率
甲	4	60	58	240	232	8	3.3
乙	2	120	102	240	204	36	15
合计				480	436	44	9.2

根据上面的计算公式，我们可以计算：

计划降低额=480−436=44(千元)

计划降低率=44 ÷ 480×100%=9.2%

再来看一下实际降低额和实际降低率。表 4-7 为可比产品成本降低计划完成表。

表 4-7　可比产品成本降低计划完成表

单位：千元

可比产品	总成本		计划完成情况	
	按上年实际平均单位成本计算	本期实际	降低额	降低率(%)
甲	120	116.6	3.4	2.8
乙	600	505	95	15.8
合计	720	621.6	98.4	13.7

计算超计划降低额(率)

98.4−44=54.4(千元)

13.7%−9.2%=4.5%

再注意看一下上面的表 4-7，可以看到可比产品成本降低率不仅跟个别产品的成本降低有关系，而且还跟产品的品种构成有关系，上例中甲产品的成本降低率低，乙产品的成本降低率高，实际中多生产了成本降低率高的产品，这就使得产品实际成本降低额和降低率比产品品种构成不变情况下降低更多。

(二)影响可比产品成本降低计划完成情况的因素分析

从上面的计算中我们知道，可比产品成本超计划降低额为 54 400 元，超计划降低率为 4.5%，这就是我们的分析对象，它是由于产品产量变动、产品品种构成和产品单位成本变动三个因素共同作用的结果，下面我们分别说明这三个因素是怎样影响成本降低计划完成情况的。

1. 产品产量

我们知道计划降低额和计划降低率是根据计划产量计算的，而实际降低额和实际降低率是根据实际产量计算的。因此，产品产量的变动必然影响成本降低计划的完成程度。但是产品产量变动的影响有其特点，即假设其他条件不变，也就是产品品种构成和产品单位成本不变，单纯产品产量变动，只影响成本降低额，而不影响成本降低率。举例说明如下：

假定分析期产品产量计划完成 150%，产品品种构成和产品单位成本与计划相同，分析成本降低额和降低率实际完成情况。

表 4-8 可比产品成本实际完成情况表

单位：千元

可比产品	实际产量(件)	单位成本			总成本			成本实际降低	
		上年实际平均	本年计划	本年实际	按上年实际平均单位成本计算	按本年计划单位成本计算	本年实际	降低额	降低率%
甲	6	60	58	58	360	348	348	12	3.3
乙	3	120	102	102	360	306	306	54	15
合计					720	654	654	66	9.2

计划降低率=66 ÷ 654=44×150% ÷ 480×150%=9.2%

表 4-8 的计算说明：在其他因素不变的条件下，如果产品产量计划完成了 150%(增长 50%)，成本降低额也同比例增长 50%，由计划降低额 44 000 元增长到 66 000 元，而降低率未发生改变，仍然是 9.2%。

2. 产品品种构成

我们前面提过，产品品种构成是指各种可比产品成本实际产量占全部可比产品总产量的比重。因为各种可比产品的成本降低额和降低率不一致、有的大、有的小(如甲产品成本降低额和降低率小，而乙产品成本降低额和降低率大)，如果成本降低多的产品(乙产品)所占比重升高，难免总成本降低额和降低率指标就会升高；如果成本降低少的产品(如甲产品)所占的比重升高，那么总成本的降低额和降低率就会降低。所以产品品种构成的变动会影响总成本的降低额和降低率。

3. 产品单位成本

我们从前面的计算公式可以看到，无论是计划成本降低额和降低率，还是实际成本的降低额和降低率的计算公式，都离不开单位成本的比较计算，所以单位成本肯定是影响因素之一。我们知道，产品单位成本的降低和升高，意味着生产中物化劳动和活劳动消耗的节约或浪费，所以分析时应特别注意这个因素的变动对成本降低计划完成情况的影响。

现在我们根据表 4-6、表 4-7、表 4-8 所给出的数据资料，分别分析上述三个因素对成本降低计划完成情况的因素分析。

1）确定分析对象

超计划降低额=98.4–44=54.4（千元）=54 400（元）

超计划降低率=13.7%–9.2%=4.5%

2）因素分析

① 产品产量变动的影响：我们知道在其他因素不变时，单纯产量变动不会影响降低率，只对降低额有影响。其影响程度的计算公式为：

产品产量变动对成本降低额的影响=[Σ（本期实际产量×上年实际平均单位成本）×计划降低率]–计划降低额

=（720×9.2%）–44

=66–44=22（千元）=22 000（元）

② 产品单位成本变动的影响。

产品单位成本变动对成本降低额的影响=Σ（实际产品×计划单位成本）–Σ（实际产量×本年实际单位成本）

=626–621.6=4.4（千元）=4 400（元）

$$产品单位成本变动对成本降低率的影响=\frac{产品单位成本变动对成本降低额的影响}{\Sigma（本期实际产量 \times 上年实际平均单位成本）}\times 100\%$$

=4.4/720×100%=0.6%

③ 产品品种构成变动的影响。

由于在其他因素不变的条件下，单纯产量变动只影响降低额，而不影响降低率。因此成本超计划降低率 4.5%，只受单位成本和产品品种构成两个因素的影响。我们已经计算出单位成本变动对成本降低率的影响为 0.6%，那么产品品种构成变动对成本降低率的影响=超计划降低率-产品单位成本变动对成本降低率的影响=4.5%–0.6%=3.9%。

产品品种构成变动对成本降低额的影响=Σ（实际产量×上年实际平均单位成本）×产品品种构成变动对成本降低率的影响=720×3.9%=28（千元）=28 000（元）

3）汇总分析结果

汇总分析结果如表 4-9 所示。

表 4-9 各因素影响程度汇总表

影响因素	影响程度	
	降低额(千元)	降低率(%)
产品产量的变动	+22	
产品品种构成的变动	+28	+3.9
产品单位成本的变动	+4.4	+0.6
合计	+54.4	+4.5

4)文字分析

根据以上分析结果，可以对可比产品成本降低计划完成情况作出评价。

总的看企业超额完成了成本降低计划，情况是好的。

第一，由于产品品种构成的变动使成本超计划降低 28 千元，超计划降低 3.9%，这是企业超计划降低成本的主要因素。对产品品种构成的评价，要结合生产情况来分析。该企业分析各种可比产品产量计划完成情况的分析表如表 4-10 所示。

表 4-10 可比产品产量计划完成情况分析表

可比产品	计划产量(件)	实际产量(件)	完成计划(%)	单位产品成本计划降低额(千元)
甲	4	2	50%	2
乙	2	5	250%	18
合计				

表 4-10 表明，产品品种构成变动是在甲产品没有完成计划，乙产品超额完成产量计划的情况下形成的，应具体结合产品供货合同执行情况和市场需求变化情况进一步分析。如果甲产品由于市场需求减少而压缩产量是可取的；反之，则应予以纠正。乙产品如果已都售出，增产部分没有积压在仓库中，则是可取的；反之，则造成库存积压，影响企业资金周转，应予以纠正。

第二，由于产品产量的变动，使成本超过计划降低 22 000 元，从上面的分析可知，这是靠多生产乙产品而取得的。

第三，由于产品单位成本的变动使成本超计划降低 4 400 元，超计划降低率 0.6%，但经过仔细分析发现，甲产品实际单位成本比上年实际平均水平降低了 1 700 元，但比计划单位成本超支 300 元，使总成本超支 600 元。所以由于单位成本变动使成本超计划降低 4 400 元，主要是乙产品的节约，其中还隐藏着甲产品的超支。如果企业能够克服甲产品成本超支的不利因素，由于产品单位成本变动，将使总成本超计划降低 5 000(4 400+600)千元。可见企业没有全面完成各种产品成本降低计划。

以上分析说明，企业只有努力降低产品单位成本，并根据市场需要来增加产品产量和完成产品品种计划，才是完成和超额完成可比产品成本降低计划的正确途径。

第四节 主要产品单位成本分析的意义

全部产品和可比产品成本的分析都是概括性的，除去以上讲述的总括分析外，还应结合产品生产技术、工艺过程和生产组织情况，对企业主要产品的单位成本进行深入具体的分析。

一、产品单位成本分析的意义

(一)检查各种主要产品单位成本及各种成本项目计划完成情况

首先可以揭示各种产品单位成本和它包括的各个成本项目超支或节约的情况，尤其是各项消耗定额的执行情况，从而进一步评价企业成本工作的成绩，找出存在的薄弱环节。

(二)有利于评价企业技术组织措施的经济效果

可以确定产品结构、工艺和操作方法的改变和有关技术经济指标执行结果对产品成本的影响，从而评价企业技术组织措施的经济效果，查明成本升降的具体作用。

(三)有利于实行和巩固厂内经济核算制

产品单位成本分析对推行厂内经济核算制来讲也是很重要的，它是实行和巩固厂内经济核算制的重要手段之一。在我国随着企业经营管理水平的提高，一些企业已将经济核算制原则贯彻到具体的生产环节，实行了厂内经济核算制。为此，就需要详细地分析各种主要产品成本的整个形成过程，借以查明各个部门的情况，分析是哪个车间、哪个组织，由于什么原因而造成成本的超支或节约，以确定影响成本的具体原因，分清责任，采取改进措施，降低成本。

(四)有利于促进企业改进和提高生产技术及经营管理水平

产品单位成本综合地反映了企业在现有生产技术、生产组织和经营管理水平下，生产一件产品的生产耗费(以货币表现)总额。通过对同类型企业同种产品单位成本的分析，可以考察各个企业生产经营活动的经济效果，在更大范围内找出和先进成本水平的差距，挖掘降低成本的潜力，从而促使企业采取措施，改进生产技术和经营管理工作，不断降低产品成本。

总之，进行产品单位成本分析，可以把成本分析引向深入，这对揭示成本升降的具体原因，寻求降低成本的途径，改进成本管理具有重要意义。

必须指出，在工业企业里，由于生产产品的品种一般比较多，进行单位成本分析只能抓住重点，对一种或几种主要的、在总产量中所占比重较大的，或者发生超支的亏损产品进行分析。

二、分析内容

主要产品单位成本分析的内容就是对各成本项目增减变动情况的分析。

例：已知某企业主要产品果子面包本月计划产量650千克，实际产量700千克。本月产品单价提高3元，原材料实际采购单价比计划节约0.5%，包装材料却超支5%。同时本月企业新招进了一批合同工从事车间一些辅助工作。请根据表4-11中给出的资料对果子面包单位成本做出分析。

表4-11　分析果子面包单位成本计划的完成情况

单位：元

成本项目	上年实际平均	本年计划	本月实际	差额	
				与上年比	与计划比
原料	303	302.9	303	0	0.1
辅料	16	16.5	18.9	2.9	2.4
燃料和动力	11.3	11.5	11.6	0.3	0.1
工资福利费	26	28	30	4	2
车间经费	20.8	22.4	24.6	3.8	2.2
企管费	21.3	22.4	24	2.7	1.6
产成品成本	398.4	403.7	412.1	13.7	8.4

下面我们具体分析一下每个成本项目是受哪些因素影响的，影响程度又是怎样的。

第五节　产品单位成本及其主要项目的分析

在大多数工业企业里，材料费用在成本构成中占有很大比重。材料成本项目，是产品单位成本分析的重点。

一、材料成本项目的分析

影响材料成本变动的因素有：材料消耗量的变动和材料价格的变动。

(一)影响材料消耗量节约的因素

(1)工人改进操作技术和方法。

(2)改善产品设计和工艺技术过程。

(3)使用能节约材料耗用量的新材料。

(4)合理下料，充分利用边角余料。

(5)废品数量的减少等。

(二)影响材料消耗量超支的因素

(1)材料质量差。

(2)代用料的规格不符合要求，特别是大材小用。

(3)生产操作方法不当或技术操作不佳。

(4)产品设计和工艺技术落后。

(5)材料运输和管理不善。

(6)废品数量增加等。

单位产品材料费用支出的节约和超支，不仅同生产有关，而且同企业的生产经营管理有关，必须结合生产技术和生产经营管理情况，才能进一步了解产品单位成本中材料费用支出节约或超支的具体原因。

(三)影响材料价格变动的因素

影响材料价格变动的因素很多，分析时应区别两种情况：一种是与企业主观努力无关的因素，如国家材料调拨价格的变动和商业采购价格变动等；另一种是与企业主观努力有关的因素。具体有以下几种：

(1)采购地点的变动；

(2)运输方式的改变；

(3)运输装卸费用的升降；

(4)材料采购站的经营管理等。

二、产品单位成本分析的具体案例

还是采用前面果子面包的案例，我们来具体分析一下每个成本项目是受哪些因素影响的，影响程度又是怎样的。

(一)分析原料消耗量和单价变动对产品单位成本的影响(如表 4-12 所示)

表 4-12　原料消耗量和单价变动对产品单位成本的影响

原料名称	单价(元)			每千克消耗量(斤)		
	计划	实际	差异	定额	实际	差异
面粉	1.87	1.861	–0.009	65	64.67	–0.33
糖	6.1	6.07	–0.03	9	8.99	–0.01
植物油	8.2	8.16	–0.04	2	2.02	0.02
果料	11	10.945	–0.055	10	10.2	0.2

单位产品原料费用增加 0.1 元，可以分析如下：

(1)消耗量变动的影响=Σ[(实际消耗量–定额消耗量)×计划总体]

=[(–0.33)×1.87]+[(–0.01)×6.1]+(0.02×8.2)+(0.2×11)

=–0.6–0.1+0.2+2.2

=1.7(元)

(2)单位变动的影响=Σ[(实际单位–计划单价)×每千克实际消耗量]

=[(–0.009)×64.67]+[(–0.03)×8.99]+[(–0.04)×2.02]+(–0.055)×10.2]

=–0.6–0.3–0.1–0.6

=–1.6(元)

$$(+1.7)+(-1.6)=0.1(元)$$

分析原则：质量指标固定在基期，数量指标固定在报告期。

分析辅料消耗量和单价变动对产品单位成本的影响如表 4-13 所示。

表 4-13　辅料消耗量和单价变动对产品单位成本的影响

材料名称	单价(元)			每千克消耗量(斤)		
	计　划	实　际	差　异	定　额	实　际	差　异
包装纸	0.15	0.157 5	0.0075	110	120	10

单位产品辅料费用增加 2.4 元

(1)单价变动的影响 0.007 5×120=0.9(元)

(2)消耗量变动的影响 10×0.15=1.5(元)

合计 2.4(元)

(二)工资成本项目的分析

产品成本中的工资项目，指的是生产工人工资及按规定提取的职工福利基金。

在采用计时工资制或计时工资加奖励制条件下，大多数企业产品的工资费用是按生产工时消耗的比例分配计入产品的成本的。因此，单位产品成本中工资费用的高低，取决于单位产品的工时消耗和小时平均工资率两个因素。

单位产品的工时消耗反映着劳动生产率水平的高低，小时工资率反映出平均工资水平的高低。

单位产品工资成本的变动，同小时平均工资成正比，同劳动生产率成反比，它们的基本关系为：

$$单位产品工资成本=单位产品工时消耗\times\frac{生产工人工资总额}{工时消耗总额}$$

$$=单位产品工时消耗\times小时工资率$$

上述案例中有关工资分析表如表 4-14 所示。

表 4-14　工资成本项目分析表

指　标	计　划	实　际	差　异
全月生产工人工资及福利费(元)	56 000	72 000	16 000
全月生产工人工时(工时)	40 000	48 000	8 000
平均每小时工资(元/小时)	1.4	1.5	0.1
全月果子面包消耗工时(工时)	13 000	14 000	1 000
每百斤果子面包消耗工时(工时)	20	20	0

单位产品工资增加 0.2 元，是因为：

(1)工时消耗变动影响 0×1.4=0(元)

(2) 小时平均工资变动影响 0.1×20=2（元）

合计 2 元

（三）费用成本项目的分析

费用成本项目包括车间经费和企业管理费。单位产品成本中的管理费用，通常是按一定的标准间接计入的，如按生产工时、生产工人工资或机车工时为标准进行分配。较多的企业以生产工时为分配标准。在这种情况下，单位产品成本中管理费用的大小取决于生产单位产品的工时消耗和费用分配率两个因素，而费用分配率又取决于管理费用总额和生产工时总数的多少。计算过程如下：

某单位产品成本中的管理费用=该产品的生产工时数×管理费用总额÷全部产品生产工时总数

=该产品的生产工时数×每一工时费用

上式说明，单位产品所耗工时越多，或管理费用的支出越大，单位产品应分配的管理费用就越大。因此，降低单位产品成本的管理费用，必须控制、压缩费用总额，同时要提高劳动生产率，降低单位产品工时消耗。

上例中果子面包车间经费、企业管理费分析如表 4-15、表 4-16 所示。

表 4-15　影响面包车间经费分析

指　　标	计　划	实　际	差　异
全月车间经费（元）	44 800	59 040	14 240
全月生产工人工时（工时）	40 000	48 000	8 000
小时车间经费（元/小时）	1.12	1.23	0.11
每百斤果子面包消耗工时（工时）	20	20	0

单位产品车间经费增加 2.2 元，是因为每小时车间经费变动的影响 0.11×20=2.2（元）

表 4-16　果子面包车间企业管理费分析

指　　标	计　划	实　际	差　异
全月企业管理费（元）	44 800	57 600	12 800
全月生产工人工时（工时）	40 000	48 000	8 000
每小时企业管理费（元/ 小时）	1.12	1.2	0.08
每千克果子面包消耗工时（工时）	20	20	0

单位产品企业管理费增加 1.6 元，是因为每小时企业管理费变动的影响 0.08×20=1.6（元）

（四）对主要产品（果子面包）单位成本计划完成情况作出评价

该企业本月果子面包单位成本呈上升趋势，实际比计划超支 8.4 元，是由于单位成本中原料费用、辅料费用、燃料费用及生产工人工资、车间经费、企业管理费增加的结果。

单位产品中原料费用增加 0.1 元，是受原材料消耗量变动和原材料单价变动两个因素的共同影响，其中原材料消耗量变动是由于果子面包的技术配方发生变化，植物油、果料消耗增加，而面粉、糖消耗减少使单位成本增加 1.7 元，同时原料单价普遍下调 0.5%，使单位成本减少 1.6 元。辅料费用增加 2.4 元是由于产品包装的改进，包装纸的单价升高使单位成本增加 0.9 元，包装纸的消耗增加使单位成本增加 1.5 元。虽然技术配方和产品包装的改进提高了产品质量，使产品单价提高了 3 元，但由于单位成本的上升导致企业的利润并没有提高。

单位产品中工资成本项目增加 2 元，是由于小时工资率上升的结果。而小时工资率的上升主要是由于本月工资费用总额的增加。企业本月招进了一批合同工从事车间一些辅助性工作导致工资费用水平提高。

单位产品中车间经费增加 2.2 元、企业管理费增加 1.6 元，是由于小时费用率的提高。企业本月车间经费总额比计划增加 14 240 元，企业管理费总额增加 12 800 元，说明企业对于管理费用开支的控制急需加强。而生产工人工时增加 8 000 小时，是加班加点还是工时利用率提高应进一步分析。

总之，对于单位成本的增加，企业应引起高度重视，针对具体原因采取相应的措施，以取得更好的经济效益。

(五)废品损失

这些资料在核算废品损失的企业里，都可以从生产费用明细账和其他日常核算资料里取得。由于废品损失没有计划数可比，所以分析时必须利用上期资料进行分析对比。

假定某产品的废品损失资料如表 4-17 所示。

表 4-17　某产品的废品损失资料

分析项目	上年度		本年度	
	金额	占某某总成本%	金额	占某某总成本%
不可修复废品成本	850	0.89	455	0.51
可修复废品的修复费用	420	0.44	395	0.44
如：废品残值	180	0.19	122	0.14
过失人赔偿款	10	0.01	8	0.01
废品损失率	1 080	1.13	720	0.8
成本总额	95 400	100	90 000	100

从表 4-17 可以看出，该企业废品损失率，由上年度的 1.13%降低到本年度的 0.8%，其中不可修复的废品成本由上年度的 0.89% 降到 0.51%，可修复废品的修复费用，本年度与上年度相同，均占 0.44%。说明企业生产的不可修复的废品比上年明显地减少了。企业工作质量有一定的提高，但生产中出现废品，说明企业工作仍有缺点。特别是不可修复的废品，既浪费国家资财，又影响了企业产品质量、数量计划的完成，所以对废品损失的分析，应进一步查明废品的原因，寻求改善技术提高产品质量的途径。

第五章

销 售 分 析

第一节 销售的概念

销售思考问题的出发点是消费者的需求和欲望。人们需要食物、空气、水和住所，还有更高一层的对娱乐、教育和其他服务的需要。人们对满足基本需要的商品和服务的品牌和形式有着强烈的偏好。

毫无疑问，人们的需求和欲望正以惊人的速度在增长。当前，消费需求增长最快的三个亚洲国家是中国、印度和印度尼西亚。

将需要、欲望和需求这三者加以区分是十分有益的。人的需要是人们感到某些基本满足被剥夺的状态。人为了生存需要食物、衣服、房屋、安全感、尊重和其他一些东西。这些需要是存在于人本身的生理需要和自身状态之中，绝不是市场销售能凭空创造的。

欲望是指人希望得到更深层次的需要的满足。例如，某日本人要吃寿司和米酒，上班时穿漂亮套装，社交时穿和服，休闲时打高尔夫球，这便是欲望了。在不同的社会里，这些需要满足的方式是不同的。马来西亚和新加坡的马来人以当地食物为主，在特殊场合穿特殊服装，休闲时去购物或看电影。尽管人们的需要有限，但欲望却很多。人类欲望的不断形成和再形成要受到社会力量和诸如宗教团体、学校、家庭和公司的影响。

需求是指针对特定产品的欲望，这种欲望必须有两个条件：有支付能力且愿意购买。也就是说，当有购买力支持时，欲望即变为需求。许多人都想要劳斯莱斯车，但只有少数人才能支付并愿意购买。因此，公司不仅要预测有多少人喜欢自己的产品，更重要的是了解到底有多少人愿意并能够购买。

人们用产品和服务来满足自己的需要和欲望。我们用“产品”这个词泛指商品和劳务。我们把任何可以满足需要和欲望的东西都称为产品。有些产品的重要性并不在于拥有它们，而在于得到它们所提供的服务。我们买汽车并不是为了看，而是为了得到它所提供的交通服务；我们也不是为了赞美才买微波炉，而是为了它所提供的烹饪服务。占有新产品只是获得服务的载体。

事实上，服务也可通过其他载体来提供，如人员、地点、活动、组织和观念。心情烦躁时，我们可以听一场音乐会，听歌手演唱(人员)，可以到海滨旅行(地点)，可通过卡拉OK 唱出心声(活动)，参加一个健身俱乐部(组织)，接受一种不同的人生观(观念)。因而，我们用“产品”一词来涵盖那些可满足需要和欲望的有形产品、服务产品和其他载体。有时我们也用别的词，如“贡献”、“满足”、“资源”等。

生产者往往太重视有形产品，而忽视这些产品所提供的服务，这是一种错误。他们以为自己只出售一件产品，而不是提供对某项需要的满足。然而，一个妇女并不是在购买口红，她是在购买美的“愿望”；一个木匠不是在购买电钻，他是在购买钻的“孔”。有形产品只是提供服务的手段。所以销售人员销售的产品实际是为了满足消费者的某项需要。

销售泛指与市场有关的一切人类活动。也就是说，销售就是为了满足人类的需求和欲望而实现潜在交换的活动。所以销售是一个社会管理过程，在这个过程中个人和群体通过创造、提供、与他人交换有价值的产品而满足自身的需要和欲望。

第二节　产品销售情况的分析

一、产品销售分析的意义

(1)产品销售是企业生产经营过程的重要环节。现在是市场经济，企业必须以销定产。为了实现生产的目的，企业要根据国家计划任务和市场的需要，制订销售计划，签订销售合同，采用多种销售方式，积极地组织产品销售，展现自身的效益和价值，尽量地满足广大消费者的需要。

(2)企业不断地扩大产品销售，完成和超额完成产品销售计划，意味着企业生产了社会所需要的产品，为居民的消费和企业扩大再生产提供了物质资源。

(3)企业积极地组织产品销售，扩大销售市场，又是增加生产的重要前提。因此，只有完成产品销售过程，及时收回资金，才能保证企业再生产产品的顺利进行。

因此，产品市场销售分析的主要任务是：评价企业销售成果，分析销售计划和销售合同的执行情况，挖掘扩大产品销售，实现增产增收的潜力，促使企业更好地提高自身经济效益和满足社会的需要。

另外，世界经济趋于全球化，消费者可以在更广阔的范围内购买所需要的产品，如国内产品质量不高，消费者可以购买进口产品；企业采购原材料，配置生产可在世界范围内进行。所以一个企业仅仅埋头生产，不去对产品销售情况进行分析，不了解顾客的需要及满意度，不了解竞争产品的价格及销售策略，是必然会被淘汰的，因为消费者的选择越来越多。只有对企业的销售情况进行分析，才能更好地满足消费者的需求，提供更好的服务，更高的产品质量或更大程度的便利。如日本某企业通过销售分析，发现消费者对其产品的价格越来越敏感，于是决定采取薄利多销的策略，开设了更多的折扣店，结果非常成功。

二、产品销售计划完成情况的分析

企业不仅要生产出物美价廉的产品，而且要尽可能快地把它销售出去，及时满足常用单位和消费者的需要。因此评价企业销售成果，分析产品销售计划完成情况，不但要检查产品销售数量、品种、质量计划的完成程度，还要研究产品销售的及时性，以及检查企业是否按照规定的期限来组织销售。

综合反映企业销售成果的指标量是销售收入。利用会计报表中反映的产品销售收入实际数同销售计划指标相比较，可以确定产品销售收入计划的完成程度。但是在对比时，要注意销售价格有无变化。如果由于客观原因调整物价而影响企业销售收入额发生变动，则与企业生产经营工作无关。若是因为提高产品质量，在实物优质优价的情况下，提高产品的平均价格而使销售收入超过计划，则应视为企业经营的成绩。

为了评价产品销售总量计划完成情况，要将按计划价格计算的实际销售收入同计划销售收入进行比较(如表 5-1 所示)。

它的计算公式为：

$$产品销售总量计划完成率=\frac{按计划价格计算的实际销售收入}{按计划价格计算的计划销售收入}\times100\%$$

表 5-1　商品销售量计划完成情况分析表

商品名称	单位	销售量		单位价格		计划销售收入	实际销售收入		销售量计划完成率(%)
		计划	实际	计划	实际		按计划价格计算	按实际价格计算	
甲	件	104	140	250	250	26 000	35 000	35 000	134.6
乙	件	165	160	200	200	33 000	32 000	32 000	97
丙	件	200	200	205	190	41 000	41 000	38 000	100
合计						100 000	108 000	105 000	108

销售量计划完成率为：

$$\frac{108\,000}{100\,000}\times100\%=108\%$$

这个企业反映企业销售成果的实际销售收入和计划销售收入相比完成了 105%，而按同一计划价格计算产量的销售总量计划却完成了 108%，说明由于价格降低而减少了销售收入，这要做具体分析。该企业有甲、乙、丙三种产品，如果丙产品是因为质量下降而使售价减少，则说明企业没有按照质量要求完成销售计划。另外，从销售量来看，乙产品没有完成销售计划，说明企业没有按照品种完成全部销售计划。

三、销售合同执行情况的分析

评价企业销售成果的好坏，不要只衡量各项销售计划指标完成的程度，还要考核企业对各个主要购买单位(用户)履行销售合同的情况。

为了明确供需双方的经济联系和经济责任，企业与用户签订销售合同，具体规定产品的品种、规格和质量标准，交货日期和交货数量，产品的包装要求，货款的结算方式等。企业应当全面履行销售合同所规定的各项条件，以保证社会供需的平衡协调和使用单位的生产经营的正常进行。

分析销售合同执行情况，按照产品品种、购货单位、合同种类等不同情况分别进行。

(1)按照产品品种分析销售合同的执行情况，可根据企业签订的销售合同和反映合同执行情况的日常核算资料，查明是否按期、保质、保量地完成各种主要产品的销售合同。综合反映每种产品合同任务执行情况的指标，是产品合同任务交货率。它是用一定时期的累计交货数与累计订货数对比来计算的。即：

$$某种产品合同任务交货率=\frac{产品合同累计交货数}{产品合同累计订货数}\times 100\%$$

例：企业某种主要产品的合同订货和交货数量资料如表 5-2 所示。

表 5-2　销售合同执行情况分析表

季　度	合同订货量		合同交货量				期末欠货数量	合同任务交货率
	本　期	累　计	本期交货	预　交	补　交	累　计		
一	20	20	20	2		22		110
二	20	40	16			38	2	95
三	30	70	26		2	66	4	94.3
四	30	100	28		4	98	2	98
合计	100	100	90	2	6	98		98

$$甲产品合同任务交货率=\frac{98}{100}\times 100\%=98\%$$

从表 5-2 中我们还看到，甲产品的交货产品合同全年完成 98%，期末还有欠交数，说明企业没有按时、按量完成交货任务。

同时利用“合同任务交货率”同上期或上年同期相对比，可以考查企业在履行合同方面的改进情况。应把重点产品、急需短缺产品的销货合同交货情况作为分析的重点，以促进企业更好地完成这些产品的销售任务。

(2)按照购货合同单位，分析各项销售合同的执行情况，可以查明企业对重点使用单位(或重点建设项目)需要的保证程度，可以为合理分配产品以满足用户需要提供依据。为了综合评估对各用户销售合同的执行情况，除利用“合同任务交货率”对比分析外，还可以用“销售合同数量完成率”进行分析。这项指标是用实际完成合同份数同签订合同份数相比较确定的。凡销售合同上规定的各项条件均已执行，才算对该用户完成了销售合同。只有完成了所签订的全部销售合同，销售合同数量完成率才能达到 100%。根据“销售合同数量完成率”的大小来判断对各个用户执行合同的程度。

例：某企业销售合同执行情况如表 5-3 所示。

表 5-3　销售合同执行情况分析表

合同编号	商品名称	合同订货量	实际销售量			完成合同%
			合　计	合同交货	合同外交货	
1	甲	30	27	27		90
2	乙	20	20	20		100
3	丙	40	44	40	4	100
4	丁	15	17	15	2	100

例中，1号合同没有完成规定的销售数量，因而这份销售合同没有完成，对该用户完成合同的程度为：

$$销售合同数量完成率=\frac{实际完成销售合同的份数}{签订销售合同的份数}\times 100\%=\frac{3}{4}\times 100\%=75\%$$

(3) 按照合同种类，分析销售合同的执行情况，应特别注意，先重点后一般的原则。要着重分析重点合同的完成情况，查明是否存在不严肃、不认真履行重点合同，而先完成一些非重点合同和一些零碎产品合同的情况。

企业违反销售合同规定的产品品种、数量、质量以及交货日期等条件，致使消费单位受到经济损失，就要按照合同规定的条款，承担经济责任，向消费单位交纳罚款或违约金。因此，分析企业支付罚款或违约金等非生产性费用的支出情况，就可以发现企业违反销售合同的现象及其严重程度。

另外，在分析企业销售工作时，还要注意销售退款的情况。退款次数增多，说明企业生产和销售受理工作中存在问题，需要按照退货的原因分类研究。特别要详细查明，由于销售、作业过失，违反销售合同而造成退货的情况，以便对企业的销售经营活动做出正确的评价。

四、产品销售增长情况

(一) 产品销售增长率分析（如表5-4所示）

表5-4　产品销售额增长率情况分析表

月　份	销　售　额	同1月对比		逐月对比	
		增　长　额	增长率（%）	增　长　额	增长率（%）
1	250				
2	260	10	4	10	4
3	270	20	8	10	3.85
4	274	24	9.6	4	1.48
5	275	25	10	1	0.36
6	275.5	25.5	10.2	0.5	0.18

(二) 产品的寿命周期（如图5-1所示）

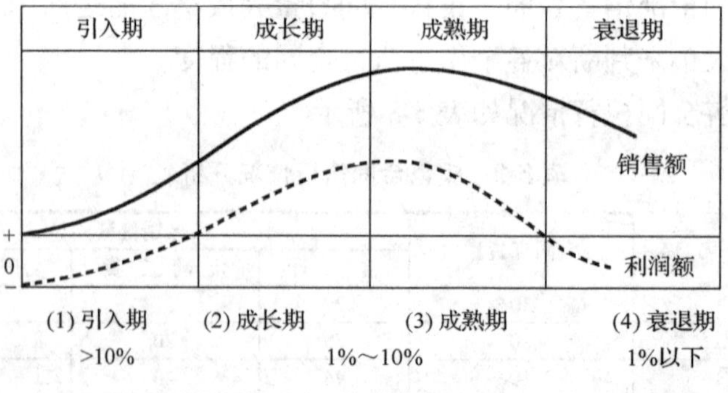

图5-1　产品的寿命周期

第三节　影响产品销售的因素分析

在评价产品销售成果以后，还要研究影响销售计划和销售合同完成的重要因素，总结影响销售工作的经验和问题，挖掘扩大销售的潜力，增加销售收入。

影响产品销售计划和销售合同完成情况的有企业外部因素和内部因素。

一、外部因素

(1)由于运输等原因不能按期发运产品。

(2)购货单位缺乏资金，无力支付货款，不能履行销售合同。

(3)购货单位或个人对于产品不再需要，不想继续购买。这主要涉及顾客满意度的分析，我们在后面会详细讲解。

(4)物资部门不及时调拨。

(5)因经济调整，市场需求发生变化而影响产品销售等。

二、内部因素

(一)企业生产经营状况对实现产品销售有着直接的影响

按照产品销售计划和销售合同组织生产，全面完成生产计划，是保证企业完成销售任务的前提。生产不足和不按照合同规定生产适销对路、质量优良的产品，就会直接影响销售计划的实现。生产不均衡、不配套，也往往会影响企业按期交货。所以要结合生产计划完成情况的分析，查明销售计划完成或未完成的原因。在分析时，还应当研究生产和销售之间的平衡关系。产销之间的联系可用下列公式说明：

产品销售量=库存产品期初余额+本期产品产量-库存产品期末余额

库存产品期初、期末余额包括库存未售产品和发出但未办销售手续的产品，上式中各项指标都要按照价格(销售价格或成本)计算。

由上式可见，产品销售量是和产品产量、产品库存与发出余额的变动有关，所以检查销售计划完成情况，要查明这些因素的变化。

这里涉及销售收入的确认问题，我们简单回顾一下，确认销售收入需要满足的四个条件。

1. 商品所有权上的主要风险和报酬已转移

(1)一般随物品的转移而转移，如大部分零售交易，一手交钱，一手交货。

(2)所有权凭证和实物都已转移，但不能确认销售收入，如：

① 商品在质量、品种、规格等方面不符合合同要求，需要后续商量解决。

② 代销。只有代销方售出产品，收到代销清单方可确认收入。

③ 尚未完成商品的安装、检验工作。

④ 销售合同中规定了有权退货的条件。

2. 企业既没有保留与所有权相联系的继续管理权，也没有对已售出的商品实施控制

3. 与交易相关的经济利益能够流入企业。如果估计不能收到货款，就不能确认收入

4. 相关的收入和成本能够可靠计量

销售过程中，受到不确定性因素影响，售价会发生变动，在新的售价确定以前不应确认收入。另外，成本必须跟收入相配比，成本不能可靠计量，收入也不能确认。

例：某企业商品产量和销售量情况如表 5-5 所示。

表 5-5 商品产量和销售量情况表

商品名称	计划单价	商品产量		库存商品期初数		库存商品期末数		商品销售量	
		计划	实际	计划	实际	计划	实际	计划	实际
甲	250	26 000	37 500	1 000	1 250	1 000	3 750	26 000	35 000
乙	200	33 000	35 600	1 000	1 200	1 000	4 800	33 000	32 000
丙	205	41 000	38 900	1 640	2 460	1 640	410	41 000	41 000
合计	-	10 000	112 050	3 640	4 910	3 640	8 960	100 000	108 000

注：表 5-5 中商品产量和销售量都是按计划单位价格计算的。

从表 5-5 可见，商品产量超额完成 112.05%，这是影响销售计划超额完成的主要因素。从产销之间的协调情况看，企业还有扩大销路的潜力。因为按照计划要求本期产量、销量应是平衡的，但实际上销售量占产量的百分比下降了(如表 5-6 所示)。

表 5-6 商品产销分析表

商品名称	商品产量	商品销售量	销售量占产量%
甲	37 500	35 000	93
乙	35 600	32 000	90
丙	38 950	41 000	105
合计	112 050	108 000	96

甲、乙两种产品的销售量都低于生产量，说明本期生产的产品并没有全部销售出去，或者两种产品的销售量没有随着生产计划的超额完成而相应地增加，必然会是期末未销售产品结存量高于期初。

至于丙产品，在没有完成生产计划的情况下，积极推销上期存货，因而销售量高于生产量，并且完成了销售计划。由此可见，积极组织产品销售，尽量减少未售产品的余额，做到本期产销平衡，既可以扩大产品销量，更多地满足社会需要，又可以加速资金周转。

在一般情况下，企业应该做到产销平衡，但是在某些企业或在一个短时期内，由于季节性生产或销售等原因，本期生产量和销售量之间可能出现差距。产销之间做不到绝对平衡。因此还要结合企业生产经营的具体情况，分析库存产品余额的变动情况。

在采取托收承付的结算方式下，产品销售是指产品发出和收回货币资金的全过程。所以发出商品如果不能收回货款，就会影响销售计划的顺利完成。为了查明发出商品的货款收回情况，可以利用发出商品的明细核算资料进行分析。

可以分四种情况进行分析。

(1)按其办理托收手续的发出商品。这是属于按照规定期限，但尚未到付款期的正常应收款项。

(2)逾期办理托收手续的发出商品。这是属于已经超过规定期限才向银行办理托收手续，但尚未到付款期的应收账款。造成这种现象的原因是工作上的延误，这将拖延收回货款的期限。

(3)购买单位逾期未付款的发出商品。这属于购买单位未按期偿付货款，是不遵守结算纪律的行为，但也要检查企业财务工作是否及时催索货款，或根据合同规定给予经济制裁。有时往往由于销售企业未重视这项工作，从而使这种现象得到发展。

(4)购买单位拒绝承付的发出商品。一般情况下，这是企业没有按照销售合同组织销售造成的。应当深入调查，找出造成拒绝付款的原因，消除对产品销量的不良影响。

(二)产品销售结构对产品销售的影响(如表 5-7、表 5-8 所示)

表 5-7　销售结构影响销售额分析表

商品名称	上期实际		本期计划		本期实际		销售结构差异	
	金额(元)	比重	金额(元)	比重	金额(元)	比重	比上期	比计划
甲	23 750	25	26 000	26	35 000	32	+7	+6
乙	33 250	35	33 000	33	32 000	30	−5	−3
丙	38 000	40	41 000	41	41 000	38	−2	−3
合计	95 000	100	100 000	100	10 800	100	–	–

表 5-8　销售结构影响销售额分析表

商品名称	商品销售结构(%)		商品销售总额(元)		销售结构变动对销售总额的影响
	计划	实际	按计划销售结构计算	按实际销售结构计算	
甲	26	32	28 080	35 000	+6 920
乙	33	30	35 640	32 000	−3 640
丙	41	38	44 280	41 000	−3 280
合计	100	100	108 000	108 000	–

(三)产品销售方式对产品销售的影响(如表 5-9 所示)

表 5-9　销售方式影响销售额分析表

销售方式	上期实际		本期实际		本期实际		销售方式差异	
	金额(元)	比重	金额(元)	比重	金额(元)	比重	比上期	比计划
委托销售	55 100	58	55 000	55	59 400	55	+4 300	+4 400
门市销售	28 500	30	30 000	30	33 480	31	+4 980	+3 480

续表

销售方式	上期实际		本期实际		本期实际		销售方式差异	
	金额(元)	比重	金额(元)	比重	金额(元)	比重	比上期	比计划
展销	7 600	8	10 000	10	10 800	10	+3 200	+800
寄售	3 800	4	5 000	5	4 320	4	+520	–680
会计	95 000	100	100 000	100	108 000	100	+13 000	+8 000

(四)产品销售组织工作对产品销售的影响

我们重点分析以下五个方面。

(1)分析以销促产，为用户服务的指导原则在销售工作中贯彻得如何。

(2)分析企业开展市场调查和销售预测工作进行的情况。

(3)检查销售计划编制和销售合同签订的及时性，有无计划不周的情况。

(4)查明企业是否按照销售合同及时组织产品质量检验、包装、发货、运输等工作，有无因缺乏包装材料，缺乏运输工具而延误产品发运的情况。

(5)研究广告、销售服务等工作取得的效果，以及企业通过各种销售方式，推销、试销和展销来扩大销售市场的经验。

只有不断提高销售工作水平，及时组织产品发运，及时办理结算手续，尽快取得销售收入，才能在生产发展的基础上，保证产品销售计划的正确完成。所以，对产品销售的全部过程进行详细分析是必要的。

第四节　销售分析中如何测量顾客满意程度

一个公司追踪测量顾客满意程度的方法有从简单到复杂等多种形式。公司可以用如下方法测定它们所建立的顾客满意程度有多大。

一、抱怨与建议系统

以顾客为中心的组织应当能方便顾客，传递他们的建议和抱怨。很多餐厅和旅馆都为客人提供表格以反映他们的好恶。医院可以在走道上设置建议箱，为住院病人提供意见卡，或者聘请人专门处理病人投诉。一些以顾客为中心的公司，像宝洁公司、松下公司、夏普公司等都建立了一种称为“顾客热线”的免费电话，从而最大限度地方便顾客咨询、建议或者抱怨。这些信息流为这些公司提供了很多好主意，并能使它们更迅速地解决问题。

二、顾客满意度调查

作为一个公司，不要以为建立了抱怨与建议系统，就能全面了解顾客的满意和不满意。一项在新加坡商场中所作的调查表明，当顾客对劣质服务不满意时，会有如下反应：

- 70%的购物者将到别处购买；

- 39%的人表明去投诉太麻烦；
- 24%的人会告诉其他人不要到提供劣质服务的商店购物；
- 17%的人将对劣质服务写投诉信；
- 9%的人会因为劣质服务责备销售人员。

上述结果说明，那些提供劣质服务而使顾客不满意的公司将毫无疑问地失去顾客。

因此，公司不能用抱怨程度来衡量顾客满意程度。富有责任心的公司应该通过开展周期性的调查，获得有关顾客满意的直接衡量指标。它们需对近期顾客进行随机抽样，向顾客分发调查问卷或打电话给他们，以发现他们对公司行为各方面的感受；同时，应让购买者发表对公司竞争业绩的意见。

顾客满意程度可以用多种方法来衡量。衡量可通过直接询问："请按下述尺度来表示你对某项服务的满意程度如何：非常不满意；不满意；无所谓；满意；非常满意。"（直接反映满意度）。可以进一步要求回答，顾客对某种特性期望有多大；他们的实际感受如何（推定不满意）。另一种方法是要求顾客列出他们在接受产品组合中所遇到的问题，以及提出他们认为可以改进的措施（问题分析）。最后，公司可以要求顾客对产品供应中的每个要求做出重要程度的评估，并且评价公司在每个要素上做得如何（重要性—绩效评估）。后一种方法能帮助公司了解在哪些主要因素上做得不够，以及在哪些非主要因素上做得过多。

在收集顾客满意数据的同时，询问一些附加问题，用来测定顾客的再购买意向，也是十分有用的；如果顾客的满意程度很高，通常情形下再购买意向也会很高。根据惠普公司前业务总裁翰·扬的说法：

据我们的调查，十分之九的表示非常满意的顾客表示，他们将肯定或可能再从惠普公司购买产品。这种满意能转化为企业的利润，因为寻求新的顾客比保持现有的顾客要花费五倍多的精力和金钱。

对于公司来讲，测定客户的偏好或将公司及其品牌介绍给他人的愿望也是十分有益的，好的口碑表明公司正在建立高度的顾客满意。

三、幽灵购物法

另一种了解顾客满意度的有效方法是，雇用一些人员装作潜在购买者，以报告他们在购买公司和竞争者产品的过程中所发现的优点和缺陷。这些幽灵购物者甚至故意找些麻烦以考察公司的销售人员能否将事情处理好。因此，某位幽灵购买者可以到餐馆抱怨食物不好，看看餐馆如何处理这种抱怨。公司不仅可以雇用幽灵购物者，而且管理者自身也应该不时地离开办公室，在不为人知晓的情况下，到公司和竞争者那儿从事购物活动，亲自体验一下被当做顾客的经历。对于管理者来说，还有一种不同的方法是，向自己的公司打电话提出各种问题和抱怨，看看公司是如何处理这些电话的。新加坡航空公司就应用这种方法，让公司职员有时装作幽灵乘客检查飞行服务，以掌握机组人员的工作表现。

四、失去顾客分析

公司应当同停止购买或转向其他供应商的顾客进行接触，了解为什么会发生这种情况。IBM 公司每当失去一个顾客时，就会竭尽全力探讨分析失败的原因，是价格太高、服务有缺陷，还是产品不可靠等。从事“退出调查”和控制“顾客损失率”都是十分重要的，因为顾客损失率上升，就明显地表明公司难以使顾客感到满意。

五、在测定顾客满意中的一些注意事项

当顾客在对公司行为绩效的某项要素诸如送货进行满意评估时，我们应当认识到顾客在对什么是高效送货的理解上是不同的：有的可能将其理解为提早配送、按时配送、订货完整，如此等等。然而如果要顾客详细说明每项要素，则会使顾客面对繁多的问卷调查。我们还必须意识到，当两位顾客都表示“非常满意”时，他们的原因是各不相同的。一位可能在大部分时间感到满意，另一位一般难以使之愉悦，但在调查时态度正好相反。

公司也应当注意到管理人员和销售人员会很巧妙地处理顾客满意的评价。他们可能会在调查前对顾客特别好，也可能会试图把不高兴的顾客排除在调查范围之外。

如果顾客知道公司将努力采用各种方法满足顾客，这是很危险的，一些顾客即使满意也可能表现出强烈的不满，从而获取公司更多的让步和利益。

对于以顾客为中心的公司来讲，顾客满意既是一种目标，也是一种市场营销手段。那些能获得很高的顾客满意率的公司确信它们的目标市场，对此会深有体会。在美国，本田雅阁(Accord)几年来一直被 J. D. 鲍尔斯(J. D. Powers)评为顾客满意率第一，而且这一事实的宣传又促进了雅阁的销售。在曼谷，东方旅馆深受赞誉，因为它一直位于世界优秀旅馆之列。

尽管以顾客为中心的企业应当建立高度的顾客满意，但这并不要求使顾客满意“最大化”。首先，公司可以通过降低价格或增加服务来提高顾客满意，但是这可能导致企业利润下降。其次，公司可以通过其他方法提高盈利，诸如改进生产或者更多地在研究与开发上进行投资。再次，公司有很多利益方，包括职员、零售商、供应商和股东，在提高顾客满意上花费过多，将分散用于增强其他“参与者”满意的资金。最后，公司必须贯彻如下指导思想，即传递高水准的顾客满意需在全部资源的制约范围内，并能为其他利益方提供至少可以接受的满意条件。

第五节　产品销售的预测分析

产品销售的预测分析是销售分析的一项重要内容。通过产品销售预测分析，可以对市场需求的变化趋势作出判断，根据预测分析资料对产品的生产经营作出最佳决策，从而保证产品的有效供应，满足市场需要，增加企业收入，提高企业和社会的经济效益。

产品销售预测分析的分类：

- 按照预测的时间可以分为
  - 年底预测分析
  - 季度预测分析
  - 月度预测分析
- 按照预测分析的内容可分为
  - 某项经济措施对产品销售的影响
  - 产品销售计划完成程度预测分析
- 按照预测分析的范围分为
  - 全面的预测分析
  - 主要产品的预测分析

一、产品销售进度的预测分析

产品销售进度的预测分析，是根据前一阶段产品销售的实际情况，分析影响产品销售的各项因素在未来时期可能发生的作用，预测未来时期可能完成的产品销售量，从而对产品销售计划能否完成做出判断。

例：某企业产品销售进度预测情况如表 5-10 所示。

表 5-10 某企业产品销售进度预测情况表

单位：千元

门市部	上半年实际销售额		下半年预测销售额		全年计划销售额 (1)条件	全年预测销售额 (4)计算	预测销售计划完成%
	销售额 (1)条件	平均月销售额 (2)计算	平均月销售额 (3)条件	销售额 (4)计算			
一	3 470	578	613	3 678	7 100	7 148	101
二	3 090	515	520	3 120	6 100	6 210	102
三	2 740	457	407	2 442	4 500	5 182	115
四	1 960	327	337	2 022	3 300	3 982	121
合计	11 260	1 877	1 877	11 262	21 000	22 522	107

具体步骤：

(1) 首先确定到分析日为止，产品销售额累计完成计划的程度。

$$11\,260 \div 21\,000 \times 100\% = 53.62\%$$

(2) 确定前一段时期产品销售额的平均水平。如每日或每月的产品销售额，作为推断未来时期销售额的基础。

(3) 分析今后产品销售的趋势，充分考虑未来时期影响销售的各项因素，如市场需求变化、产品价格波动和销售方式变化等，并估计这些因素对产品销售额的影响程度。

已知：经过市场调查，除第三门市部因店面装修使下半年的销售额受到影响外，其他门市部的销售，下半年比上半年进一步看好，销售额会进一步提高。我们根据这个情况预测下半年的平均月销售额。

(4) 根据预测的未来平均销售水平和未来销售时间推算未来时期的销售额，再用它同销售计划任务相比较，可预测产品销售计划的完成程度。

例子中的企业根据预测可以完成全年计划，假如我们通过预测推断不能完成全年计划，则应针对影响销售的因素采取相应的措施，减少和限制不利因素，充分发挥有利因素，以保证销售计划的完成和超额完成。

二、产品销售变动趋势预测分析

我们可以应用一定的数学方法对产品销售的变动趋势进行预测，变动趋势预测的方法主要有三种：移动平均法、趋势直线法、趋势曲线法。

（一）移动平均法

1. 简单移动平均法

计算公式为：

$$\text{预测销售额}=\frac{\text{各期实际销售额总和}}{\text{时期数}}$$

因为未来销售状况与邻近时期的销售状况关系密切，所以用于计算的时期（公式中的分母）要随着预测期的推移而顺延。

例：某商品销售额变动趋势的预测分析如表 5-11 所示。

表 5-11　某商品销售额变动趋势预测分析表

单位：千元

月　份	实际销售额	预测销售额
1	450	
2	550	
3	600	
4	650	(450+550+600) ÷ 3=533
5	790	(550+600+650) ÷ 3=500
6	650	(600+650+790) ÷ 3=680
7	600	(650+790+650) ÷ 3=697
8	600	(790+650+600) ÷ 3=680
9		(650+600+600) ÷ 3=617

这种方法适用于销售数量在短期内没有明显变化的商品。

2. 加权移动平均法

一般来说，距预测期越近的资料越接近预测期的数值，所以根据距离预测期的远近对已知资料进行加权，通过加权平均数来计算预测值。计算公式为：

$$\text{预测销售额}=\frac{\sum(\text{各期实际销售额}\times\text{权数})}{\text{权数之和}}$$

如果应用三期的资料，上述公式可写为：

$$L=3M_1+2\ M_2+\frac{M_3}{3}+2+1=3M_1+2\ M_2+M_3/6$$

式中，L：预测销售额；

M_1：距离最近的一期的实际销售额；

M_2、M_3：前二期、前三期的实际销售额。

例：某商品销售额变动趋势的预测分析如表 5-12 所示。

表 5-12　某商品销售额变动趋势预测分析表

单位：千元

月　　份	实际销售额	预测销售额
1	450	
2	550	
3	600	
4	650	(3×600+2×550+450) ÷ 6=558
5	790	(3×650+2×600+550) ÷ 6=617
6	650	(3×790+2×650+600) ÷ 6=712
7	600	(3×650+2×790+650) ÷ 6=697
8	600	(3×600+2×650+790) ÷ 3=648
9		(3×600+2×600+650) ÷ 6=608

比较利用简单移动平均法和加权移动平均法所预测的结果，如图 5-2 所示，可以看到加权移动平均法预测的结果更接近实际情况。

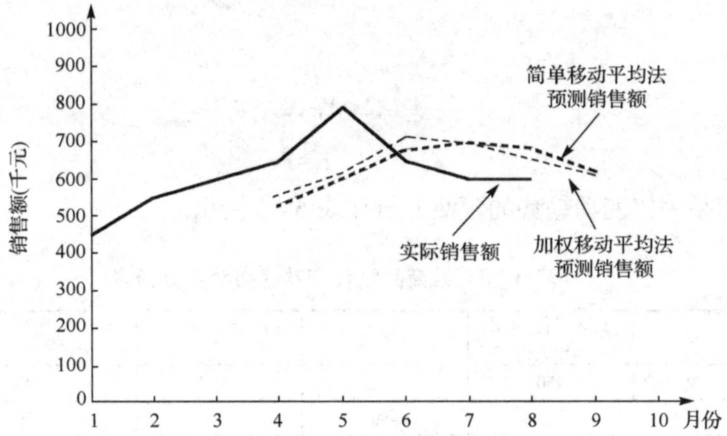

图 5-2　比较简单移动平均法和加权移动平均法

(二)趋势直线法

趋势直线法是根据历史资料来确定一条直线(又称回归直线)进行预测的方法。确定直线的方法是根据直线上的各点到实际销售额各点之间的距离和最小(即偏差的平方和最小)。

假设实际销售额各期的数值为 Y_i，预测的趋势直线的方程式为：$Y_i=a+bX_i$，假设 i=1，2，…n，根据最小二乘法原理，可列出下列方程式：

$$\begin{cases}\sum Y_i = na + b\sum X_i \\ \sum X_iY_i = a\sum X_i + b\sum X_i^2\end{cases}$$

这个联立方程组是怎样列出来的呢？我们假设 $e_i= Y_i-Y_i =Y_i-a-bX_i$

$$e_i^2=(Y_i-a-bX_i)^2= Y_i^2+a^2+b^2X_i^2-2aY_i-2bX_iY_i+2abX_i$$

$$\sum e_i^2=\sum Y_i^2+n a^2+b^2\sum X_i^2-2a\sum Y_i-2b\sum X_iY_i+2ab\sum X_i$$

求 a，b 为何值时，$\sum e_i^2$ 最小，即上式的一阶导为零。

上式对 a 求导，$=2na-2\sum Y_i+2b\sum X_i=0$ ➔ $\sum Y_i=na+b\sum X_i$

上式对 b 求导，$=2b\sum X_i^2-2\sum X_iY_i+2a\sum X_i=0$ ➔ $\sum X_iY_i=b\sum X_i^2+a\sum X_i$

为了简化计算，我们可设法使 n 为奇数，并把中间期的 X_i，Y_i 作为新的原点(0，0)，假设在原坐标系中的数值为$(X_0，Y_0)$。

那么，假设在新的坐标系中直线方程为：$Y_i'=a'+b'X_i'$，则$\sum X_i'=0$，前面的方程式可以简化为：

$$\sum Y_i'=na'$$

$$\sum X_i'Y_i'=b'\sum X_i^2$$

则

$$a'=\frac{\sum Y_i'}{n},\quad b'=\frac{\sum X_i'Y_i'}{\sum X_i^2}$$

其中

$$X_i'=X_i-X_o$$

$$Y_i'=Y_i-Y$$

例：某商品销售变动趋势的预测分析如表 5-13 所示。

表 5-13 某商品销售变动趋势预测分析表

月份 X_i	X_i'	实际销售额 Y_i（千元）	Y_i'	X_i^2	X_i' Y_i'	预测销售额 Y（千元）
1	−2	450	−150	4	300	452
2	−1	550	−50	1	50	530
3	0	600	0	0	0	608
4	1	650	50	1	50	686
5	2	790	190	4	380	764
n=5	$\sum X_i'=0$	$\sum Y_i$=3 040	$\sum Y_i'=40$	$\sum X_i'^2=10$	$\sum X_i'$ $Y_i'=780$	$\sum Y$=3 040

$$a'=40\div 5=8$$

$$b'=780\div 10=78$$

假设我们要预测 6 月份的销售额，根据 $Y_i-Y_o=a'+b'(X_i-X_o)$，则 $Y_o-600=8+78\times(6-3)$，$Y_o=842$（千元）

这就是直线趋势法的整个预测过程。

(三)趋势曲线法

趋势曲线法是根据历史资料，确定一条倾向性的变动曲线(或称回归曲线)，据以预测销售量(额)变动趋势的方法。在商品销售量(额)不均衡，呈现波动的情况下，其倾向的变动曲线就不是一条直线，而是一条曲线。这就要根据所求得的趋势曲线引申预测销售量(额)。

如倾向变动曲线为二次曲线，其方程式为：

$$Y = a + bX + cX^2$$

为了求解系数 a，b，c 的值，可列成下列方程组：

$$\sum_{i=1}^{n} Y_i = na + b\sum_{i=1}^{n} X_i + c\sum_{i=1}^{n} X_i^{\,2} \tag{1}$$

$$\sum_{i=1}^{n} X_i Y_i = a\sum_{i=1}^{n} X_i + b\sum_{i=1}^{n} X_i^{\,2} + c\sum_{i=1}^{n} X_i^{\,3} \tag{2}$$

$$\sum_{i=1}^{n} X_i^{\,2} Y_i = a\sum_{i=1}^{n} X_i^{\,2} + b\sum_{i=1}^{n} X_i^{\,3} + c\sum_{i=1}^{n} X_i^{\,4} \tag{3}$$

如果使 n 为基数期，把中间期 X_i，Y_i 作为新的原点(X_0，Y_0)，则$\sum X_i$，$\sum X_i^3$数值为零。这样方程组可简化为：

$$\sum_{i=1}^{n} Y_i' = na + c\sum_{i=1}^{n} X_i'^2 \tag{4}$$

$$\sum_{i=1}^{n} X_i Y_i = b\sum_{i=1}^{n} X_i'^2 \tag{5}$$

$$\sum_{i=1}^{n} X_i'^2 Y_i = a\sum_{i=1}^{n} X_i'^2 + c\sum_{i=1}^{n} X_i'^4 \tag{6}$$

其中：$X'_i = X_i - X_0$，$Y'_i = Y_i - Y_0$

例：以表 5-14 中的资料为依据，按趋势曲线法预测销售额。假定以 4 月为中间期，则 X_0=4，Y_0=651。

表 5-14　某企业产品销售资料

月份 X_i	X_i'	实际销售额 Y_i(千元)	Y_i'	$X_i'^2$	$X_i' Y_i'$	$X_i'^4$	$X_i'^2 Y_i'$	预测销售额 Y(千元)
1	−3	450	−201	9	603	81	−1 809	432.3
2	−2	550	−101	4	202	16	−404	553
3	−1	600	−51	1	51	1	−51	637.42
4	0	651	0	0	0	0	0	685.56
5	1	790	139	1	139	1	139	697.42
6	2	650	−1	4	−2	16	−4	673
7	3	600	−51	9	−153	81	−459	612.3
n=7	$\sum X_i'$=0	$\sum Y_i$4 291	$\sum Y_i'$=−266	$\sum X_i'^2$=28	$\sum X_i' Y_i'$= 840	$\sum X_i'^4$=96	$\sum X_i'^2 Y_i'$=−2 588	$\sum Y$=4 291

将表 5-14 资料代入方程组(4)(5)(6)则为：

$$\sum Y_i' = 7a + 28c = -266$$

$$\sum X_i' Y_i' = 28b = 840$$

$$\sum X_i'^2 Y_i' = 28a + 196c = -2588$$

解上列方程组，求得 a=34.56，b=30，c=–18.14。

根据方程式

$$Y_i' = a + bX_i' + cX_i'^2$$

或

$$Y_i - Y_0 = a + b(X_1 - X_0) + c(X_1 - X_0)^2$$

可以计算出 1 月至 7 月的预测销售额。

如果预测 8 月份的销售额，则为：

$$Y_8 - 651 = 34.56 + 30(8-4) - 18.14(8-4)^2$$

$$Y_8 = 515.32\text{（千元）}$$

按趋势曲线法预测销售额和实际销售额变化趋势比较接近，如图 5-3 所示。

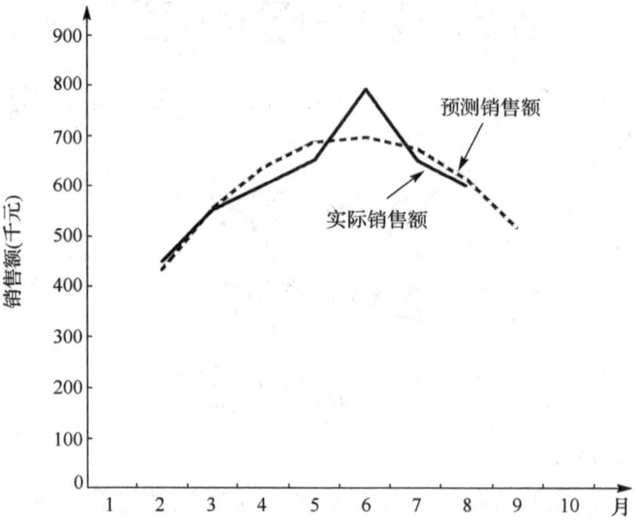

图 5-3　按趋势曲线法预测销售额

利用上述各种分析方法预测销售量(额)，可以作为制定销售目标、计划和决策时的参考。但是要作出比较准确的预测，还需要充分利用市场调查的资料，综合研究商品的社会需求、消费者购买能力、价格水平、质量需求和销售地区范围等情况；还要根据以往的经验和各类有关人员的意见，进行分析和综合，从而得出比较正确的判断。

三、保本和保利产品销售量的预测分析

这种预测主要是利用本、量、利的分析方法，看看企业的销售量达到多少就可以保本或实现预定的利润目标。

例：某企业销售甲产品，单位售价 45 元，单位变动成本 35 元，固定成本总额为 40 000 元，目标利润为 20 000 元，求保本销售量和保利销售量。

$$保本销售量=\frac{固定成本总额}{单位售价-单位变动成本}=\frac{40\,000}{45-35}=4\,000$$

$$保利销售量=固定成本总额+目标利润/(单位售价-单位变动成本)$$
$$=(40\,000+20\,000)/(45-35)=6\,000$$

我们知道企业预测的销售量超过保本销售量越多，企业的生产经营就越安全，企业经受风险的能力就越大。为了预测销售经营的安全程度，我们引进了安全边际量和安全边际率的概念，它们的计算公式为：

$$安全边际量=预测销售量-保本销售量$$

$$安全边际率=\frac{安全边际量}{预测销售量}\times 100\%$$

安全边际率越高，说明企业的销售经营越安全。一般认为，安全边际率在 30%以上，企业经营状况为安全；20%～30%，较安全；10%～20%，不太安全；10%以下，为不安全，市场稍有风吹草动，企业就可能发生亏损。

四、销售因素的预测分析

企业的销售，除了受企业不能控制的因素如国民经济发展状况和市场需求变化的影响，还受企业所能控制的因素如销售价格、服务质量、销售渠道、推销手段等因素的影响。为了提高企业的经济效益，企业应寻求所能控制的这些销售因素的最佳组合，制定最佳的销售方案。下面以销售价格为例来说明销售因素的预测分析。

一般来说，售价下降，销售量会增加，所需要的销售费用会减少；而售价上升，销售量会减少，企业为维持一定的销售量会增加销售费用。这样销售价格的变动会出现不同的销售因素的组合，是采用高质量、高价格的方案还是采用低价格、薄利多销的方案，就需要我们进行分析。

例：某企业乙产品售价变动的分析如表 5-15 所示。

表 5-15　某企业乙产品售价变动分析

单位：元

方　案	销售单价	销售数量	单位产品变动成本	固定成本总额	利润额
	(1)	(2)	(3)	(4)	(5)=[(1)-(3)]*(2)-(4)
原方案	80	2 000	40	50 000	30 000
新方案 1	90	1 900	45	51 000	34 500
新方案 2	100	1 700	52	52 000	29 600
新方案 3	70	2 800	38	50 000	39 600
新方案 4	65	2 900	37	49 000	32 200

从表 5-15 我们可以看出，采取高质量、高价格推销产品，虽然可以增加利润（如新方案 1，利润比原方案增加 4 500 元），但采取降低价格、薄利多销的新方案 3 却能增加更多的利润，达到 9 600 元（39 600–30 000），这是可供选择的方案中的最佳方案。所以我们应该采取新方案 3，即每单位乙产品的售价降为 70 元，从而得到更多的利润。

第六节　产品销售利润（主营业务利润）的分析

产品销售利润（也称主营业务利润）是企业利润的主要组成部分。主营业务利润指标完成得好坏，对企业利润计划能否完成具有决定性意义。因此，进行利润分析时，要把主营业务利润作为重点，深入详细地分析研究。

主营业务利润是反映企业产品生产、成本和销售工作成果的综合性指标。

产品销售利润=产品销售收入–产品销售成本–产品销售税金

所以主营业务利润计划的完成情况就取决于生产、成本和销售等计划的完成情况。在分析主营业务利润计划完成情况时，也就必须结合生产、成本、销售等计划完成情况进行综合分析研究，以便找出影响主营业务利润计划完成情况的具体原因，找出能够增加主营业务利润的潜力。

一、影响主营业务利润的因素

主营业务利润的形成是许多因素决定的。为了便于系统地分析影响销售利润的各种因素，可以先按照产品销售利润指标形成的过程分析研究。某种主营业务利润是主营业务收入减去主营业务成本和主营业务税金的余额。在生产多种产品的企业中，它又是各种主营业务利润的总和。

企业全部产品销售利润=Σ（产品销售收入–产品销售成本–产品销售税金）

在这里，销售税金是按国家规定的税率和产品销售收入相乘之积计算的，因而计算公式为合并同类项。

全部产品销售利润=Σ（产品销售收入（1–税率）–产品销售成本）

由此可见，主营业务利润的大小受以下因素的影响。

（1）首先决定于产品的销售数量和产品的成本水平。产品的销售量越大、成本越低，企业所获得的销售利润就越多，所以降低产品成本和增加产品销售量是提高企业盈利和增加内部资金积累的主要途径。

（2）产品销售价格及税金的改变，也影响销售利润的增减。销售价格的降低和税金的增加都会使利润减少，相反会增加销售利润。

（3）另外，各种产品的利润水平不同，因为产品的销售额在全部销售总额中所占比重发生变化，即产品品种构成变动，也会引起销售利润的变动。所以在分析产品销售利润时，需要确定以下各项因素的影响：

① 产品销售量的变动；

② 主营业务成本的变动；

③ 产品销售价格的变动；

④ 主营业务税金的变动；

⑤ 产品品种构成的变动。

从评价企业工作角度来看，上述五个因素具有不同的经济意义。一般情况下，产品销售数量的多少，主营业务成本的高低，以及销售品种构成的变动，是企业经营活动的直接成果，表明企业在生产经营管理中所取得的成效，因而是评价企业主营业务利润指标完成情况的主要依据。

对产品价格的变动要做具体分析。国家依据生产发展和计划管理的需要，统一调整价格，因而影响主营业务利润，属于和企业工作无关的外界因素。企业决定调整自销产品的价格，或者改变产品销售环节，或由批发改为零售而发生价格变动，则同企业生产经营活动有关。

企业违反物价政策，任意抬高或降低价格，引起主营业务利润的增减，则是企业工作的过失，应给予否定的评价。

主营业务税金的大小，是由产品销售数量、单位价格和税率三个因素决定的。税率是由国家统一规定的，调整税率对利润的影响属于外界因素影响。

在税率不变而产品单位价格变动的情况下，单位产品税金变动造成的影响，要根据售价变动的原因做出评价。

在税率、售价不变动情况下，产品销售数量变动只会引起主营业务税金总额增减，而不会改变单位产品的税金，这就不会引起单位产品利润水平发生变化。因此对销售税金变动的影响，要结合产品销售的具体情况做出评价。

还要指出，企业所销产品质量的好坏，也是影响主营业务利润的一个因素。在决定“实行优质优价”、“分等论价”的情况下，不同等级产品的销售价格是不同的。例如，次等品的售价要低于合格的正品，而次等品增多时，必然会引起主营业务利润总额的减少；反之，如果提高一级品率或正品率，主营业务利润就会增加。产品质量变动对主营业务利润的影响，因主营业务利润在计算和核算中表现的方法不同，而反映在不同的因素中。如果企业按各种产品不同等级分别确定主营业务利润，那么所销产品质量变动对利润的影响，则反映在产品售价变动因素中。这时销售价格的变动，以及与其有关的主营业务税金的变动就同产品质量的高低有直接联系，因而不能把它的变动看作是与企业无关的外界因素。

二、主营业务利润变动情况的因素分析

为了分析主营业务利润的变动情况，确定各个因素对主营业务利润变动情况的影响程度，并作出正确的评价，除利用利润报表资料外，还要利用按照产品品种反映的主营业务利润资料。有时还要根据主营业务利润核算的明细资料进行必要的分析计算。

分析主营业务利润变动情况，通常是按照企业生产的主要产品进行，我们可以选择某种或某几种产品或影响利润完成情况的重点产品深入分析。

现举例说明主要产品主营业务利润的变动情况的分析方法。从表5-16、表5-17，可以看出企业主营业务利润比上年有所下降。利用表中资料分析影响利润变动的各因素是如何发挥作用的，先分析单一产品，再分析多种产品。

表5-16　商品销售利润明细表

1994年度　　单位：元

商品名称	销售数量	销售收入		销售税金		销售成本		销售利润	
		单位价格	金额	单位税金	金额	单位成本	金额	单位利润	金额
甲	1 200(件)	200	240 000	-	-	124	148 800	76	91 200
乙	2 500(件)	600	1 500 000	-	-	355	887 500	245	612 500
丙	2 000(千克)	300	600 000	30	60 000	180	360 000	90	180 000
其他			60 000		12 400		33 700		13 900
合计			2 400 000		72 400		1 430 000		897 600

表5-17　商品销售利润明细表

1995年度　　单位：元

商品名称	销售数量	销售收入		销售税金		销售成本		销售利润	
		单位价格	金额	单位税金	金额	单位成本	金额	单位利润	金额
甲	1 200(件)	210	252 000	-	-	125	150 000	85	102 000
乙	2 400(件)	630	1 512 000	-	-	388	931 200	242	580 800
丙	2 200(千克)	330	726 000	33	72 600	208	457 600	89	195 800
其他			130 000		18 400		81 200		30 400
合计			2 620 000		91 000		1 620 000		909 000

(一)某种产品主营业务利润变动情况分析

我们对上述三种产品中的丙产品进行一下分析，先看表5-18。

表5-18　丙种商品销售利润分析表

指标	单位	本期	上期	比上期	
				增减数	增减%
销售数量	千克	2 200	2 000	200	10
单位销售价格	元	330	300	30	10
单位销售税金	元	33	30	3	10
单位销售成本	元	208	180	28	15.56
单位销售利润	元	89	90	−1	−1.11
商品销售利润	元	195 800	180 000	15 800	8.78

从表5-18我们可以看出，丙产品本年比上年获得的主营业务利润增加了15 800元，增长8.78%。下面我们用因素替换法来分别测定各个因素的影响程度。

1. 产品销售量变动的影响

在其他因素不变的情况下，只是销售数量的增多或减少，会使主营业务利润呈同比例的变动。因此可以用销售数量比上年增长的百分比乘上上年的主营业务利润，来确定销售数量对利润变动的影响。

例：如表 5-18 中，丙商品销售量比上年增长 10%。假定其他条件不变，销售利润必然相应地增加 10%。

销售数量变动的影响=丙产品上年主营业务利润销售数量比上年增长百分比

=180 000×10%=18 000(元)

2. 主营业务成本变动的影响

在产品销售价格、税率相同的情况下，成本降低，利润就升高，因而成本的增减就直接反映着它对利润的影响。确定主营业务变动的影响，是将按本期销售量计算的本期总成本与按本期销售量计算的上年总成本进行对比，计算公式是：

主营业务成本变动的影响=本期销售量×(上期单位主营业务成本−本期主营业务成本)

=2 200×(180−208)= −61 600 (元)

这说明由于本期单位成本提高了 28 元，导致主营业务利润总额下降了 61 600 元。

3. 产品销售价格变动的影响

产品销售价格的提高或降低，直接影响产品销售额的增减，也就必然使销售利润发生相应的增减。确定产品销售价格变动对利润影响的方法，是将本期销售量按本期价格计算的销售收入同本期销售量按上年价格计算的销售收入进行对比，如果本年低于上年，则利润减少，反之，则利润增加。

例：如表 5-18 中，丙产品

本年销售量按本年价格计算的销售收入为　2 200×330=726 000(元)

本年销售量按上年价格计算的销售收入为　2 200×300=660 000(元)

由于本年销售价格的提高而使销售收入增加　66 000 元

销售价格变动的影响　66 000 元

4. 主营业务税金变动的影响

主营业务税金的增加会使利润减少，反之则会使利润增加。确定产品销售税金对利润的影响，应将按本年销售量计算的本年税金与按本年销售量计算的上年税金进行比较，如果本年大于上年，则利润减少，反之则利润增加。

例中，本年销售量计算的上年税金为　2 200×30=66 000(元)

本年销售量计算的本年税金为　2 200×33=72 600(元)

由于税金本年比上年多　6 600 元

使利润减少　6 600 元

我们知道，主营业务税金的大小取决于产品的销售价格和税率，因此我们可以进一步分析产品销售价格的变动和税率的变动对产品销售税金的影响。

(1)销售价格变动对主营业务税金的影响。

$$(\text{本年销售量按本年价格计算的销售收入}-\text{本年销售量按上年价格计算的销售收入})\times$$

$$\text{上年税率}=\frac{(726\ 000-660\ 000)\times 30}{300}=66\ 000\times 10\%=6\ 600\text{元}$$

(2)税率变动对主营业务税金的影响。

$$(\text{本年税率}-\text{上年税率})\times\text{本年销售量按本年价格计算的销售收入}$$

$$=\left(\frac{33}{330}-\frac{30}{300}\right)\times 726\ 000$$

$$=(10\%-10\%)\times 726\ 000=0$$

$$6\ 600+0=6\ 600(\text{元})$$

由于销售价格变动和税率的变动使销售税金增加 6 600 元，从而使利润减少 6 600 元。由于只分析丙产品的情况，所以不存在产品品种构成变动的影响。

汇总各因素变动对主营业务利润影响的结果，如表 5-19 所示。

表 5-19 影响丙商品销售利润因素分析表

单位：元

影响因素	影响程度	
	增加	减少
商品销售数量增加	18 000	
商品销售价格升高	66 000	
商品销售税金升高		6 600
其中：销售价格影响税金升高		(6 600)
商品销售成本升高		61 600
合计	84 000	
商品销售利润比上期增长	15 800	

(二)多种产品主营业务利润变动情况影响分析

在生产和销售多种产品的企业中，通常需要综合考察多种主要产品主营业务利润的变动情况，并考察影响主营业务利润的各因素的影响程度有多大。

例：根据表 5-16 和表 5-17 的资料，汇总甲、乙、丙三种主要商品的情况，形成表 5-20。

表 5-20 商品销售利润分析表

单位：元

指标	本期	上期	比上期	
			增减数	增减 %
商品销售收入	2 490 000	2 340 000	150 000	6.41
商品销售税金	72 600	60 000	12 600	21
商品销售成本	1 538 800	1 396 300	142 500	10.21
商品销售利润	878 600	883 700	−5 100	−0.58

我们可以看出全部主要产品的销售利润本期比上期减少了 5 100 元，下降 0.58%，应用因素替换法分别测定各个因素的影响程度。

1. 产品销售数量变动的影响

我们前面讲过，在其他因素不变时，主营业务利润将随着产品销售数量的变动率成正比例的变动。各种产品销售数量的增减百分比，应该用本期销售量按上期单价计算的销售收入同上期销售收入进行对比，用公式表示：

$$销售量比上期增减百分比=\frac{按上期单价计算的本期主营业务收入(表5\text{-}21)}{上期主营业务收入(表5\text{-}20)}\times100\%-1$$

$$=2\ 340\ 000\div2\ 340\ 000\times100\%-1=1-1=0$$

表 5-21 商品利润分析计算表

单位：元

商品名称	本期销售数量	销售收入		销售税金		销售成本		销售利润	
		上期单价	金额	上期单位税金	金额	上期单位成本	金额	上期单位利润	金额
	1	2	3=1×2	4	5=1×4	6	7=1×6	8	9=1×8
甲	1 200(件)	200	240 000	-	-	124	148 800	76	91 200
乙	2 400(件)	600	1 440 000	-	-	355	852 000	245	588 000
丙	2 200(千克)	300	660 000	30	66 000	180	396 000	90	198 000
合计			2 340 000		66 000		1 396 800		877 200

产品销售数量变动的影响=上期主营业务利润(表 5-20)×销售量比上期增减百分比

=883 700×0=0

2. 主营业务成本变动的影响

计算多种产品主营业务成本变动的影响同单种产品成本变动的影响是相同的，只多一步加总即可。计算公式如下：

主营业务成本变动的影响=∑(本期产品销售数量×上期单位主营业务成本)－∑(本期产品销售数量×本期单位主营业务成本)

=按上期单位主营业务成本计算的本期主营业务成本(表 5-21)－本期主营业务成本(表 5-20)

=1 396 800－1 538 800=－142 000(元)

这说明，由于产品销售成本提高，使本期产品销售利润减少了 142 000 元。

3. 产品销售价格变动的影响

计算多种产品销售价格对利润的影响也跟计算单种产品变动的影响相同，只是多一步加总。计算公式如下：

产品销售价格变动的影响 =∑(本期产品销售数量×本期单位销售价格)

$-\sum$(本期产品销售数量×上期单位销售价格)=本期主营业务收入(表 5-20)
-按上期单价计算的本期主营业务收入(见表 5-21)
=2 490 000-2 340 000=150 000(元)

这说明，由于产品销售价格的提高，使本期销售利润比上期增加了 150 000 元。

4. 主营业务税金变动的影响

看表 5-21，从主营业务税金这一栏我们可以看到甲、乙商品不存在主营业务税金的问题，而只有丙产品才存在主营业务税金，对于丙商品的情况前面我们已经分析过，我们已经知道由于丙商品销售税金的增加，使主营业务利润减少了 6 600 元。

如果甲、乙产品也存在主营业务税金的问题，我们只要将它们加总进行分析即可，跟分析价格变动、成本变动的影响是一样的。

5. 产品品种构成变动的影响

在生产和销售多种产品的企业中，由于各种产品销售数量变动，会使各种产品销售量占总销售量的比重，即品种构成发生变动。品种构成变动本来是同销售量的变动密切相关的，为什么要单独分析这一因素变动的影响呢？主要是因为各种产品的利润率不同，当利润率高的产品所占比重升高时，会使利润的增长超过销售收入的增长，相反则会使利润的增长低于销售收入的增长。为了正确评价企业增加生产、扩大销售的成果，以及检查企业是否按品种完成销售计划，除分析销售量变动的影响以外，还要分析产品品种构成变动的影响。

产品品种构成变动的影响的计算公式是：

产品品种构成变动对主营业务利润的影响= $\sum$(各种产品本期销售数量×各种产品上期单位利润)−(上期销售利润总额×按上期价格计算的销售量完成百分比)

$$=877\ 200-\frac{883\ 700\times 2\ 340\ 000}{2\ 340\ 000}=877\ 200-883\ 700=-6\ 500\text{(元)}$$

$$\text{按上期价格计算的销售量完成百分比}=\frac{\text{按上期单价计算的本期主营业务收入}}{\text{上期主营业务收入}}$$

这说明，由于产品品种构成的变动，使主营业务利润减少 6 500 元。

6. 产品质量变动的影响

如前所述，销售产品质量变动对销售利润的影响，包括在产品品种构成或价格因素中。为了正确地评价企业工作的质量，有时需要独立地计算产品质量变动因素的影响，特别是当质量变动影响价格变动时，这种影响和国家调整价格造成的影响性质不同，更需要把价格的总变动区分为因调整价格的变动和因产品质量的变动两部分。

我们知道，销售产品中包括不同的等级品，如其构成比例发生变化，则意味着销售产品质量的提高或降低。由于不同等级的产品售价不同，等级构成比例变动，会影响该产品平均价格的升降。因此利用该产品平均价格的变动，可以测定产品销售质量变动对产品销售利润的影响。

例：我们用前面案例中的甲产品的情况做一个具体分析如表 5-22 所示。

表 5-22 甲商品销售情况表

商品等级	上期			本期		
	销售数量（件）	销售价格（元/件）	销售金额（元）	销售数量（件）	销售价格（元/件）	销售金额（元）
一	600	210	126 000	700	220	154 000
二	300	200	60 000	400	200	80 000
三	300	180	54 000	100	180	18 000
合计	1 200	200	240 000	1 200	210	252 000

我们从表中可以看到，甲产品的销售数量本期和上期相同都是 1 200 件，但各等级品的销售数量不同。质量变动对利润的影响可用下面的公式计算：

产品质量变动的影响=本期产品销售数量×（本期产品销售结构平均单价−上期产品销售结构平均单价）=1 200×（（∑（本期各等级产品销售数量×上期各等级产品销售价格）/本期产品销售数量−200）

=1 200×（（700×210+400×200+100×180）/1 200−200）=1 200×（204.17−200）=5 004（元）

我们看一下表 5-21，甲产品本期销售单价为 210 元，比上期销售平均单价 200 元升高了 10 元，其中由于产品质量的升高而增加了 204.17−200=4.17（元）；由于价格调整而升高了 210−204.17=5.83（元）。这样我们就可以把价格的变动分成由于质量变动和由于调整价格而引起变动这样两部分来分析了。

另外，产品质量变动影响平均单价升降，也必然连带影响主营业务税金发生变动。平均单价降低使税金减少，利润则会相应增加。那么我们考虑销售税金和产品质量变动对销售利润的影响的计算公式则变为：

产品质量变动对利润的影响=本期产品销售量×（本期产品销售结构平均单价−上期产品销售结构平均单位）×（1−上期税率）

=1 200×（204.17−200）×（1−10%）

=5 004×90%

=4 503.6 元

汇总以上各因素对主营业务利润的影响，如表 5-23 所示。

表 5-23 影响商品销售利润因素分析表

单位：元

影响因素	影响程度	
	增加	减少
商品销售数量持平	-	

续表

影响因素	影响程度	
	增加	减少
商品品种构成变动		6 500
商品销售价格上升	150 000	
（其中商品销售质量提高）	（5 004）	
商品销售税金增加		6 600
商品销售成本升高		142 000
合计	150 000	155 100
商品销售利润比上期减少		5 100

第六章

项目预算分析

对于某个项目来说，通过预算分析不仅可以帮助管理者按照预算来完成项目的各项工作，而且可以保证项目能够按照进度计划来完成，主要采用的分析方法是挣得值法。

第一节 资 源 计 划

一个项目目标的实现必然消耗一定的资源，由于现实社会中资源本身的短缺性和价值性，所以项目中所消耗的资源是形成项目成本的根源。在项目预算分析活动中，项目资源需求的数量、质量和投入的时间都是项目预算分析中最基本的内容。一个项目的资源计划若安排不当，就会使项目工期拖延或者使项目实施成本超出预算范围。

项目资源计划涉及决定什么样的资源（人、设备、材料）以及多少资源将用于项目的每一工作的执行过程中，因此它必然是与费用估计相对应起来的。

一、资源计划所依赖的数据

（一）工作分解结构（Work Breakdown Structure，WBS）

1. 项目工作分解结构的含义

项目工作分解结构是既定项目各项工作的结构图或说明，是由项目各部分构成的、面向成果的树型结构。一个过去所实施的项目工作分解结构常常可以作为新项目的工作分解结构样板。虽然每个项目都是独一无二的，但仍有很多项目彼此存在某种程度上的相似之处。许多应用领域都有标准或半标准的工作结构可用样板。在使用工作结构分解样板时要注意以下几点：要根据以前做过的项目，而不是根据看起来很完善的计划来制定和修改工作分解结构样板；在项目开始时而不是项目结束时使用样板；为了反映从以前完成的不同项目中获得的经验，要不断更新工作分解结构样板，使其日臻完善。

图 6-1 是一个工作分解结构样板的一般形式。

2. 分解技术

(1) 识别并分解项目的组成要素。以项目目标作为第一级的最整体的要素，按照项目实施、管理的方法去分解。

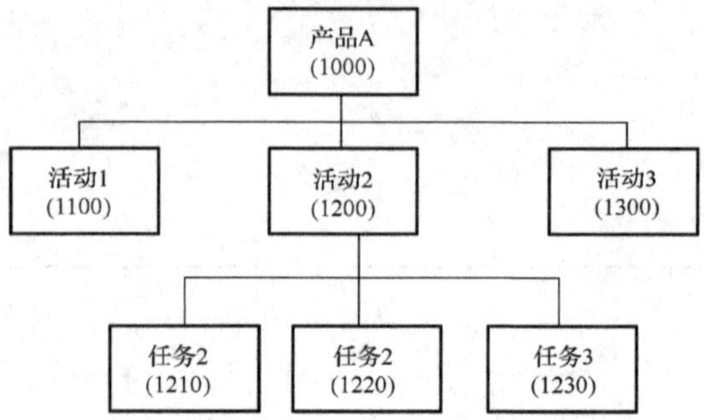

图 6-1　工作分解结构样板的一般形式

(2) 确定项目每一部分的组成要素是否分解得足够详细，以是否可以对其进行费用和时间估算作为标准。

(3) 确定项目可支付成果的构成要素。构成要素应该是有形的、有衡量标准的、可检查的结果，以便对项目绩效进行评价。有形的、可证实的结果既包括服务，也包括产品。

(4) 检验分解结果的正确性。经常采用的标准是：①位于项目工作分解结构中最底层的要素是否有重复的；②位于最底层的分解要素是否为实现项目目标的充分必要条件；③每个要素是否被完整定义；④是否位于最底层的组成要素都做了成本预算和时间安排，并分配了相应部门和人员负责。

3. 项目工作分解结构词典

这是对项目分解结构进行说明的文件。将项目工作分解得够详细之后，对项目工作分解结构中的所有工作包的重要情况进行详细说明。一个典型的项目工作分解词典，既包括对工作包的阐述，也包括对其他规划资料如进度表的日期、成本预算和员工分配等问题的阐述。

(二) 项目工作进度计划

(三) 历史信息

历史信息记录了先前类似工作使用资源的需求情况，这些资料一般是可以获得的。

(四) 范围陈述

范围陈述包括了项目工作的说明和项目目标，这些在项目资源计划的编制过程中应特别考虑。

(五) 资源安排描述

什么资源是可能获得的是项目资源计划所必须掌握的，特别的数量描述和资源水平对于资源安排描述是特别重要的。

(六) 组织策略

在安排资源的过程中还必须考虑人事组织、所提供设备的租赁和购买策略。

二、资源计划的方法

(一)专家判断法

专家判断对于资源计划的制订是最为常用的，专家可以是任何具有特殊知识或经过特别培训的组织和个人，主要包括：

(1)组织的其他职能部门；

(2)顾问；

(3)技术委员会；

(4)工业组织。

(二)特尔斐法

特尔斐法需要有一名协调者去组织专家进行项目资源需求计划的安排，然后汇总专家的意见，最终整理编制项目资源计划。它的优点：主要依靠专家判断，适合于创新性的项目；它的缺点：在专家水平不一和意见不一致时，容易使项目资源计划存在问题。

(三)统一定额法

统一定额法是指使用国家或民间统一的标准定额和工程量计算规则制订项目资源计划的方法。所谓统一标准定额，是指由权威部门(国家或民间)制定的为完成一定量的项目工作所需要消耗和占用的资源质量和数量限额标准。套用统一标准定额是编制项目资源计划最简单的方法。但是，由于统一标准定额相对固定，无法适应现代技术、工艺及生产率的快速变化，所以现在很多国家都放弃使用这种方法。

(四)数学模型

如网络计划中的资源分配模型和资源均衡模型等。

(五)资料统计法

资料统计法是指使用历史项目的统计数据资料，计算和确定项目资源计划的方法。它比较准确合理，切实可行。但这一方法要求有详细的历史数据，所以实施起来有一定难度。

(六)项目管理软件法

项目管理软件法这是使用现成的项目管理软件去编制项目资源计划的方法。现在市场上已经有许多项目资源计划编制方面的通用软件系统，不仅可以储存资源库信息，而且可以定义资源的使用定额，以及确定资源需求的时间等。但是，这种系统有不同的复杂程度和功能强度，需要根据项目的需要进行必要的选用。

三、资源计划的结果

通过以上方法，最后编制一份项目资源计划书：列出各种资源的需求计划，进行具体描述资源的需求安排，主要用各种形式的表格予以反映。

第二节　费用估计与预算

费用估计指的是预估完成项目各工作所需资源（人、材料、设备等）的费用的近似值。当项目在一定约束条件下实施时，价格的估计是一项重要的因素；费用估计应该与工作质量的结果相联系；费用估计过程中，应该考虑各种形式的费用交换。例如，在多数情况下，延长工作的延续时间通常是与减少工作的直接费用相联系在一起的，相反，追加费用将缩短项目工作的延续时间。因此，在估计费用的过程中必须考虑附加的工作对工程期望工期缩短的影响。

一、费用估计的主要依据

（一）工作分解结构（WBS）

WBS 是制订资源计划的主要依据，同样是估算成本的重要内容。工作分解结构常用图的形式表示出来。

（二）资源需求计划

即资源计划和安排结果。

（三）资源价格

为了计算项目中各项工作的费用，必须知道各种资源的单位价格，包括工时费、单位体积材料的费用等。如果某种资源的实际价格不知道，就应该给它的价格作出估计。

（四）工作的延续时间

工作的延续时间将直接影响项目工作经费的估算，因为它将直接影响分配给它的资源数量。

（五）历史信息

同类项目的历史资料始终是项目执行过程中可以参考的最有价值的资料，包括项目文件、共用的项目费用估计数据库及项目工作组的知识等。

(六)会计表格

会计表格说明了各种费用信息项的代码结构，这对项目费用的估计应与正确的会计目录相对应很有帮助。

二、费用估计的工具和方法

(一)类比估计法(经验估算法)

通常是与原有的类似已执行项目进行类比，以估计当期项目的费用。

(二)参数模型法

将项目的特征参数作为预测项目费用数学模型的基本参数。如果模型依赖于历史信息，模型参数容易数量化，且模型应用仅是项目范围的大小，则它通常是可靠的。这种方法主要分为指数估算法和系数估算法。

1. 指数估算法

指数估算法在估算工厂建设及成套设备价格时都可以采用。其优点是利用已知条件，很快就能估算出投资。只要资料可靠，条件基本相同，求得的结果是很接近实际的。其计算公式为：

$$X = Y\left(\frac{C2}{C1}\right)^n$$

其中：X——新项目所需投资；

Y——已知项目的投资；

$C1$——已知项目的生产能力；

$C2$——新项目的生产能力；

n——指数(一般情况下 n 小于 1)。

指数 n 是一个关键因素，在不同的建设水平、不同的行业和不同工艺流程的项目中都有不同的指数。在国外，各行业都曾根据大量实际资料测算出各种工艺流程的指数，供估算投资时参考。

采用指数估算法要注意以下两点。

(1)对于各种指数的选择，应采取分析的态度。例如，扩大生产规模，增大设备或装置的尺寸(规格)和增加设备或装置的数量，其 n 值应该有所不同，前者 n 小些，后者则 n 大些。

(2)准备估算投资项目的生产能力与原有项目的生产能力的比值有一定限制范围，一般在 10 倍以下比较合适，不然会影响估算的精确度。

2. 系数估算法(因子估算法)

其计算公式为：

$$X = E \times K$$

式中：X——新项目所需投资；

E——因子(或系数)；

K——已知项目的投资。

因子估算法分为设备系数法和设备及厂房系数法。

(1)设备系数法：当项目的工艺设备已经选定，其他方面还未设计时，采用设备系数法比较合适。

估算成套工艺设备到现场的价格(设为 K)；设备及其安装费 A=1.43K

设备配套安装 B=A×1.6

直接建设费 D=B×1.5

总建设费 D×1.38=4.74K

设备系数法的特点就是非常简单，但精确度不高。因为成套工艺设备组成的变化、设备规格的不同以及设备使用材料的差异，都会影响设备的价格。只以设备价格为基础计算总投资，当然不会得到较精确的结果。

(2)设备及厂房系数法：它是在工艺设备及设备厂房的高度和面积可以确定的情况下，应用的一种系数估计法。在这种方法中，工艺设备投资和厂房投资可以分别估算出来，其他与设备关系较大的按设备投资系数来估算，与厂房建设关系较大的按厂房投资系数来计算。两类投资加起来就是整个项目的投资。设备及厂房系数法常常被用到项目的可行性研究中。

3. 从下往上估计法

从下往上的估计法通常首先估计各项独立工作的费用，然后再从下往上汇总估计出整个项目的总费用。

从下往上估计法示意图如图 6-2 所示。

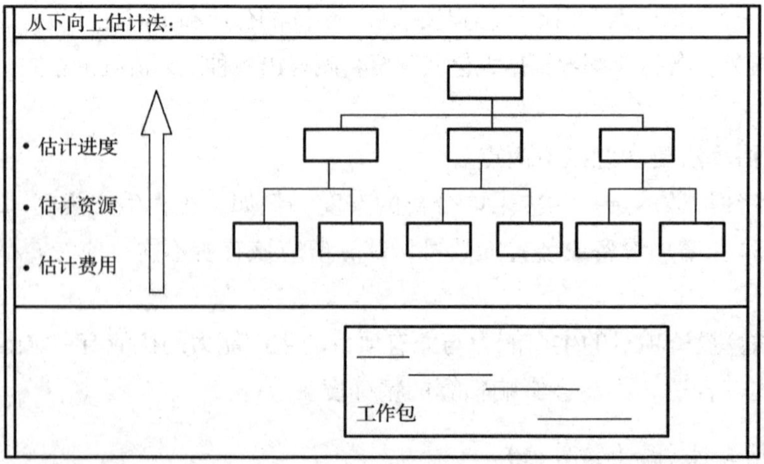

图 6-2　从下向上估计法示意图

在这种估算方法中，大量工作都是在中下层进行的，并逐层向上传递和沟通。在这个过程中，项目的每个单元任务以及它们的时间和预算被估算出来，同时尽可能精确地确定费用。所以这种方法估算的结果比较精确，但由于参加的单位较多，耗用时间长，费用支出大。

在项目的不同时期，可以分别使用上面的三种方法。在项目处于选择和计划时，只能采用经验估算法；当项目经过筛选后，可以用参数估计法进行可行性研究；设计已经完成，项目目标已经确定，则可采用最后一种方法进行详细估算。

在项目管理中可以结合以上几种方法进行估算。一般来说，对于项目的主要部分，如设备投资、基础设施及主要原材料投资等数额大而计算不太复杂的事项应用自下而上法进行详细的成本估算；而对于其他部分，特别是那些内容比较复杂而费用额又较少的事项可以按经验或按参数估算法进行估算。这样，估算结果既具有一定的精确性，又节省时间和费用。

4. 从上往下估计法

同从下往上估计法相反的是从上往下逐步估计的，多在有类似项目已完成的情况下应用。

从上往下估计法示意图如图 6-3 所示。

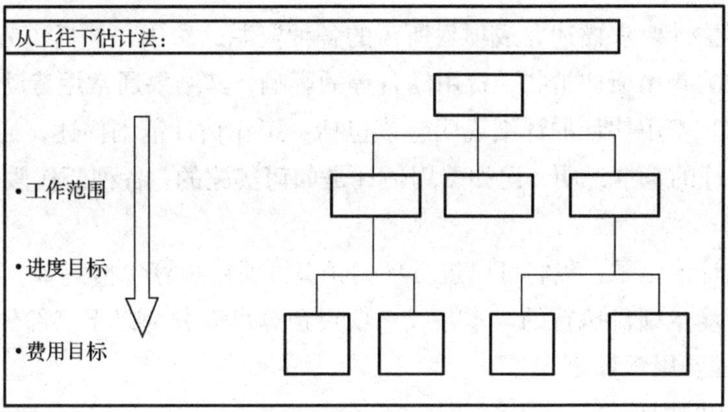

图 6-3 从上往下估计法示意图

例如：

参照图 6-3，我们可以做一个生日聚会的预算，详见图 6-4。

5. 计算工具的辅助

项目管理软件及电子表格软件可以辅助项目费用的估计。

6. 不可预见费用估计

成本估算还应加上适当的不可预见费用。特别是对于工期较长、工程复杂或新开发项目，不可预见费用可能更高。而对于在很大程度上重复过去经验的工程项目和建设工期短的项目，不可预见费用所占比例较低。

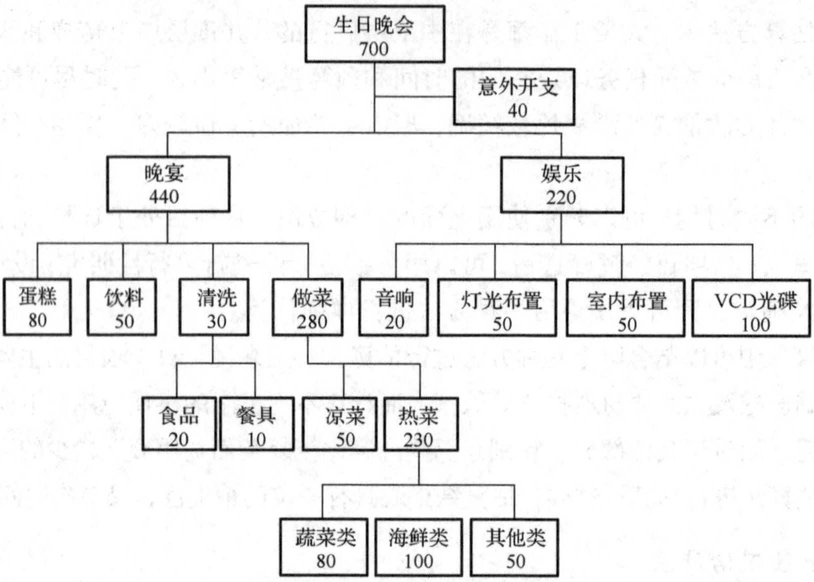

图 6-4　生日聚会预算

三、费用估计的基本结果

项目的费用估计要求描述完成项目所需的各种资源的费用，包括：劳动力、原材料、库存及各种特殊的费用项如折扣、费用储备等的影响，其结果通常用劳动工时、工日、材料消耗量等表示。费用估计的详细说明应该包括：工作估计范围描述，通常是以 WBS 作为参考；对于估计的基本说明，比如费用估计是如何实施的；各种所作假设的说明和估计结果的有效范围。

根据费用估计的结果，我们可以进行项目预算。项目预算包括给每一独立工作分配全部费用，以获得度量项目执行的成本基线。项目预算可以分为以下三部分：

(1) 直接人工费用预算；

(2) 辅助服务费用预算；

(3) 采购物品费用预算。

四、项目预算依赖的主要数据

(1) 上一节费用估计的数据；

(2) 工作分解结构；

(3) 项目进度：费用的分配和安排应该是与进度计划相适应的。

五、项目预算的结果

项目预算的主要结果是获得项目各个阶段所需的费用，可以画出一条费用线，作为度量和监控项目实施过程中费用支出的依据，通常的费用曲线随时间的关系是一个 S 型曲线。这是后面预算分析和成本控制的依据。例如，图 6-5 画出了随着时间的变化，费用的预算支出和实际支出的差异。在项目的管理过程中，可以根据实际情况随时根据此图控制费用的支出和项目的进度安排。

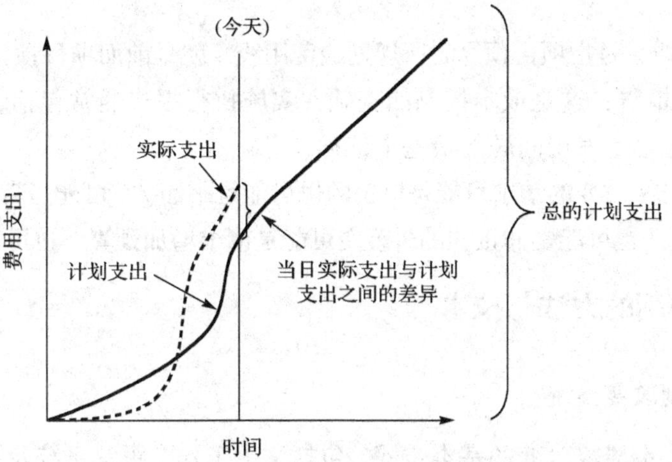

图 6-5　项目预算

第三节　项目预算分析和成本控制

预算分析和成本控制不能脱离技术管理和进度管理独立存在，相反要在成本、技术、进度三者之间作综合平衡。及时、准确的成本、进度和技术跟踪报告，是项目预算分析和费用控制的依据。

成本控制就是要保证各项工作要在它们各自的预算范围内进行。费用控制的基础是事先就对项目进行的费用预算。

成本控制的基本方法是规定各部门定期上报其费用报告，再由控制部门对其进行费用审核，以保证各种支出的合法性，然后再将已经发生的费用与预算相比较，分析其是否超支，并采取相应的措施加以弥补。

一、预算分析和成本控制的内容

预算分析主要关心的是影响费用线的各种因素、确定费用线是否改变，以及管理和调整实际的改变。

成本控制包括：

(1) 监控费用执行情况，以确定与计划的偏差。

(2) 确认所有发生的变化被准确记录在费用线上。

(3) 避免不正确的、不合适的或者无效的变更反映在费用线上。

预算分析还应包括寻找费用向正反两方面变化的原因，同时还必须考虑与其他控制过程（范围控制、进度控制、质量控制等）相协调，比如不合适的费用变更可能导致质量、进度方面的问题或者导致不可接受的项目风险。

二、预算分析和成本控制的依据

（1）项目预算线：是指项目预算时所规划的费用线，就是前面项目预算得出的最终结果。

（2）实施执行报告：这是成本控制的基础，实施执行报告通常包括了项目各工作的所有费用支出，同时也是发现问题的最基本依据。

（3）改变的请求：改变的请求可能是口头的也可能是书面的、可能是直接的也可能是非直接的、可能是正式的也可能是非正式的，改变可能是请求增加预算，也可能是减少预算。

三、成本控制的方法与技术

（一）成本控制改变系统

通常是说明成本线被改变的基本步骤，包括文书工作、跟踪系统及调整系统，费用的改变应该与其他控制系统相协调。

（二）实施的度量

主要帮助分析各种变化产生的原因，挣得值分析法是一种最为常用的分析方法。费用控制的一个重要工作是确定导致误差的原因以及如何弥补、纠正所出现的误差。

（三）附加的计划

很少有项目能够准确地按照期望的计划执行，不可预见的各种情况要求在项目实施过程中重新对项目的费用作出新的估计和修改。

（四）计算工具

通常是借助相关的项目管理软件和电子制表软件来跟踪计划费用、实际费用和预测费用改变的影响。

（五）项目的费用控制图解（如图 6-6 所示）

（六）挣得值方法

挣得值方法（一般也称为挣值法）是对项目进度和费用进行综合控制的一种有效方法。

1. 挣得值方法的三个基本参数

（1）计划工作量的预算费用（Budgeted Cost for Work Scheduled，BCWS）。BCWS 是指项目实施过程中某阶段计划要求完成的工作量所需的预算工时（或费用）。计算公式为：BCWS=计划工作量×预算定额。BCWS 主要是反映进度计划应当完成的工作量。

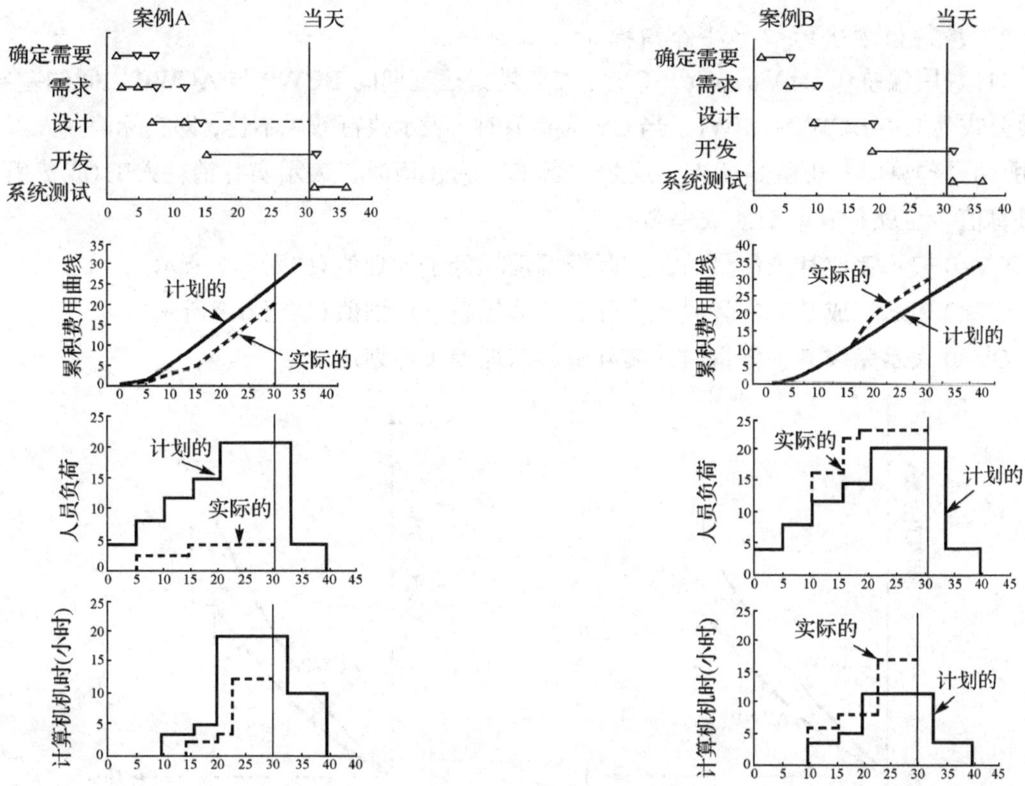

图 6-6　项目的费用控制图解

例如：某项目打算安装一台 WEB 接入服务器，预计硬件、软件、安装等用一周的时间，购买软硬件及请别人安装等的成本预算为 3 万元。这一周的计划工作预算费用 BCWS 就是 3 万元。

(2)已完成工作量的实际费用(Actual Cost for Work Performed，ACWP)。ACWP 是指项目实施过程中某阶段实际完成的工作量所消耗的工时(或费用)。ACWP 主要是反映项目执行的实际消耗指标。

例如，上例中，最后实际用了两周时间，完成了服务器的购买和安装。在第一周花 2.5 万元购买了服务器，在第二周花 0.5 万元完成了安装工作。则第一周的 ACWP 为 2.5 万元，第二周的 ACWP 为 0.5 万元。

(3)已完工作量的预算成本(Budgeted Cost for Work Performed，BCWP)。BCWP 是指项目实施过程中某阶段按实际完成工作量及按预算定额计算出来的工时(或费用)，即挣得值(Earned Value)。BCWP 的计算公式为：

$$BCWP=已完工作量\times预算定额$$

例如，上例中，你认为第一周购买了服务器和软件，是完成总计划工作量的 70%，你第一周的计划成本是 3 万元。那么你第一周的挣得值就是：

第一周的 BCWP=70%×3=2.1(万元)，即你在第一周时间点上的挣得值是 2.1 万元。

2. 挣得值方法的四个评价指标

(1) 费用偏差(Cost Variance，CV)：CV 是指检查期间 BCWP 与 ACWP 之间的差异，计算公式为 CV=BCWP−ACWP。当 CV 为负值时，表示执行效果不佳，即实际消费人工(或费用)超过预算值，也就是超支。反之，当 CV 为正值时，表示实际消耗人工(或费用)低于预算值，也就是有节余或效率高。

CV>0 表示完成某工作量时，实际资源消耗低于计划值(如图 6-7 所示)。

CV<0 表示完成某工作量时，实际资源消耗高于计划值(如图 6-8 所示)。

CV=0 表示完成某工作量时，实际资源消耗等于计划值。

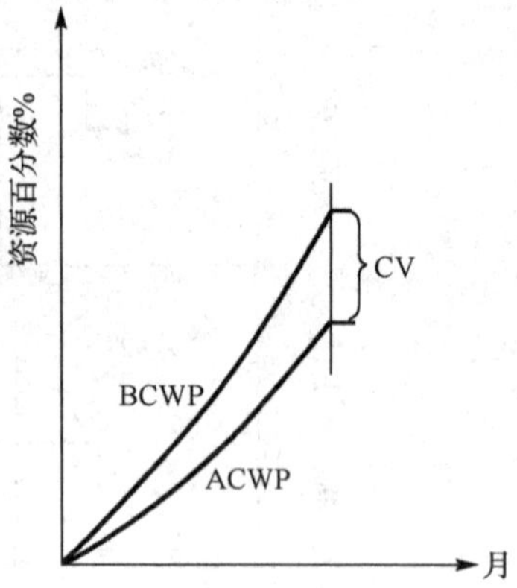

图 6-7　CV>0

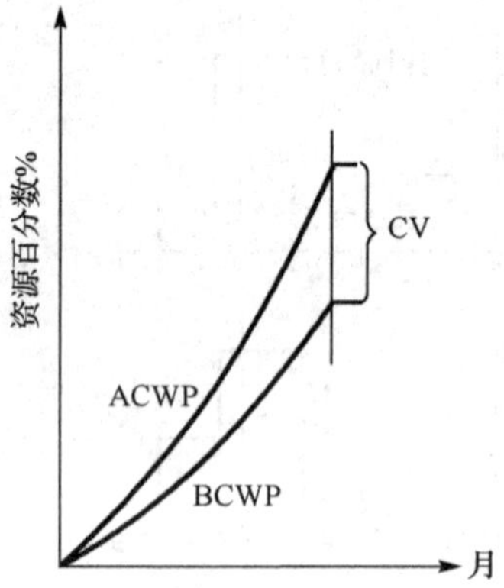

图 6-8　CV<0

(2) 进度偏差(Schedule Variance，SV)：SV 是指检查日期 BCWP 与 BCWS 之间的差异。其计算公式为 SV=BCWP−BCWS。当 SV 为正值时表示进度提前，SV 为负值表示进度延误。

SV>0 表示实际完成工作量超过计划预算值，即进度提前(如图 6-9 所示)。

SV<0 表示实际完成工作量小于计划预算值，即进度拖延(如图 6-10 所示)。

SV=0 表示实际完成工作量等于计划预算值，即符合计划进度。

(3) 费用执行指标(Cost Performed Index，CPI)：CPI 是指预算费用与实际费用值之比(或工时值之比)。

$$\text{CPI}=\frac{\text{BCWP}}{\text{ACWP}}$$

CPI>1 表示低于预算。

CPI<1 表示超出预算。

CPI=1 表示实际费用与预算费用吻合。

(4) 进度执行指标(Schedule Performed Index，SPI)：SPI 是指项目挣得值与计划值之比，即 SPI=BCWP/BCWS

SPI>1 表示进度提前。

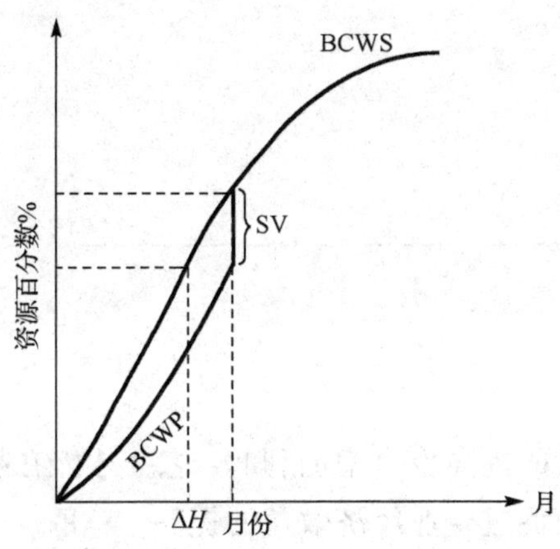

图 6-9　SV>0

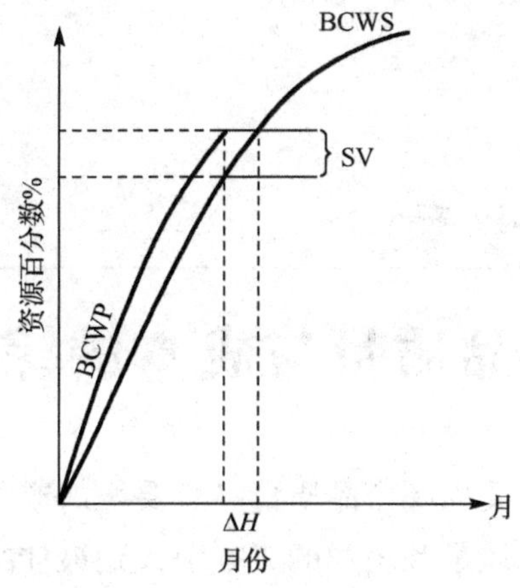

图 6-10　SV<0

SPI<1 表示进度延误。

SPI=1 表示实际进度等于计划进度。

例：图 6-11 为费用执行和进度执行图。

表明 CPI<1，同时 SPI<1，即该企业的项目不仅费用超出预算，而且进度延误。

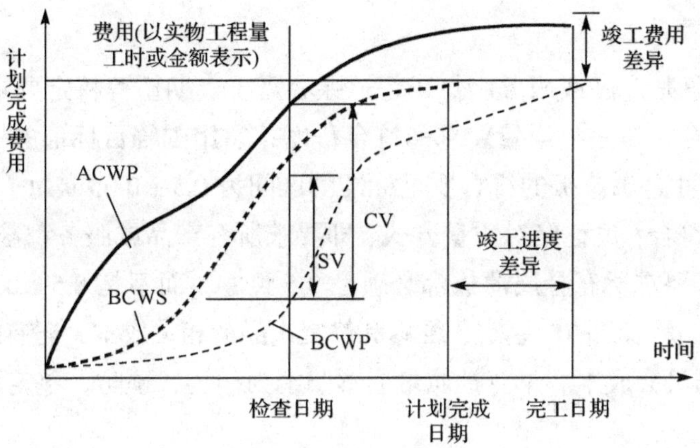

图 6-11　费用执行和进度执行图

四、成本控制的结果

(1)修订费用估计，对预算进行更新。也就是说，在项目进行过程中发现过去的预算考虑不周全，需要对预算进行调整。

(2)纠正活动。比如在项目进行过程中发现有浪费现象，费用失控，需要马上纠正，采取补救行动，以确保项目按预算计划完成。

这些活动可以为以后类似的项目总结经验教训。

第七章

产品质量与成本的综合分析

要提高产品质量势必要增加成本，但产品质量的提高也会增加利润，怎样才能在提高产品质量和增加的成本中找到最佳结合点，很好地促进企业经济效益的提高，是每一个企业孜孜以求的。这一章我们主要研究产品质量和成本的综合分析，努力找到提升产品质量的最佳点，取得最佳的成本效益比。

第一节　质量成本分析

一、基本概念

(1) 质量：质量是产品或服务满足或超过顾客需求、期望等特定要求的程度。

(2) 区间性符合：是一种质量要求的符合程度，它用围绕目标值的一定变动范围来表示。如制造 0.5 英寸金属薄板的符合质量标准的区间为 0.5 ± 0.05 英寸。

(3) 绝对质量符合：也称绝对质量方式，即要求所有产品或服务都准确且符合目标值，没有一点误差。如要求所有金属薄板都必须是 0.5 英寸，而不是 0.5 ± 0.05 英寸。

(4) 质量成本：是与预防、鉴定、维修和修复次品的相关成本，还有因浪费生产时间和销售次品而导致的机会成本。朱兰把质量成本归纳为四类：预防、鉴定、内部失败、外部失败。

二、质量损失函数

二次函数可以较好地描述近似损失。一般用 $L(x)$ 表示损失函数，用观测值 x 表示产品或服务的质量特性。

$$L(x)=k(x-T)^2$$

式中：x=质量特性的观测值；

T=质量特性目标值；

k=成本系数，由公司失败成本决定，可用下面的关系式来确定：

$$K=\frac{\text{总质量成本}}{(\text{可容忍误差})^2}$$

例 1：某企业金属薄板的厚度目标值为 0.5 英寸，该企业了解到只要金属薄板的厚度与目标值的误差超过 0.05 英寸客户就会拒绝接受，每个客户的每次退货给企业造成的成本为 5 000 美元。这 5 000 美元的企业成本包括维修或退换、加工、服务成本（由于客户不满意而产生的其他损耗）。求成本系数 k。

$$K=\frac{5\ 000}{0.05^2}$$

$$K=2\ 000\ 000（美元）$$

如果一个产品的实际厚度为 0.47，求该产品的质量损失。

$$L(0.47)=2\ 000\ 000\times(0.47-0.5)^2=1\ 800（美元）$$

如果其厚度为 0.46，则质量损失增加到：

$$L(0.46)=2\ 000\ 000\times(0.46-0.5)^2=3\ 200（美元）$$

例 2：质量损失函数的另一用途是确定经营可容忍误差范围。假设在例 1 中，企业在装运之前修理损坏产品的费用仅为 300 美元，企业可以确定其可容忍误差范围如下：

$$K=\frac{总质量成本}{(可容忍误差)^2}$$

$$总质量成本=K\times(可容忍误差)^2$$

$$300=20\ 000\ 000\times(可容忍误差)^2$$

$$可容忍误差=0.012\ 2$$

因为在装运之前返工或维修的费用较少，所以特定规定应为 0.5 ± 0.012 2

三、预防成本

预防成本是指设法保证让我们第一次就做对的费用。这些费用的发生是为了防止以后不合格的产品重复出现。它在所有产品制造过程中关注与顾客满意相关的质量、可靠性、安全需求等问题。

典型的预防成本由以下几部分组成：

(1) 质量策划（包括设计、制造以及质量体系等方面）；

(2) 过程优化；

(3) 质量培训（教师费用、培训设备、外部培训的学费、培训薪金和工资等）；

(4) 开发和实施可靠性测量和计算方法、质量分析技术，以及质量信息系统等；

(5) 对经销商和顾客满意的需求的评价。

四、鉴定成本

鉴定成本是指检查用以确保我们能第一次就做对的费用。这些费用发生在对目前生产的测量、评价和控制上，用来确定产品是否符合要求，它包括一些与设备和服务有关的费用。

典型的鉴定成本有：

(1)检验策划；

(2)实验室试验；

(3)过程控制(原材料检验、半成品检验、产成品检验等)；

(4)质量审核；

(5)破坏性试验；

(6)测量及监视设备的维护和校准。

五、内部失败成本

内部失败成本是指当我们发现我们没有第一次就做对时发生的费用。这些费用发生在产品被发运之前，它是由于产品不符合要求而产生的。

典型的内部失败成本有：

(1)废品和有质量原因的材料；

(2)返修和返工；

(3)降级使用；

(4)生产中发现有质量问题；

(5)追查和修理不合格的产品和材料；

(6)对不合格产品和材料的复检或重新试验；

(7)停工损失；

(8)内部搬运、储存损坏；

(9)额外操作的费用。

六、外部失败成本

当顾客发现我们没有第一次做好，而要求返修、退货和补偿时发生的费用。这些费用发生在产品发运之后，它是由于产品不合格而产生的。

典型的外部失败成本有：

(1)顾客抱怨的处理和调查；

(2)退货；

(3)售后服务费用(免费更换、担保、赔偿等)；

(4)运输造成的损坏；

(5)不合格品交付引起的索赔；

(6)额外操作的费用。

七、无形质量成本

一种无形的质量成本，经常被称为“隐性质量成本”。最重要的无形质量成本是质量问题和公司运作的延误降低了企业在市场中的形象，这些都会牵连到企业今后的利润，甚至企业的未来(如图 7-1 所示)。

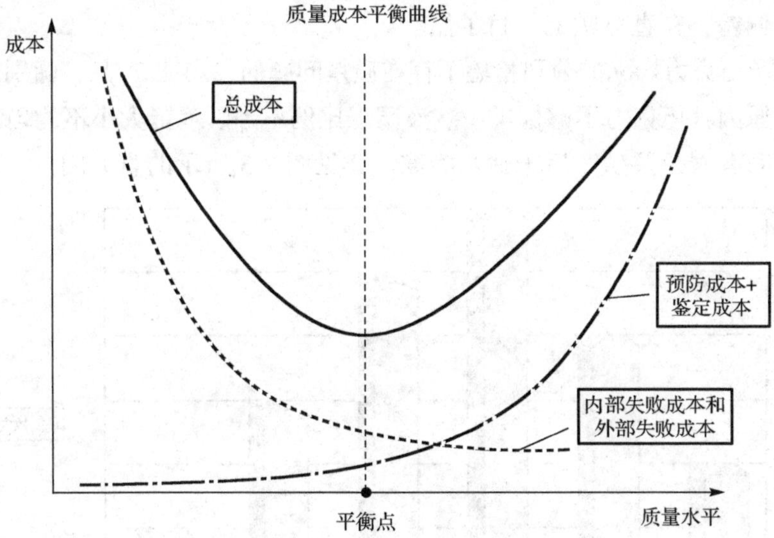

图 7-1　质量成本平衡曲线

八、质量成本管理工具

为了达到质量管理目标，企业需要在真正重大的质量问题发生时识别并解决它们。为识别重大的质量问题，许多很有帮助的工具都可利用，如控制图、直方图、帕累托图、头脑风暴法和因果图。

(一)控制图

控制图的横坐标为样本(子样) 序号、时间间隔、批次或生产周期，纵坐标为被控制对象，即被控制的质量特性值(如图 7-2 所示)。控制图上一般有三条线：

(1)上控制界限(UCL)；

(2)下控制界限(LCL)；

(3)中心线(CL)。如企业规定所有钻头的直径必须控制在 0.125 ± 0.000 5 英寸。

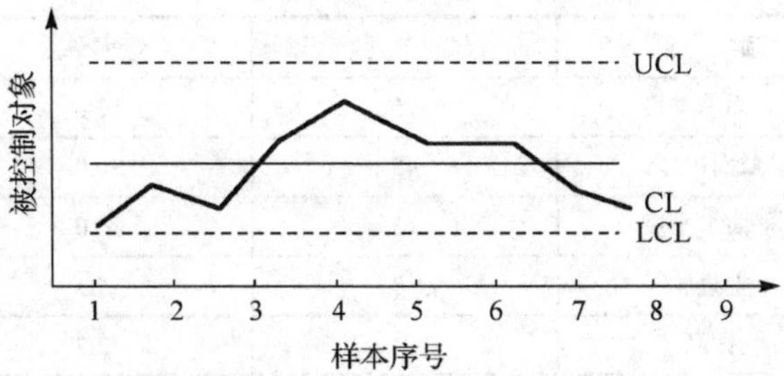

图 7-2　控制图的基本形状

（二）直方图

直方图是用给定的一组数据对某些事件发生频率的图形描述。从一组数字上难以看清的分布状态或偏差，在直方图上一目了然。

如一家生产巧克力奶冻的公司检验了存在质量问题的 210 批产品，甄别出生产线质量不稳定的六个原因：巧克力不够标准、溶液调配比例不当、鸡蛋大小不均匀、搅拌速度不均匀、搅拌时间有误差及生产后未适当冷冻。详见图 7-3 所示的直方图。

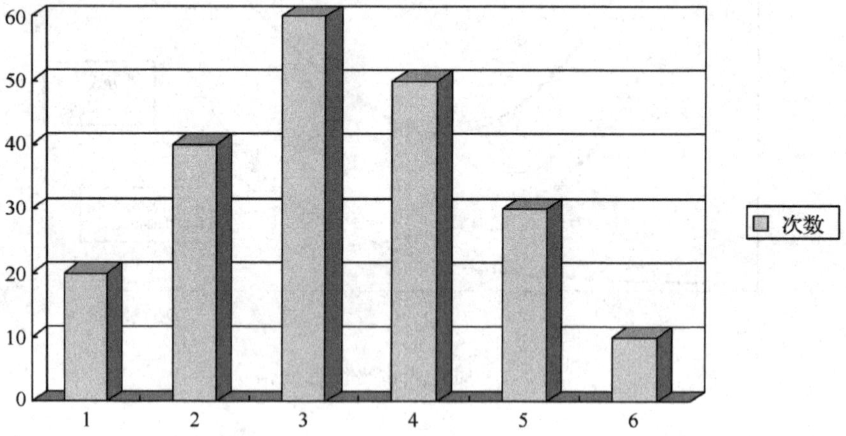

因素：1. 巧克力质量　　4. 搅拌速度

2. 溶液　　5. 搅拌时间

3. 鸡蛋大小　　6. 不正确的冷冻

图 7-3　某公司的直方图

（三）帕累托图

帕累托图是按促成质量问题的各种因素的发生频率由高到低排列而成的直方图。朱兰在 20 世纪 50 年代观察得出的大部分质量问题，通常都是由少数几个原因引起的，因而叫帕累托（如表 7-2、图 7-4 所示）。

例：

表 7-2　不合格点项目频数统计数

序　　号	项　　目	频　　数	频率（%）	累计频率（%）
1	表面平整度	75	50.0	50.0
2	截面尺寸	45	30.0	50.0+30.0=80.0
3	平面水平度	15	10.0	80.0+10.0=90.0
4	垂直度	8	5.3	90.0+2.3=95.3
5	标高	4	2.7	95.3+2.7=98.0
合计		150	100	100

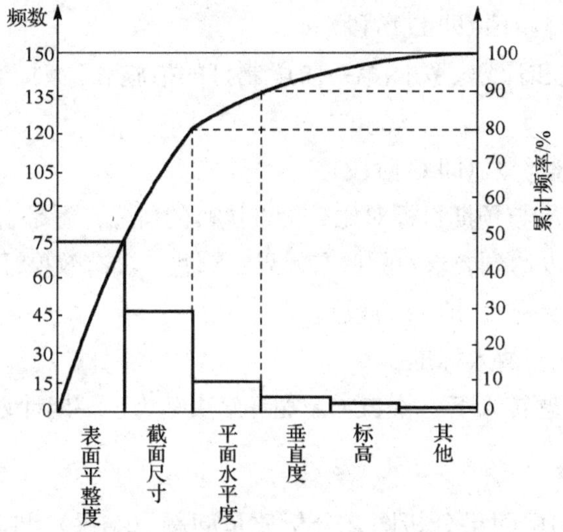

图 7-4　混凝土构件尺寸不合格点排列图

（四）头脑风暴法

头脑风暴法源于古希腊，是在很短的时间从一组人员中集思广益的一种方法。头脑风暴法能够发现问题，找到根源，并针对质量问题寻求解决之道。

头脑风暴法的一些基本原则是：

1．对任何人的观点不用言语或行为进行评判；

2．一旦观点提出，除非是补充说明，不必再做深入探讨；

3．没有所谓愚笨的观点。

4．每一位成员一次只提一种观点；

5．一直进行到大多数成员都发表过一种观点，否则任何成员都不能继续提更多的观点；

6．过程不应由某个人控制；

7．在会议期间不应该出现任何谴责之声。

（五）PDCA 循环方法

PDCA 循环包括：策划（Plan）、实施（Do）、检查（Check）、处置（Act）。整个循环可划分为四个阶段八个步骤。

(1)第一阶段是策划阶段（即 P 阶段）。

制定质量方针、管理目标、活动计划和项目质量管理的具体措施，具体工作步骤可分为四步：

第一步，分析现状，找出存在的质量问题；

第二步，分析产生质量问题的原因和影响因素；

第三步，找出影响质量的主要原因和影响因素；

第四步，制定改进质量的技术组织措施，提出执行措施的计划，并预计其效果。

(2) 第二阶段是实施阶段（即 D 阶段）。

第五步，实施措施和计划。按照第一阶段制订的措施和计划，组织各方面的力量分头去认真贯彻执行。

(3) 第三阶段是检查阶段（即 C 阶段）。

第六步，将实施效果与预期目标对比，检查执行的情况，看是否达到了预期效果，并提出哪些做对了？哪些还没达到要求？哪些有效果？哪些还没有效果?再进一步找出问题。

(4) 第四阶段是处置阶段（即 A 阶段）。

第七步，总结经验、纳入标准；

第八步，把遗留问题转入下一轮 PDCA 循环解决，为下一期计划提供数据资料和依据。

(六) 因果分析图法

因果分析图法是利用因果分析图来分析质量问题（结果）与其产生原因之间关系的有效工具。因果分析图也称特性要因图，又因其形状常被称为树枝图或鱼刺图。

因果分析图的绘制步骤：

(1) 明确质量问题——结果。画出质量特性的主干线，箭头指向右侧的一个矩形框，框内注明研究的问题，即结果。

(2) 分析、确定影响质量特性大的方面原因。一般从人、机、料、方法、环境方面分析。

(3) 将大原因进一步分解为中原因、小原因，直至可以采取具体措施加以解决。

(4) 检查图中所列原因是否齐全，做必要的补充及修改。

(5) 选择影响较大的因素并做标记，以便重点采取措施。

图 7-5、表 7-3 是对某建筑公司混凝土强度不足这一问题画出的因果分析图和解决办法。

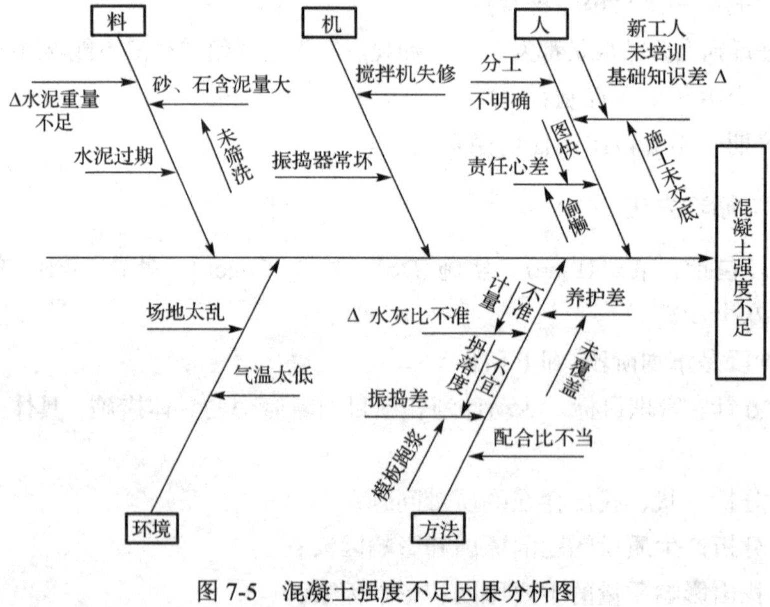

图 7-5　混凝土强度不足因果分析图

表 7-3 对策计划表

项目	序号	产生问题原因	采取的对策	执行人	完成时间
人	1	分工不明确	根据个人特长，确定每项作业的负责人及各操作人员职责，挂牌示出		
	2	基础知识差	组织学习操作规程，做好技术交流		
方法	3	配合比不当	根据数理统计结果，按施工实际水平进行配比计划，进行试验		
	4	水灰比不准	制作水箱 现浇时每半天测砂、石含水率一次 现浇时控制坍落度		
	5	计量不准	矫正磅秤，安装水表		
材料	6	水泥重量不足	进行水泥重量统计		
	7	原材料不合格	对砂、石、水泥进行各项指标试验		
	8	砂、石含泥量大	冲洗		
机械	9	振捣器常坏	使用前检修 施工时配备电工 备用振捣器、铁插杆		
	10	搅拌机常坏	使用前检修 施工时配备检修工		
环境	11	场地乱	认真清理，搞好平面布置，现场实际分片制		
	12	气温变化	准备覆盖材料，养护落实到人		

第二节 作业成本法

作业成本法(Activity-based Costing，ABC)是产生于20世纪80年代末期的一种先进成本管理方法，由哈佛商学院的罗伯特·S·卡普兰(Robert S.Kaplan)和宾夕法尼亚大学的罗宾·库珀(Robin Cooper)提出。

作业成本法是把企业经营过程划分成一系列作业(各种活动)，然后通过对作业成本的计量，间接计算出产品的成本。

一、关于成本的几个基本概念

(一)成本动因、成本池和成本对象

成本动因：是导致总成本变化的任何因素。对基于成本领先战略进行竞争的企业，核心成本动因的管理非常重要。

成本池(Cost Pools)：成本被归纳为各具意义的不同类别，这些类别被称为成本池。可以用各种不同方式来定义成本池。如通过成本类型(人工成本、材料成本等)、通过来源(第1部门、第2部门、第3部门)或(组装部门、工程设计部门等)，或通过责任人(经理1、经理2、经理3)。

成本对象(Cost Object)：为了某种管理目的而将成本进行分配的任何产品、服务或组织单位被称为为成本对象。一般来讲，产品和服务都是成本对象，而生产部门既可能是成本池也可能是成本对象。

(二)成本归集与成本分配

成本归集(Cost Assignment)：是将成本归集到成本池或将成本从成本池归集到成本对象的过程。

直接成本(Direct Cost)：可以很容易追溯到成本池或成本对象。如生产一个特定产品所耗的材料便是直接成本，因为它可以直接追溯到这件产品中去。同样，航空公司制作乘客机票的成本也是所提供服务的直接成本。

材料成本通过成本池(生产部门)来归集，然后分配到每个产成品。产成品就是成本对象。对于直接成本，成本动因就是成本对象的单位个数。

间接成本：是由两个或两个以上的成本池或成本对象引起的，不便于将其直接追溯到任何一个成本池或成本对象。如生产监督成本和材料处理成本。

由于间接成本不能直接直接追溯到成本池或成本对象，成本归集时就需使用成本动因。例：如果材料处理成本的成本动因是零件数量，那么材料处理成本就可基于单个产品所含零件数量而归集到每一件产品中去。

成本分配与分配基础：将间接成本归集到成本池或成本对象的过程称为成本分配(Cost Allocation)。

由于将成本归集项目直接追溯到成本对象不可能办到，因此，一般用成本动因来替代。用于成本分配的成本动因常被称为分配基础(Allocation Bases)。

例：家电制造业中成本、成本池、成本对象和成本动因之间的关系如图 7-6 所示。

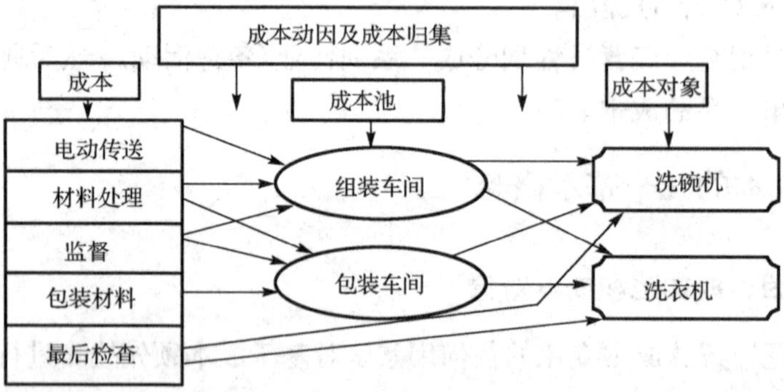

图 7-6　成本动因及成本归集

(三)成本动因的类型

有四种成本动因：作业基础的成本动因、数量基础的成本动因、结构性成本动因和执行性成本动因。

1. 作业基础的成本动因

作业基础的成本动因通过作业分析来识别，它详细描述了企业生产中的具体作业，这一描述包括产品生产或服务提供过程中的每一步骤。如机器准备、产品检查、材料处理和包装。对每一项作业都建立一个成本动因以解释由作业引起的成本如何变化。

例：一家银行的作业与成本动因(如表 7-4 所示)。

通过作业成本动因分析，我们可以：(1)识别哪些作业为顾客贡献价值而哪些不能；(2)关注那些最耗成本的作业及与期望大相径庭的作业。

表 7-4　某银行的作业与成本动因

作　　业	成 本 动 因
提供自动提款机的服务	自动提款机的交易次数
提供存取款的服务	银行客户存取款次数
开户和销户	开户和销户数
给客户提供建议	接受咨询客户数
签发旅行者支票	要求开支票数
电脑更新客户账户余额	更新账户数量
调查异常交易	调查的交易数
定期测试现金和交易处理的内控问题	测试次数，基于公司政策，部分由新员工人数和以前贪污盗窃次数决定
准备新贷款申请(汽车等)	准备的贷款申请数
处理贷款申请	贷款申请处理数
准备批准贷款和付款	批准贷款数
邮寄客户对账单	账户数
处理银行间转账	转账次数
回答客户问询	客户询问次数

2. 数量基础的成本动因

许多类型的成本是有数量基础的，如直接材料和直接人工。数量基础的总成本与数量基础的成本动因(如产品或服务的产出量)之间是非线性关系。当成本动因数量较低时，成本减速增加，这部分归因于更有效的资源利用和更高的生产率。成本减速增加的特征也常被称为边际生产率递增，这意味着随着产出的增加，投入被更高效地利用了。

在成本动因数量较高时，成本开始加速增加，这部分归因于临近生产能力极限时运作效率的低下、资源的低效利用等。这一成本性态符合边际生产效率递减规律。

在成本动因的某一范围内，总成本与成本动因数量间的关系可以假设为线性的，这一范围被称为相关范围(Relevant Range)。

固定成本与变动成本：固定成本(Fixed Cost)是在相关范围内，不随成本动因数量变化而变化的部分。

变动成本(Variable Cost)：是总成本中随成本动因数量变化而变化的部分，如直接材料和直接人工。

阶梯式固定成本(Step-fixed Cost)：它随成本动因而变，但呈离散型的阶梯状。例如，如果一个仓库保管员一天能填写100张货单，那么处理近1 000张货单则需求10名保管员；当需求超过计划1 000张时，便需要第11名保管员。

单位成本(Unit Cost)或平均成本(Average Cost)：等于总成本(材料、人工及间接费用)除以总产量。

边际成本(Marginal Cost)：是指成本动因增加一个单位时增加的成本。假设相关范围内存在线性成本关系，则边际成本等于单位变动成本。

3. 结构性成本动因(Structure Cost Drives)

结构性成本动因具有战略性质，涉及诸如规模、经验、技术、复杂性等有长远影响的计划与决策。

(1)规模(Scale)：应投资多少？企业应该有多大？由于规模经济的结果，大型企业有较低的成本水平。例如，零售商沃尔玛必须决定在指定的年份内增开多少家新店，以实现战略目标并有效竞争。

(2)经验(Experience)：企业在自己当前和计划的产品或服务中拥有多少经验？经验越丰富，开发、生产和配送的成本就越低。例如，惠普尽可能多地使用现有生产方法，以降低工人熟练生产新产品所耗的时间和成本。

(3)技术(Technology)：生产和配送中使用什么技术？新技术可以显著降低成本。例如，宝洁公司使用计算机技术监测客户(主要是大型零售商)手中拥有多少宝洁产品，从而迅速配送货物。在英特尔公司，技术创新能提高个人电脑的微处理器的处理能力，大大降低其计算的成本，而公司的单位生产成本并没有显著改变。

(4)复杂性(Complexity)：企业的复杂程度如何？企业有多少不同的产品？多产品企业(如宝洁公司)在日程安排、生产流程管理方面的成本较高，而且还有产品开发上游成本及分销与服务下游成本。这些企业通常使用作业成本法来更好地识别成本及不同产品、供应商和客户的盈利性。

使用结构性成本动因的战略分析有助于企业改进其竞争定位，这些分析包括价值链分析和作业管理。

4. 执行性成本动因(Executional Cost Drives)

执行性成本动因是企业在短期经营决策中进行管理以降低成本的一些因素，包括以下几方面。

(1)员工参与(Workforce Involvement)：员工对持续改进和质量尽心尽力吗？如果员工有这样的承诺，成本将更低。拥有强大员工关系的企业(如联邦快递)能够显著降低成本。

(2)生产过程设计(Design of the Production Process)：流程和设备的设置和生产的安排可否改进？加速产品在企业内的流动可降低成本。生产技术的创新者，如摩托罗拉和艾伦—布拉得利公司都能显著降低成本。

(3)供应商关系(Supplier Relationships)：原料和外购部件的成本、质量和配送可否改进？这种改进可以降低总成本。沃尔玛和丰田等企业都与质量一流、送货及时的供货商签订协议，从而在一定程度上维持低成本优势。

（四）产品与服务成本核算中的成本概念

产品成本（Product Cost）：仅包括制成产品的必要成本。

（1）直接材料（Direct Material）：产品生产所耗费的材料，最终成为产成品的物质组成部分。

（2）直接人工（Direct Labor）：产品生产中所耗费的人工。

（3）工厂间接费用（Factory Overhead）：间接材料、间接人工和支持生产的设施。

（4）期间成本（Period Costs）：管理费用、销售费用、财务费用。

（五）计划与决策中的成本概念

（1）相关成本（Relevant Cost）：当决策者必须在两个或两个以上的选择中进行挑选时，相关成本的概念便产生了。为了决定哪个选择是最好的，决策者必须确定哪个选择的收益最大，通常收益用货币计量。相关成本具有两个特点：①每项选择的相关成本各不相同；②相关成本发生在将来。

（2）差异成本（Differential Cost）：是每种决策选择间的成本差量，并与决策者的选择相关。差异成本可能是与决策直接相关的成本（机器的购买成本便是更新旧机器的直接后果），也可能是与决策间接相关的成本（更新机器导致了一些成本项目的差异，如维护成本和电力成本）。

（3）机会成本（Opportunity Cost）：是选择某项方案后，放弃其他方案所损失的收益。例如，如果销售经理选择放弃新顾客的订单，以保证现有顾客的订单可以按时交货，那么，该决定的机会成本就是放弃的订单的潜在收益。

（4）沉没成本（Sunk Cost）：是指过去已经发生的一些无关成本，因为决策者不能改变它们。例如，一家企业购买了一台无质量保证的新机器，第二天机器坏了，那么买价对当前更新/修理决策而言，便是无关的。

决策者容易错误地将沉没成本作为相关成本——决策者存在这么一种固有的偏见。心理学家卡尼曼（Kahneman）和特韦尔斯基（Tversky）发现，决策者更愿意投资去“收回”沉没成本而非赚取同样的利润；类似的，怀特（Whyte）也发现，决策者倾向于不断增加投入，尽管那些投入已经是沉没成本了。

（六）管理控制和经营控制中的成本概念

（1）可控成本：如果管理者或员工在给定时期内（一般是短期）可以决定发生或可以显著影响成本金额，我们便说成本是可控的（Controllable）。例如，店铺的租金和保费对商店管理者而言是不可控的，整个企业的管理费用对于分部经理而言也是不可控的。相反，员工可以控制其工作区域内的材料和人工，同样广告费用和维护费用也在产品经理或分部经理的控制范围之内。

就员工和管理者的激励而言，管理者和员工应只对其可控成本负责，要求他们对超出自己控制范围的成本负责是不公平的和缺乏激励的。

(2)风险偏好对激励和决策的影响：风险偏好(Risk Preferences)指每个决策者区别对待各选择项，因为他们给予确定后果的权数与他们给予不确定后果的权数是不同的。例如，人们不喜欢风险是正常的，因此会更喜欢确定的50元，而不是50%可能性的100元；另外，愿意冒风险的人会选择冒险，赢取100元。为了恰当地激励和决策，管理和经营控制系统的设计应倾向于降低风险偏好的不利影响。

二、作业成本法的具体实施和计算方法

(一)作业成本法应用的一个实际案例

雅利桑那，菲尼克斯—AEROTECH公司宣布它的定价结构要经历一次重大的转变。这家企业生产飞机雷达和通信设备用的电路板，它已面临亚洲和欧洲企业的竞争。AEROTECH企业总裁克雷斯丁·斯科特说："过去几十年来，我们的竞争对手一直在压低我们2号产品的价格。那是我们公司产量最高的产品，而且我们认为我们的生产效率并不比别人低。我们不明白为什么我们的竞争对手制定出的产品价格远低于我们的价格。同时在我们看来，我们从3号电路板受益匪浅。3号电路板是我们生产工艺最复杂的产品，它的销量远低于1号和2号电路板的销量。3号电路板是一种高度专业化的产品，我们的竞争者似乎不想涉及3号电路板的市场。即使我们数次提高3号电路板的价格，客户仍然源源不绝。"

公司的副总经理约翰·斯通补充道："我发现整个形势令人迷惑。为什么你以最高效率生产一种高产量的产品，但却只能从市场中获得最低的回报，并且还面临降价的压力？我们所有的人都关心这种现象。而2号产品是我们的主营产品。"

为什么AEROTECH公司要剧烈地改变公司的定价政策呢？斯科特说："要求会计人员能解决这一问题。我们的总会计师听说一种能提供更准确的产品成本的计算方法，它关注公司制造每种产品中涉及的作业，它还计量作业消耗的资源量。我们使用这种名为作业成本计算的方法做了一项先期研究。结果发现，我们高估了产量高、工艺简单的产品的成本。本公司1号电路板和2号电路板就是这种产品。但是我们大大低估了3号电路板的成本。3号电路板是一种产量低、工艺较复杂的产品，这些特性使得3号电路板没有承担其应该承担的成本。3号电路板消耗的工程成本和材料处理成本远超乎我们的想象。"

斯科特继续解释道："新产品成本法表明公司的管理当局能轻松地为2号电路板制定能与亚洲和欧洲竞争者竞争的价格。同时为了弥补成本，必须大幅提高3号电路板的价格。"

(二)成本方法的回顾

成本对象是产品，而产品可能是货物，也有可能是服务。

间接成本可能是制造产品或提供服务时发生的成本，也可能是销售产品或进行行政管理时发生的成本。而间接费用必须分配给产品。

如何解决把成本从成本池分配给产品，成本池是个别成本的简单集合。成本池可以是公司，或部门，或作业。

1. 整个公司使用一个分配率

在传统的成本计算中，使用一个间接费用分配率把特定公司的间接费用分配给所有部门的产品。这种分配率分配法可以用于制造企业，也可用于非制造企业。这一方法的核算也很简单，所有的间接成本都记入制造间接费用(实际发生额)账户的一个成本池中，而不考虑引起这些费用的部门或作业。

这样做会引起怎样的结果呢?

这样做会使生产量大、技术不是很复杂或很精密的产品成本偏高；使生产量小、技术上比较复杂或较精密的产品成本偏低，形成不同产品之间成本的严重扭曲，使得出的成本指标不能如实反映不同产品生产耗费的基本面貌。

例如，东风小型机械制造公司成型部门的制造费用过去一直按直接人工工时分配。由于市场竞争的压力，要求会计部门提供可靠的成本信息用于定价决策和成本控制。通过调查分析，认为制造费用分配对产品成本计算影响很大，决定改变传统方法而采用作业成本计算法。

确定作业和作业成本动因：1998 年 6 月，成型部门制造费用总计为 550 000 元，根据成本和作业之间的关系分析，该部门制造费用由三种作业引起，这三种作业是质量控制、机器调控和材料准备，与各项作业相关的成本数据如表 7-5、表 7-6、表 7-7 所示。

表 7-5 作业与相关数据

作　业	成　本　库	制造费用(元)
质量控制	质量控制	250 000
机器调控	机器调控	100 000
材料准备	材料准备	200 000
合计		550 000

质量控制成本与产品抽检件数相关，质量成本动因以产品抽检数为分配基础；机器调控成本与机器调控次数相关，按成本动因调控次数为分配基础；材料准备成本动因以材料整理数量为成本动因。

表 7-6 1998 年成型部门生产 A 和 B 两种产品

项　目	产　品　A	产　品　B
生产数量(件)	6 000	2 000
直接人工工时/件	1.5	1
直接材料成本(元/件)	90	60
材料用量(千克)	3 000	2 000
机器调控次数	3	2
产品抽检比例	10%	20%
小时工资率(元/小时)	30	30

表 7-7　按成本动因确定制造费用分配率

成本库	成本总额(元)	分配基础(成本动因) 抽检件数	分配率
质量控制	250 000	A：6 000×10%=600	250 000÷1 000 =250(元/件)
		B：2 000×20%=400	
		合计　1 000	
机器调控	100 000	3(A)+2(B)=5	100 000÷5=20 000
材料准备	200 000	A：　3 000	200 000÷5 000= 40 元/千克
		B：　2 000	
		合计　5 000	

按各产品消耗的成本动因分配制造费用，如表 7-8、表 7-9 所示。

表 7-8　制造费用分配表

作业成本	分配率	产品 A		产品 B	
		消耗动因	分配成本	单位成本	总成本
质量控制	250 元/件	600 件	150 000 元	400 件	100 000 元
机器调控	20 000 元/次	3 次	60 000 元	2 次	40 000 元
材料准备	40 元/千克	3 000 千克	120 000 元	2 000 千克	80 000 元
合计			330 000 元	220 000 元	

表 7-9　产品成本计算表

成本要素	产品 A(6 000 件)		产品 B(2 000 件)	
	单位成本	总成本	单位成本	总成本
直接材料	90 元	540 000 元	60 元	120 000 元
直接人工	30 元×1.5=45 元	270 000 元	30 元	60 000 元
制造费用	330 000÷6 000=55 元	330 000 元	220 000÷2 000=110 元	220 000 元
合计	190 元	1 140 000 元	200 元	400 000 元

如按传统的方法计算结果会很不同。

直接人工工时：　A 产品　　1.5×6 000=9 000(工时)

　　　　　　　　B 产品　　1×2 000=2 000(工时)

　　　　　　　　合　计　　　　11 000(工时)

制造费用分配率：550 000÷11 000=50(元/工时)

采用传统分配方法，产品单位成本计算如表 7-10 所示。

表 7-10　产品成本计算表

成本要素	产品 A		产品 B	
	单位成本(元)	总成本(元)	单位成本(元)	总成本(元)
直接材料成本	90	540 000	60	120 000
直接人工成本	30×1.5=45	270 000	30	60 000
制造费用	50×1.5=75	450 000	50	100 000
合计	210	1 260 000	140	280 000

传统方法下的产品 A 的单位成本为 210 元，比作业成本法下的 190 元高出 10.5%；而产品 B，传统方法下为 140 元，比作业成本法下的 200 元低 30%。

2. 案例——克莱斯勒公司实施 ABC 法

克莱斯勒公司的经营主管准备用一个能够按过程报告成本并能把增值作业与非增值作业分开的成本制度替换公司旧的成本制度。在阅读了一篇有关作业基础成本法（ABC 法）的文章后，经营主管认为这正是克莱斯勒公司想要的东西。

当克莱斯勒公司引进 ABC 法时，公司不同层次的许多人都反对。这个新的制度把旧的成本制度所隐藏的低效揭示了出来，而且对存在的权力结构提出了威胁。克莱斯勒公司为了改变雇员的抵制行为采取了下列措施。

(1) 用与 ABC 法相关的利益说服了关键人员。

(2) 按照 ABC 法的原则对各层次的员工进行了培训。

(3) 将一个最先实施 ABC 法的分公司作为其他分公司的典型。

(4) 新的成本制度引进后，旧的成本制度立即取消。

在使雇员相信通过作业基础成本法一定能够使管理人员在较好的信息基础上做出较好的决策后，克莱斯勒公司在全公司范围内开始实施作业基础成本法。据估计，从 1991 年实施 ABC 法开始，该公司已通过简化产品设计、消除无效作业，节约了数以亿计的美元。这些利润超出公司最初对 ABC 法投资的 20 倍至 30 倍。

利用作业成本法进行分析可以尽量减少不增值作业。不增值作业包括以下几种类型。

储存：材料、在制品、完工产品的存储很显然是非增值作业，很多公司已经采用即时制来减少购货或生产的库存，甚至消除存货。

等待工作：空闲时间并不增加产品价值。减少人们等待的工作时间，可以减少等待时间成本。

生产过程：管理人员应对整个生产过程进行研究，包括从购货、生产、检验到装运的整个过程。他们应该能确认出哪些作业不增加产品价值。

管理人员应该知道公司是否需要这么多的准备次数，高的质量成本和人工成本是否可以通过检验时间的减少来降低，订货成本是否可以降低等。

第三节　目标成本法、约束理论及生命周期成本法

目标成本法、约束理论和生命周期成本法是三种成本管理方法，这三种方法的共同点是从产品生命周期的角度看产品。

目标成本法主要用于设计作业过程的成本管理，约束理论是一种在成本生命周期中提高速度、降低生产成本的方法，而生命周期成本法则用于成本生命周期全过程以使总成本最小。

一、目标成本法

企业根据竞争性市场价格确定产品或服务的期望成本，从而获取期望利润。

目标成本=竞争性价格-期望利润

(一)为将成本降至目标成本水平，企业有两种选择

(1)通过结合新生产技术，运用先进的成本管理方法，如ABC法，并通过改善组织与人的关系，寻求更高的生产效率，企业就能够降低成本。

(2)通过产品或服务的再设计，公司可降低成本至目标成本水平。此法对很多公司均有益，因为它使人清楚地认识到：设计决定着产品生命周期成本的大部分。通过精心设计，有效降低总成本成为可能。这种达成目标成本的方法首先被运用于日本制造业。

(二)施行目标成本法的五个步骤

(1)确定市场价格。

(2)确定期望利润。

(3)用市场价格减期望利润得出目标成本。

(4)运用价值工程识别降低产品成本的途径。

(5)运用改善成本法和经营控制进一步降低成本。

(三)应用案例：目标成本法在福特汽车公司

根据工业分析师吉姆·哈伯(Jim Harbor)所言，福特汽车公司知道消减成本的真正机会是在设计阶段。福特的工程师和工人们均被问及怎样从 1997 特使(Taurus)模型制造中消减成本，下面是某些建议和每辆轿车的节约额：

(1)一种新型一体化空调托架(4 美元)。

(2)在防溅挡泥板中用再生塑料而不是新塑料(45 美分)；。

(3)从仪表盘后面的金属丝制安全带中去掉一个塑料部件(10 美分)。

(4)重新设计车门铰链栓(2 美元)。

(5)用塑料铸模天花板代替金属铸模天花板(7.85 美元)。

(6)不会在系统之外为汽车安装防盗锁电路(1 美元)。

二、约束理论

为什么速度如此重要？对许多公司来讲，这就是竞争优势。公司需要更快地对问题做出反应，更快地发货。近年来一些最成功的商业模式，如戴尔电脑和亚马逊书店，都是高速的典范。

约束理论(the Theory of Constraint，ToC)，可以加快生产进度，缩短生产周期和提高生产周期效率。

生产周期(Cycle Time)指从接到顾客订单到发货的时间。

生产周期效率(Manufacturing Cycle Efficiency，MCE)=加工时间/整个周期。

MCE 把整个周期分为加工时间(产品的增值作业)、检查时间、原材料处理时间和等候时间等。许多公司希望MCE接近1，那表明在挪动、等待、检查和其他非增值作业上的耗时减少。

约束理论由戈德拉特(Goldratt)和考克斯(Cox)提出，它帮助管理者缩短周期、降低运营成本。在戈德拉特和考克斯提出约束理论之前，管理者们常常花精力来提高制造全过程的效率和速度，而不是将注意力集中于生产过程的约束和瓶颈。约束(Constraints)是减缓产品整个周期的作业。戈德拉特和考克斯使用童子军远足的例子说明，最慢的人就是约束因素，他决定着整个队伍的速度。

三、生命周期成本法

(一)概念

全生命周期成本是指：在系统或产品的整个使用周期内，获得(设计、生产、安装、测试等)、运营与维护，以及生命期结束时对产品的处置所发生的全部成本。

选答题：全生命周期成本计算中的四种成本是：

A. 运作成本/维护成本、废弃成本、直接成本、可变成本

B. 间接成本、辅助成本、开发成本、生产成本

C. 运作成本/维护成本、开发成本和生产成本

D. 间接成本、辅助成本、可变成本和直接成本

这个题主要考生命周期概念，应包括开发、生产、运作、维护这些时间轴上的不同阶段。而直接/间接(辅助)、固定/可变等概念是财务会计科目设置的问题，与系统的时间维度不相干。

所以，应该选C：运作成本/维护成本、开发成本和生产成本。

产品生命周期的总成本经常分为三个部分：上游成本、生产成本和下游成本。

上游成本：包括研发费用和设计费用(原型制作、同步监测和工程设计)。

生产成本：外购成本、直接生产成本和间接生产成本。

下游成本：包括营销和分销(包装、营运、样品、促销和广告)，以及服务和保修(产品召回、服务、产品责任和顾客支持)。

(二)设计的重要性

当管理人员考虑上游成本和下游成本时，设计环节的决策制定很关键。尽管设计环节发生的成本可能只占整个产品生命周期全部成本的非常小的比例，但是设计阶段的决策对企业既定产品、营销和服务计划具有重大影响，因此，它们锁定了其余生命周期成本的大部分。

设计阶段的关键成功因素包括如下几点。

(1)缩短上市时间：在产品开发速度和交货速度非常关键的竞争环境中，减少产品进入市场的时间是第一位的。

(2)减少预期服务成本：通过精细、简洁的设计，通过使用可替换的元件，预期服务成本能大幅降低。

(3)简化制造过程：为了减少生产成本和加快制造速度，设计必须易于生产。

(4)流程规划和设计：制造流程规划应该具有柔性，允许设备快速切换和产品转化，并能利用灵活的制造理念、计算机集成制造、计算机辅助设计和同步工程设计。

(三)应用案例

1. 保时捷、福特和通用汽车的生命周期成本问题

(1)上游成本：保时捷的设计部门成为盈利的部门。

德国汽车厂商保时捷把精英工程人才服务都外包出去了。保时捷有 2 300 个工程师，超过了开发新车型需要的数目。这些优秀工程师吸引了其他汽车厂商，如欧宝、戴姆勒—克莱斯勒公司，甚至还有摩托车厂商哈里戴维森。生命周期对于保时捷的主要好处是，外包工程师可以帮公司赚钱，更重要的是，公司有能力留住世界上最优秀的工程师。

(2)下游成本：通用汽车和福特正在购买特许经销权并开始网上销售。

人们注意到，汽车零售价比给经销商的价格高出至少 25%。福特汽车和通用汽车正在努力降低消费者的成本，简化分销渠道的第一项建议是购买拥有特许经销权的经销商，通用汽车计划购买它们中的 10%以上；第二项建议是建立网站，向消费者直接销售汽车，以加快将汽车交到消费者手中的速度。通用汽车把“从订货到交货的时间”从 1999 年的 8 个星期减少到 2003 年的 4～11 天。

2. 软件企业生命周期成本法应用举例

一个运用生命周期成本法的例子是软件开发商 Analytical Decisions 公司(ADI)，它为银行和其他金融机构提供特殊的软件。ADI 软件被用来分析贷款损失准备金和各式贷款组合。ADI 公司生产两种产品：为大银行所用的 ADI—1 和为较小银行及存贷业务所用的 ADI—2；两种产品每年都升级——年度中偶尔有特殊升级，每次升级都以某种特殊方法改善产品的性能。

起初，ADI 利用工业企业广泛使用的会计软件来分析其盈利性，表 7-19 提供了这方面的报告。

这个分析显示：两种产品都能盈利，尽管有大量研发费用和销售成本，ADI—1(72%，3 260 000/4 500 000)有比 ADI—2(60%，1 495 000/2 500 000)更高一些的毛利率。然而，分析是不全面的，因为 ADI 成本的大部分，如研发和营销费用，并没有包括在产品成本比较中。由于 ADI 的系统设计人员和程序人员以项目组方式工作，因而确定研发成本应

如何分摊给两个产品便相对简单。与之相似，由于 ADI 的销售和客户服务成本也是按产品类别锁定的，这些成本也可追溯，如表 7-20 所示。

表 7-19　ADI 的产品线利润表

单位：元

	ADI—1	ADI—2	合　计
销售额	4 500 000	2 500 000	7 000 000
销售成本	1 240 000	1 005 000	2 245 000
毛利总额	3 260 000	1 495 000	4 755 000
研发费用			2 150 000
销售和服务费用			1 850 000
税前利润			755 000

表 7-20　ADI 的生命周期成本法报告

单位：元

	ADI—1	ADI—2	合　计
销售额	4 500 000	2 500 000	7 000 000
销售成本	1 240 000	1 005 000	2 245 000
毛利	3 260 000	1 495 000	4 755 000
减：			
研发费用	1 550 000	600 000	2 150 000
销售和服务费用	1 450 000	400 000	1 850 000
税前利润	260 000	495 000	755 000

从生命周期成本分析可清楚地看出，ADI—2 是两个产品中更盈利的产品，因为大量的研发费用和销售费用是 ADI—1 发生的。此外，修正分析给 ADI 的管理层提供了寻求成本节约的基础。例如，ADI—1 研发成本与销售服务成本的比例(67%，3 000 000/4 500 000)远高于 ADI—2(40%，1 000 000/2 500 000)，管理层应该调查这归因于不同的客户性质还是 ADI—1 的质量问题。管理人员可运用这种贯穿于产品生命周期的成本分析来寻找节省成本的机会。

第四节　价 值 工 程

价值工程(VE)主要研究的是如何在保证产品质量和尽量提高产品质量的情况下来降低产品的生产成本。

一、价值工程的起源

(一)价值工程的起源

价值工程是以最低的生命周期成本可靠的实现产品必要功能，是着重于功能分析的有组织的活动。价值工程起源于美国，是由美国通用电器公司的设计工程师迈尔斯于 1947 年提出的。第二次世界大战期间，美国的军事工业发展很快，出现了原材料供应紧张、价格不断上涨的矛盾，特别是战后物资奇缺，如何有效地利用资源成了重要课题。当时在通用电器公司供应部门工作的迈尔斯为此进行了大量的研究工作。他首先应用经过化学处理的所谓不燃烧的纸，代替当时供应奇缺的石棉，作为防火材料获得了成功。代用材料不但同样具有不燃烧的功能而且成本大大降低。接着他又进行了其他代用材料的研究，并总结出了一套在保证同样功能前提下采用代用品降低成本的科学方法，于 1947 年发表了当时被称为价值分析的研究成果。以后迈尔斯带领一些助手，专门从事降低成本的研究，并从寻找代用品发展到在功能分析的基础上找出和去掉不必要的费用，随之把价值分析运用到设计过程中，使价值分析发展为价值工程。通用电器公司运用价值工程方法制造了一批价廉物美的电冰箱，在激烈的市场竞争中取得了很大的成功。该公司在开发价值工程上花了 80 万美元，而在头十几年里就节约了 2 亿美元。1954 年美国海军舰船局采用价值分析并签订合同。1956 年价值工程普及到了美国海军各造船厂，后来又逐渐普及到国防部其他单位。1961 年麦克纳马拉任美国国防部部长后，为了提高军用物资采购的经济性和效率，把价值工程和计划评审技术等作为提高效率、降低成本的重要途径，要求国防部的所有计划都要采用这些先进的管理方法。据报道，由于采用价值工程，美国国防部 1963 年财政年度节约 7 200 万美元，1964 财政年度节约 2.5 亿美元，1965 财政年度节约 3.27 亿美元。到 1969 年，连美国航天航空局这种不大考虑成本的部门也开始对价值工程进行研究并培训从事这方面工作的人员了。

目前，价值工程已作为一种相当成熟、行之有效的现代管理技术而受到各国重视。发达国家各个行业从事材料采购、产品设计、试纸生产管理、财务管理的人员都普遍应用了价值工程分析方法，这可能是其经济效益好的一个重要原因。我国 20 世纪 80 年代引进了价值工程方法，但其真正被应用到生产管理实践中的并不多，这与普遍不重视管理有关，也是导致企业经济效益不佳的主要原因之一。改革开放以来，许多企业引进不少国外先进的设备——硬件，但仍采用旧的管理模式，致使先进的设备没有充分发挥作用，所以经济效益并未明显改善，有的甚至由于加大了成本而导致效益下降，有的甚至亏损破产。这就说明要提高企业的经济效益，不仅硬件要先进，软件——管理方法更要先进。也就是说，不但要引进国外的先进设备，更重要的是要引进先进的管理方法，只有这样才能发挥先进设备的作用，才能真正改变企业的落后面貌，提高企业的经济效益。

从以上价值工程的定义产生、发展及国外应用情况可以看出，推广和应用价值工程方法，经济效益是非常显著的。国外的统计资料表明，应用价值工程可使成本降低 30%。我们船舶行业是综合性的大行业，钢铁等原材料消耗很高，如果我们能在全行业像美国船舶局那样推广应用价值工程方法，那么我们每年将会节约巨额资金，我们的船舶成本会有很大的降低，其利润会大大增加，同时也会增强我国船舶工业在国际上的竞争能力。其意义非同寻常，远胜于引进一条先进的生产线。

(二) VE 管理与其他管理的关系

VE 管理与其他管理的关系如图 7-7 所示。

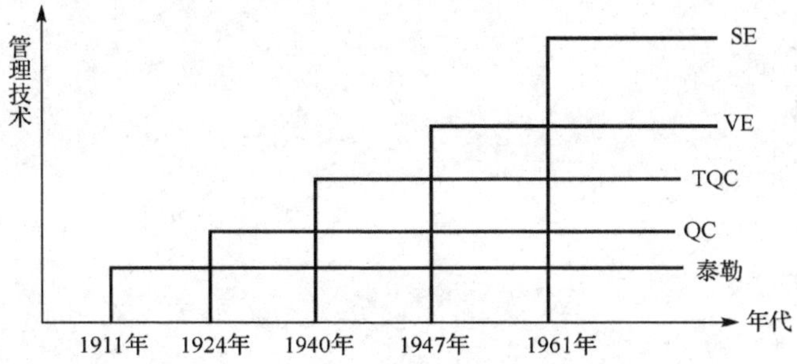

图 7-7　VE 管理与其他管理的关系

(三) 国外价值工程发展的过程

国外价值工程发展的过程大体经历了以下四个阶段。

(1) 降低材料费用，如改变产品形式、尺寸和材质等。

(2) 改进现有产品，如改变设计、加工方法等。

(3) 新产品的价值工程，在新产品开发时运用价值工程。

(4) 系统的价值工程。对产品以外的有关设备、程序、工艺、流通、维修服务、组织体制等整个系统运用价值工程。

二、基本概念

(一) 功能

产品可以满足人们的某种需要。

(二) 成本

生产产品需要花费的代价。

(三) 生命周期成本

产品生命周期的费用如表 7-21 所示。

表 7-21　产品生命周期费用 C

设 计 开 发	生 产 制 造	消 费 使 用
生产成本 C_1		使用成本 C_2

(四) 价值

$$V_U = \frac{功能(F)}{成本(C)}$$

(1) $V_U \uparrow = \dfrac{F \rightarrow}{C \downarrow}$

(2) $V_U \uparrow = \dfrac{F \uparrow}{C \rightarrow}$

(3) $V_U \uparrow\uparrow = \dfrac{F \uparrow}{C \downarrow}$

(4) $V_U \uparrow = \dfrac{F \uparrow\uparrow}{C \uparrow}$

(5) $V_U \uparrow = \dfrac{F \downarrow}{C \downarrow\downarrow}$

（五）价值工程

1. 定义

价值工程是以最低的生命周期成本可靠的实现产品必要功能，是着重于功能分析的有组织的活动。

2. 价值工程活动的特点

价值工程活动的特点有如下几个：

(1) 着眼于生命周期成本；

(2) 着眼于功能分析；

(3) 价值工程是有组织的活动。

三、价值工程的应用范围

价值工程的应用范围有如下几方面：

(1) 原材料分析；

(2) 工艺分析（含作业分析）；

(3) 能源节约分析；

(4) 环境保护分析；

(5) 工程项目分析；

(6) 设备改进分析；

(7) 产品分析；

(8) 工作管理方法分析。

四、价值工程的指导原则

价值工程的指导原则——价值工程的创始人麦尔斯提出：

(1) 避免一般化、概念化；

(2) 收集一切可用的费用数据；

(3)使用最可靠的情报资料；

(4)打破现有框框，进行创新和提高；

(5)发挥真正的独创性；

(6)找出障碍，克服障碍；

(7)请教有关专家，扩大专业知识面；

(8)对于重要的公差要换算成加工费，以便认真考虑；

(9)尽量利用专业化工厂生产的产品；

(10)利用和购买专业化工厂的生产技术；

(11)采用专门的生产工艺；

(12)尽量采用标准件；

(13)以"我是否也如此花自己的钱"作为判别标准。

五、价值工程的活动程序

价值工程的活动程序如表 7-22 所示。

表 7-22 价值工程的活动程序

VE(价值工程)工作程序	价值工程提问	
	基 本 步 骤	详 细 步 骤
确定 VEI 作对象	1. 选择对象 2. 收集情报	1. 这是什么
功能分析	3. 功能定义和系统化	2. 它的作用是什么
功能评价	4. 功能评价	3. 它的成本是多少 4. 它的价值是多少
方案创造	5. 方案创造	5. 有其他方法实现这个功能吗
方案评价	6. 概略评价；7. 方案具体化； 8. 详细评价；9. 方案评审	6. 新方案的成本是多少
方案实施	10. 方案实施；11. 成果评价	7. 新方案能满足要求吗

(一)分析阶段

1. 对象选择

(1)设计角度：关注设计上结构复杂、重量大、体积大、材料贵、材料稀缺的产品(设计落后、工艺落后的)。

(2)生产角度：关注产量大、工艺复杂、原材料消耗高、废品率高的产品(在企业中占有主要地位的产品和部件)。

(3)销售角度：关注用户意见多、市场竞争激烈、市场占有率低的产品。

(4)成本角度：关注同类产品中成本高、技术经济指标较差的产品。

2. 具体选择方法：ABC 分类法

例：企业生产甲产品由 120 个零部件组成，其成本分配情况如表 7-23、图 7-8 所示。

表 7-23　某企业零部件分类

零部件成本(元)	件　数	占%	零部件总成本	成本比重%
每件>7	24	20	75	75
7>每件>0.6	36	30	16	16
每件<0 .6	60	50	9	9
合计	120	100	100	100

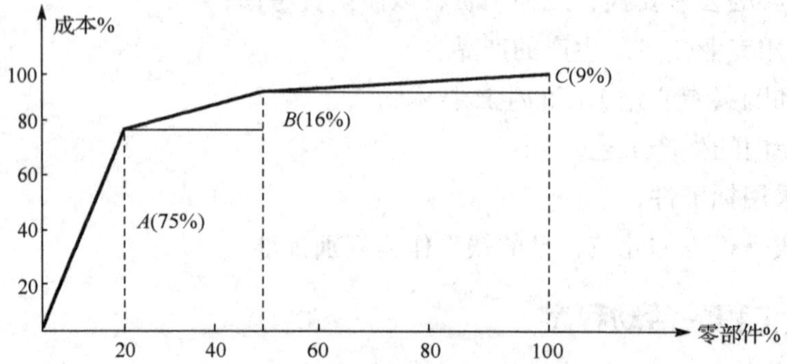

图 7-8　某企业零部件分类图

3. 资料收集

(1)用户使用方面的资料。

(2)技术方面的资料。

(3)经济分析资料。

(4)企业基本资料。

4. 功能分析

(1)明确功能要求。

一方面是企业，一方面是用户如图 7-9 所示。

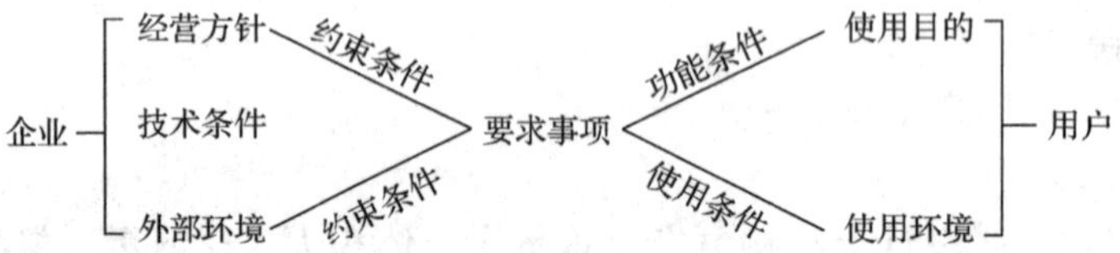

图 7-9　功能需求分析

(2)功能定义：是从对价值工程对象——产品或作业的物质结构研究，转化为对其功能系统研究的开始。功能定义最基本的目的就是要把产品或作业及其构成要素的功能搞清楚。

功能定义的方法：

① 用一个动词和一个名词表达；

② 动词要尽量用抽象的词汇；

③ 名词要尽量用可测定的词汇。

例：以铁皮外壳的暖水瓶为例，说明功能定义的方法如表 7-24 所示。

表 7-24　暖水瓶功能定义表

产品及零部件名称	功 能 定 义
暖水瓶	保持温度
瓶胆	减少热传导，减少热辐射
瓶外盖	保持清洁
瓶塞	减少对流
瓶外壳	支持瓶胆，保护瓶胆，固定瓶胆，增加美观
瓶嘴	方便使用
底托	支持瓶胆，保护瓶胆，固定瓶胆，增加美观
把手	方便使用，增加美观

(3) 功能分类。

① 产品的功能按其重要程度可分为：基本功能和辅助功能；

② 产品功能按其满足需要的性质可分为：使用功能和美学功能；

③ 产品功能根据用户的要求可分为：必要功能和不必要功能。

(4) 功能整理。

① 所谓功能整理，就是对定义出的产品及其零部件的功能，从系统的思想出发，明确功能之间的逻辑关系，排列出功能系统图。功能整理的目的在于通过对功能的定性分析，明确必要功能和不必要功能，并为功能价值的定量评价做好准备。

② 功能整理的方法。从产品的最终目的开始，将所定义的功能按照重要性有序地排列起来。

③ 功能系统图说明。

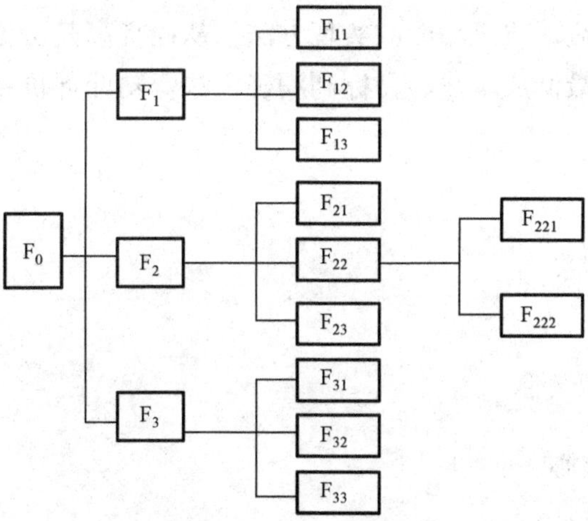

图 7-10　功能系统提示图

图 7-10 中的 F_0 为产品的最上位功能，是它的基本功能，称为一级功能，其手段 F_1、F_2、F_3 称为二级功能，F_{11}～F_{33} 则称为三级功能，依此类推。功能级别的多少取决于产品的复杂程度。

在二级以下的功能中，处于并列关系的手段功能，与其目的功能构成一个子系统，称为功能领域或功能区域。如图 7-10 中二级功能 F_1 与 F_{11}、F_{12}、F_{13} 三个并列的手段功能构成一个功能领域；二级功能 F_2、F_3 也有各自的子系统。

在图 7-10 中，功能 F_{11}～F_{33} 都被称为最末端功能。

例：暖水瓶功能系统图，如图 7-11 所示。

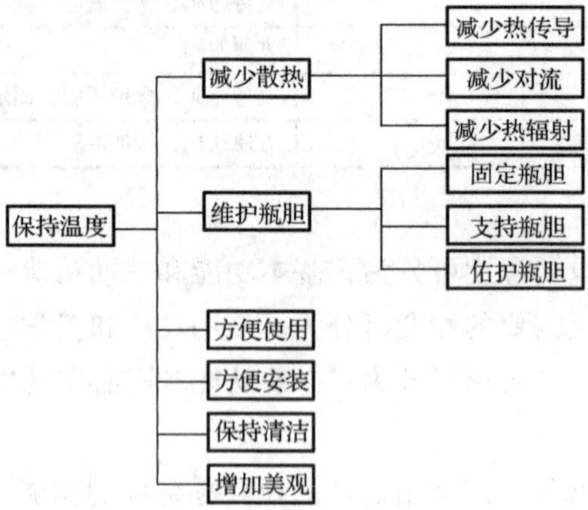

图 7-11　暖水瓶功能系统图

(二) 综合评价阶段

1. 功能评价

功能评价就是对功能领域的价值进行定量评价，从中选择价值低的功能领域作为改善对象，以期通过方案创造，改进功能的实现方法，从而提高其价值。

功能评价的方法有最低成本法、目标利润确定法。功能评价系数法是最主要的方法，后面会详细介绍。

2. 提供改进方案

(1) 方案创造的原则：

① 提倡创新；

② 提倡言无不尽；

③ 提倡群策群力；

④ 提倡以功能为核心。

(2) 方案创造的方法：

① 头脑风暴法；

② 专家调查法；

③ 提问检查法；

④ 特性列举法；

⑤ 缺点列举法；

⑥ 希望点列举法。

$$价值系数(V_i)=\frac{功能评价系数(F_i)}{成本系数(C_i)}$$

3．评价方案

(1)方案的概略评价与具体化。

① 方案的概略评价是对创新阶段所得到的众多的方案和设想，进行粗略的分析、对比和筛选。

② 方案的具体化及试验研究。方案具体化即方案的具体设计，它是一个从创造、评价、具体化、调查、再创造的反复循环的过程。

③ 方案的概略评价思路。由于方案的概略评价只是粗略的筛选，因而一般只进行定性分析即可。进行方案的概略评价通常采用评价表方式，即将所有方案按任意顺序编号，列入表中；然后对每一方案根据现有资料分别从技术、经济和社会效果等方面逐一进行分析。如果方案可行，则用“○”表示；如果方案不可行，则用“×”表示；如果目前尚不能确定是否可行，则用“△”表示(如表 7-25 所示)。

表 7-25 方案的概略评价举例

序号	方案设想(概要)	概略评价(○、×、△)				结论
		经济评价	技术评价	社会评价	综合评价	
1	略	○	○	○	○	
2		×	○	○	△	
3		○	△	△	△	
4		×	○	×	×	
5		○	×	○	△	
6		○	△	○	○	

(2)方案的详细评价与提案审批主要包括以下几方面。

① 方案的详细评价，需要对方案从技术、经济、社会效果等方面进行深入细致的分析，从而最终确定出价值最高的方案。

② 方案的技术评价，主要是根据用户对产品功能的要求，对反映产品性能的诸方面指标逐一进行分析评定。技术评价的内容包括方案的各种特性参数，方案的可靠性、适用性、安全性、可保养性、外观及系统的协调性等。

③ 方案的经济评价，包括方案的成本及方案的经济效益。

④ 方案的社会评价，主要是考虑方案的实施将给社会带来的影响。包括：是否符合

国家有关的法律政策？是否会对环境造成污染？是否影响国家和社会的协调发展？是否有利于巩固国防？对人们的心理、意识形态等有何影响？与国家和地区的发展规划是否一致等。

⑤ 方案的综合评价，可以用优缺点列举法等定性方法，也可以用加权评分法、连加评分法等定量的方法进行。

（三）方案实施阶段

1. 实验证明阶段

2. 推广实施

3. VE 活动的经济评价

功能评价系数法——FD 法的具体案例。

第一步：计算功能评价系数（如表 7-26 所示）

$$功能评价系数=\frac{某一零件得分}{\sum 各零件得分}$$

表 7-26 计算功能评价系数

零 件	A	B	C	D	E	F	得 分	功能评价系数	目前成本	按功能评价系数分配目前成本	成本差异
A	?	1	1	0	1	1	4		200		
B	0	?	1	1	1	1	4		160		
C	0	0	?	1	1	1	3		140		
D	1	0	0	?	0	0	1		100		
E	0	0	0	1	?	1	2		50		
F	0	0	0	1	0	?	1		50		
合计							15		700		

零 件	A	B	C	D	E	F	得分	功能评价系数	目前成本	按功能评价系数分配目前成本	成本差异
A	?	1	1	0	1	1	4	0.27	200	189	–11
B	0	?	1	1	1	1	4	0.27	160	189	+29
C	0	0	?	1	1	1	3	0.19	140	133	+7
D	1	0	0	?	0	0	1	0.07	100	49	–51
E	0	0	0	1	?	1	2	0.19	50	91	+41
F	0	0	0	1	0	?	1	0.07	50	49	–1
合计							15	1	700	700	0

结论：通过测算成本差异（按功能评价系数分配的成本与目前成本相比）为正数，说明原投入成本不足，可能由于投入成本不足影响其功能的充分发挥，需要追加成本。差异数为负数的，说明原投入成本过高，可能会产生不必要的过剩功能，可以从设计工艺、生产的各个环节进行改革，以降低多余成本的投入。

假设 A 类零部件成本投入不足的部分（B 零件、E 零件）功能已经充分发挥，不需要追加成本；成本投入过高部分（D 零件、A 零件）应是价值工程活动的重点，则 A 类零部件成本可降低。

第二步：计算成本系数

$$成本系数=\frac{零件成本}{\sum 各零件成本}$$

第二步：计算价值系数（如表 7-27 所示）

$$价值系数=\frac{功能评价系数}{成本系数}$$

表 7-27　计算价值系数

得　分	功能评价系数	目前成本	成本系数	价值系数	选择分析对象
4	0.27	200	0.29	0.93	
4	0.27	160	0.23	1.17	
3	0.19	140	0.2	0.95	
1	0.07	100	0.14	0.5	
2	0.13	50	0.07	1.86	
1	0.07	50	0.07	1	
15	1	700	1	–	

分析：

（1）V_i 等于或约等于 1，说明该零件成本的分配是基本适当的，无须改进。

（2）V_i>1，可分两种情况分析：

① 该零件的功能很重要，但分配的成本偏低，可以提高该零件的成本从而更好地增加产品的功能，从而可以提高产品的价格为企业带来更多的利润；

② 该零件的功能很重要，虽然分配的成本偏低，但已经很好地实现了该零件的功能，所以无须改变，这正是我们价值工程追求的效果。

（3）V_i<1，这说明该零件分配的成本过高，但功能并没有那么重要，是我们价值工程要改进的重点，要想办法降低这些零件的成本，可以既不影响产品质量，又能降低总体产品成本，取得事半功倍的效果。

第八章

财务分析与业绩评价

第一节　财务分析是业绩评价中的基础

一、业绩评价的内涵、目标与原则

（一）业绩评价的内涵

业绩评价是指运用科学和规范的管理知识、财务知识、数理统筹知识等，对企业或其分支机构一定经营期间内的生产经营状况、资本运营效益、经营者业绩等进行定量的考核和分析，并且做出客观、公正的价值判断。

（二）业绩评价指标体系构建的目标和原则

1. 构建业绩评价指标体系的目标

构建企业业绩评价指标体系的目标是为了使企业的运行围绕企业的经营目的来进行。所以企业的业绩评价体系必须要为企业管理者制定最优战略及实施战略提供有用的信息。因此，设计评价指标的目的就是对企业的经营业绩进行全面、系统、综合的评价，使相关利益主体能够获取所需信息，并根据评价结果做出相应的决策。所以构建评价指标体系的目标具体来说包括两个方面：一是为公司的战略制定提供支持性信息；二是为公司的战略实施提供控制性信息。

2. 构建业绩评价指标体系的原则

构建评价指标体系应紧紧围绕以上目标，全面、系统、准确、及时地反映企业诸多方面的情况。因此，评价指标设计应遵循以下原则。

（1）目标原则。企业存在的目的就是要实现其目标。如果企业没有特殊原因而没有实现其预定目标，则表示该企业未能进行有效运营。所以构建企业业绩评价指标体系的第一原则，应该就是其必须能够评价企业对预定目标的实现程度。

（2）全面性原则。该原则包含两层含义：一是指标体系该涵盖企业的财务业绩诸多方面的情况；二是指标体系要满足企业的不同相关利益主体的需要，要满足投资者、债权人、企业经营管理者以及关系公司的其他利益主体对信息的需要。

(3) 激励原则。通常情况下，管理者和员工获得的报酬会跟企业的业绩挂钩。根据业绩确定奖励性报酬，是现代企业不可缺少的有效管理工具。所以，构建业绩评价指标体系，使其具有激励作用是相当重要的。

(4) 繁简适度的原则。无论多么完善的评价指标体系，如果过于复杂，也不可能被广泛使用，因而在建立评价财务指标体系时，应尽量做到繁简适度，便于各个层次的使用者使用。

(5) 时效性原则。应对企业的业绩及时加以评价，并对有关人员立即予以奖惩，才能有利于业务的改进。但有一些财务指标，毕竟是企业过去经营结果的体现，对预测公司未来的经济动态，只有参考价值，并不是绝对的完全有效。

(6) 可比性原则与灵活性原则。评价如果缺乏可比较的基准数字资料则没有任何意义，所以，指标体系所选指标的分类、计量方法、口径应相互统一可比，包括不同时期同一公司的纵向对比和同一时期同一行业不同公司的横向对比。只有可比，才能显示出业绩的优劣。

在具有可比性的前提下，尽可能照顾不同环境、不同经营规模和不同上市方式由公司的生产经营特点和财务要求，灵活设置评价指标。

(7) 成本效益原则。它是任何一个经济信息系统提供过程中都具有的普遍性的原则条件。也就是说，收集和呈报经济活动信息的成本不得高于使用该信息所产生的效益，否则，该信息就不值得提供。有些评价指标项目固然很有用，但是如果其获取的成本远远高于其可获得的效益，一般应采取放弃该项目指标而采用其他成本较低的可替代指标。

二、构建业绩评价指标体系需要注意的问题

在设计指标体系时需要充分考虑所设计的指标体系的反应能力。高质量的指标体系是保证评价结果质量的重要前提，至少需要注意以下问题。

(一) 尽量提高评价指标的真实性

企业的财务指标建立在财务报表的数据基础之上，财务数据的产生受权责发生制会计原则影响。一般认为，权责发生制在为会计提供合理界定业绩的同时也在某种程度上为管理当局提供了管理盈余的手段。但管理盈余是要付出成本的，管理当局不可能同时管理所有的指标。在指标体系的设计过程中应尽量少用可能被管理的指标，以具有同等信息含量的其他指标取代。

(二) 评价指标体系必须注重企业的持续发展能力

企业的持续存在，既是对投资者利益的最好保护，也是整个社会保持稳定和繁荣的重要经济基础，企业效率的评价必须考虑长期性这一特质。利润最大化作为企业效率的具体体现的一个重要缺陷便是它不能包容企业持续存在这一目标要素。企业效率的长期性特征

还隐含着另一重要性质即未来性。与企业效率相关程度最大的不是今天已有定数的历史结果，而是在未来时期内企业所得能否满足投资者的要求。

（三）评价指标体系必须关注企业的风险

考虑风险性并采取必要的措施以规避风险是现代经济社会对企业经营的基本要求之一。无论是股东、管理者，还是债权人，他们在考虑并评价企业效率时，风险是一个极为关键的因素。

三、财务分析在业绩评价中的作用

业绩评价是分析主体在财务综合分析的基础上，运用综合评价方法，对财务活动过程和经营结果分析后得出的综合评价结论。业绩评价与财务分析是紧密相连的。业绩评价以财务分析为基础，财务分析以业绩评价为结论。无论对筹资活动分析、投资活动分析、经营活动分析、分配活动分析，还是盈利能力分析、营运能力分析、偿债能力分析、增长能力分析，我们都是在分析的基础上评价其结果。但是，这些结果只能反映某一方面或某一环节的财务状况或财务成果。如果想对整个企业的财务状况和财务成果得出总体结论，必须在财务分析的基础上对企业财务状况与财务成果进行综合评价。

（一）财务分析是进行财务决策的基础

财务决策是财务管理和企业管理的关键环节，财务分析为财务决策提供有用的信息，财务评价是财务决策的依据。无论是企业投资决策，还是企业重组决策，业绩评价都是必不可少的。

在投资决策中，通过业绩评价可以确定被投资企业在同行业中的水平和地位，可以明确投资潜力与投资风险。在企业重组决策中，通过业绩评价可以确定哪些企业应合并、哪些企业应当分立、哪些其应当破产等。

（二）财务分析是完善企业激励机制的要求

激励机制是现代企业经营机制的重要组成部分。激励机制包括所有者对经营者的激励机制，高层经营者对部门经营者的激励机制以及经营者对职工的激励机制等。激励机制的基础在于分析和评价。通过企业财务综合分析，可以明确部门经营者的经营水平；通过对职工责任制指标的评价，可以明确职工履行责任的情况。激励制度正是在明确业绩水平的基础上实施的奖励与惩罚，正确的财务分析结果是业绩评价与激励机制顺利实施的前提条件。

业绩评价以财务分析为基础，但随着企业经营模式的发展和演进，业绩评价也从财务评价模式逐步演进到价值评价模式和平衡评价模式。

第二节　财务评价模式

一、杜邦财务分析法在企业业绩评价中的应用

杜邦分析法是由美国杜邦公司在20世纪20年代首创的。它是一种因素分析法，以权益净利率为核心指标进行综合评价，层层分解，利用各项主要财务比率与核心指标之间的内在联系，构建起一个企业业绩考核和评价的指标体系，是对企业综合运营、理财能力及经济效益进行系统分析评价的方法。它一经问世便风靡世界，为通用、松下等众多大型企业组织所采用，并在其后的几十年中成为企业业绩评价体系中最为有效的工具之一。其基本原理是：由杜邦分析体系中的核心指标——权益净利率出发，将其层层分解，直至分解到不可再分的、独立的、可操作的单因素为止(这些因素反映了企业最基本生产要素的使用——成本与费用的构成及企业风险)，从而满足企业经营者通过财务分析进行绩效评价的需要，并在经营目标发生异常变动时及时查明原因，加以修正。通过对杜邦分析体系自上而下的分析，不仅可以揭示企业各项财务指标间的结构关系、查明各项指标变动的影响因素，而且可以为管理者优化经营决策、提高经营效率提供合理的依据。

(一)杜邦分析法的理论依据

1．协同效应理论

协同效应理论认为，通过系统各因素的相互协作，其所产生的效应要远远大于将各因素机械相加所产生的效应，即所谓的1+1>2。从下面的杜邦分析图(如图8-1所示)可以看出，图的左边是对企业经营状况的分析，反映了企业生产经营绩效；右边体现的是企业的资本结构安排，反映了财务运作的绩效；而中间部分则是通过资产周转率状况的分析来实现经营业绩和财务业绩之间的协调，从而实现企业的总体目标。

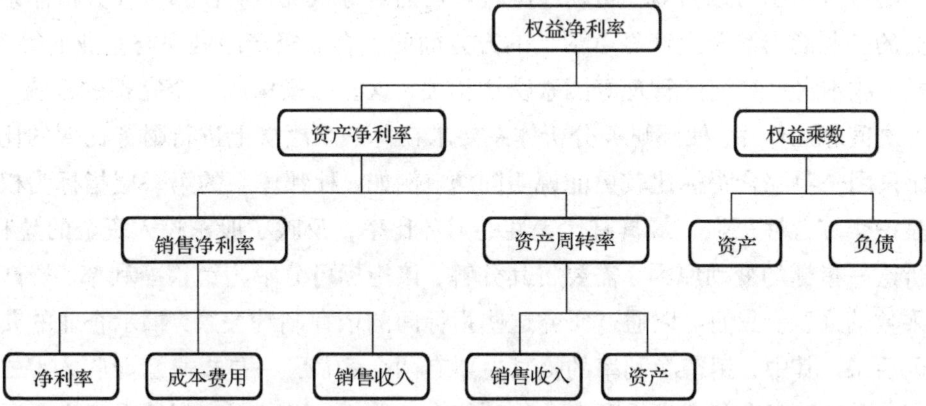

图8-1　权益净利率与各财务指标的内在联系

2. 哲学依据

从辩证唯物主义的角度来看，世间万物都具有普遍联系性，那么具体到财务领域，具体到各项财务指标间，也应该具有一定的联系性和相关性，杜邦分析法正是通过对核心指标的层层分解，揭示了各项指标间的内在联系，它比单纯地通过某一指标或几个指标去考察企业业绩要显得更加科学化、系统化。因为传统的分析评价法虽然也是通过对指标的分析去评价企业业绩，但这些指标却是零散的、非系统的，割裂了各项指标间的联系性和相关性。杜邦分析法正是将企业经营管理活动看作一个相互联系、相互作用的大系统，通过分解的方法，有机地量化了各项指标，揭示了它们在这一大系统中相互关系和普遍联系。

(二)杜邦财务分析体系的基本结构分析

杜邦财务分析体系不是建立新的财务指标，而是对原财务指标进行分解。利用杜邦财务分析体系进行综合分析时，通常是以权益净利率为核心，进行层层分解，让分解后的各个指标彼此发生关联而构成一个完整的指标体系。

1. 杜邦财务分析体系各指标的关系

杜邦财务分析体系各指标之间的关系如下：

$$权益净利率=资产净利率\times权益乘数$$

$$资产净利率=销售净利率\times资产周转率$$

$$权益乘数=\frac{平均资产总额}{平均净资产}=\frac{1}{(1-资产负债率)}$$

为了更深入地分析权益净利率变化的原因，还需对销售净利率和资产周转率做进一步的分解。下面以杜邦财务分析体系图的形式，表示各项财务指标之间的关系（如图 8-1 所示）。

杜邦财务分析图可以直观、明确地反映公司的财务状况。从杜邦财务分析体系可以看出，企业的获利能力涉及生产经营活动的方方面面。企业资产净利率与企业的筹资结构、销售规模、成本水平和资产管理等因素密切相关，这些因素构成一个完整的系统，系统内部各因素之间相互作用。杜邦财务分析体系要求在每一个层次上进行财务比率的比较和分解，这比只用一项综合指标比较更能说明问题。例如，杜邦体系的第一层指标为权益净利率，这是一个综合性很强、最具有代表性的财务比率，反映了股东投入资金的盈利能力。为了分析这一指标的变动原因，需要将其分解，该指标可分解为销售净利率、资产周转率和权益乘数的乘积。我们可以通过研究这些指标间的依存制约关系，揭示企业的获利能力及其前因后果。其中，销售净利率的提高主要有两个途径：一是提高营业收入；二是降低成本费用。提高销售净利率是提高企业盈利能力的关键；资产周转率的提高主要通过提高固定资产周转率、应收账款周转率、存货周转率来实现。资产周转率用于揭示企业资产总额实现营业收入的综合能力。要想加速资产的周转，一方面是增加销售收入；另一方面就是减少资产占用。权益乘数表示企业负债程度，主要受资产负债率影响。在企业资产总额不变的情况下，适当地开展负债经营，可以减少所有者的资金占用，从而提高权益净利率。但通过债务杠杆提高权益净利率是要付出代价的，即增加了企业的财务风险，一旦企业不能及时还本付息，就可能有破产风险。所以，企业要适度利用财务杠杆。

2. 杜邦分析法的具体应用

在应用杜邦分析法时应注意：该方法不是建立新的财务指标体系，它只是一种对财务比率进行分解的方法。它既可以通过对权益净利率的分解来说明问题，也可以通过对其他财务指标的分解说明问题。

假设A公司第二年权益净利率下降了，有关数据如下：

权益净利率=资产净利率×权益乘数

第一年 24.09 %　　16.11%×1.495

第二年 22.2 %　　14.85%×1.495

从上述分解中我们可以看到A公司权益净利率的下降是由于资产净利率的下降，我们进一步分解资产净利率。

资产净利率=销售净利率×资产周转率

第一年 16.11%　　5.48%×2.94

第二年 14.85%　　4.95%×3

这样就可以看出资产净利率的下降是由于该企业销售净利率的下降。我们可以找到一个同类企业B公司进行对比：

资产净利率=销售净利率×资产周转率

A公司：	第一年	16.11%	5.48%×2.94
	第二年	14.85%	4.95%×3
B公司：	第一年	16.11%	5.48%×2.94
	第二年	14.85%	7.50%×1.98

从对比中可以看出，A公司和B公司的资产净利率都是由16.11%下降到14.85 %，但下降的原因却截然不同，A公司是由于销售净利率的下降，而B公司是由于资产周转率的下降，所以杜邦分析法可以帮助我们找到企业效益下滑的真正原因，从而有针对性地采取措施。

对杜邦财务分析体系，我们还可以应用因素分析法找到杜邦体系中的每一个因素对权益净利率的影响程度，从而找到影响权益净利率的主要因素，便于企业的进一步改进。下面以某制药企业为例(图8-2是根据某制药企业2015年和2014年1～9月的报表数据计算所得)进行说明。

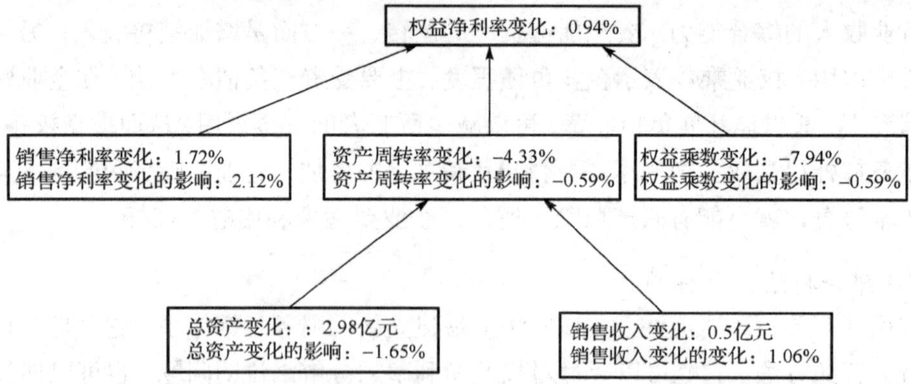

图 8-2　某制药企业杜邦分析

权益净利率是投资者最关注的指标，它的变化受到多种因素的影响，该制药企业应当定期对其影响因素进行分析，通过财务分析上的因素分析法可以找出问题所在，有针对性地采取管理措施，不断提高企业的经济效益。

该制药企业权益净利率 2015 年 1～9 月比 2014 年同期提高 0.94%，受三大因素影响，即销售净利率、资产周转率和权益乘数。

其中，销售净利率起正向作用，由于销售净利率的提高使权益净利率提高 2.12%。但由于资产周转率的下降和权益乘数的下降，又使权益净利率下降了 1.18%((–0.59 %)+(–0.59 %))。

权益乘数下降是因为资产负债率下降所导致，说明企业对于财务杠杆的积极作用利用不充分。企业应在能够承受的财务风险范围内，尽可能利用财务杠杆的正向作用。

该制药企业在资产周转率 2015 年 1～9 月比 2014 年同期下降 4.33%，受两大因素影响，即总资产和销售收入。其中，总资产的增加使资产周转率下降 1.65%，销售收入的增加使资产周转率上升 1.06%。总资产的增加成为下一步分析的重点。

通过分析制药企业的资产负债表发现总资产的增加(2.98 亿元)主要是由于应收账款增加(1 亿元)和固定资产增加(1.6 亿元)。

固定资产的增长率(13.73%)大大超过产品销售收入的增长率(1.34%)，说明固定资产的增长并没有带来同样程度的收入增长，从而使资产周转率下降，进而导致权益净利率的下降。

应收账款增长率(16.59%)同样远远超过产品销售收入的增长率(1.34%)，说明企业应收账款不断增加，回收越来越慢。从报表中还可以看出企业的存货比 2014 年同期有所增加，可能销售中还存在压货现象。这些情况都会导致企业不能及时收回现金，从而使净利润的有效性下降。

3．*杜邦财务分析法的局限性*

杜邦财务分析法问世至今已近百年，其在量化指标和业绩评价方面固然拥有许多其他地方无法比拟的优势，但任何一种理论和方法都不可能十全十美，总会存在一些不足之处。杜邦分析法的不足之处主要表现在如下几个方面。

(1) 过分注重企业财务结果，偏重于财务指标的考核，这有可能导致企业管理层的短期行为，而忽视企业长期价值和总体战略。例如，为了扩大销售收入，企业可能会盲目扩大生产，导致产能过剩；为了提高权益乘数，发挥财务杠杆作用，而大量安排负债，增大了企业财务风险，不利于企业的稳定经营。

(2) 在利用杜邦分析法的三个基本指标（销售净利率、资产周转率、权益乘数）进行替代分析时，如何确定替代顺序以及为何采用某一替代顺序，杜邦分析法对此无法做出合理的解释。

(3) 具有较强的行业局限性，比较适用于工业生产行业，而对高新技术产业和具有高附加值的行业不太适用。这是因为高新技术产业和附加值行业的无形资产（专利权、非专利权、商标、特许权等）在企业资产中所占比例很大，对企业经营起着至关重要的作用，而杜邦分析法无法解决无形资产的估价问题。

(4) 过分强调利润指标对企业经营的影响，而忽视了企业的净现金流量。这一点对于许多上市公司而言，表现尤为突出：财务报表所反映的销售利润相当可观，而净现金流量却严重不足。这是因为，许多上市公司为了增加账面利润，粉饰经营业绩，而不恰当地放松信用标准，大量采用赊销方式，结果导致大量的应收账款无法回笼，形成坏账，严重影响企业现金流量。此外，杜邦分析法反映的是企业过去的经营业绩，无法满足企业财务预测的需要。

4. 关于杜邦财务分析法改进的几种意见

(1) 为避免杜邦分析法过分注重财务指标而导致的短期行为，我们建议：采用系统的目标管理方法对财务指标进行分解，每级指标不应追求单一的财务比例最优，而是综合目标和整体目标最优。这就要求在设计业绩评价体系时以一种系统的思想去考虑每一个指标及各指标间的关系，并适当强调或忽略某些指标对企业综合评价产生的较大波动，从而在一定程度上约束管理层的短期行为。

(2) 以杜邦分析为基础，结合其他专项分析，进行一些后续分析，从而使杜邦分析法由静态走向动态。例如，可以结合趋势分析法，将不同时期的杜邦分析结果进行对比分析，从而形成一种动态的分析，找出财务指标变化规律，增加杜邦分析的未来预测性，使其不仅仅限于历史财务信息的分析和考核。此外，还可以将杜邦分析法与财务风险分析相结合，进行必要的风险分析，为风险控制提供合理的依据。

(3) 以现金净流量取代净利润指标。所谓现金净流量，是指企业现金流入量减现金流出量，它更关注企业的现金及现金等价物的获取。良好的现金流量状况会增加企业经营的稳定性，增加投资者的信心，也是纺织企业管理层粉饰经营业绩的有效手段。

(4) 杜邦分析法在计算资产周转率时是以销售收入除以总资产平均余额来计算的，这种方法在理论上缺乏逻辑性。这是因为，销售收入是经营活动所产生的，反映的是企业的经营业绩，是企业利用经营性资产的成果，而总资产不仅包括经营性资产还包括非经营性资产，以一个既反映经营性资产又反映非经营性资产的指标去分割经营性业绩，在一定程度上会抹杀企业利用经营性资产的效率，缺乏逻辑基础。因此，建议在计算资产周转率时以经营性资产取代总资产，以合理地反映企业利用经营性资产获取利润的效率。

二、沃尔评分法

(一)沃尔评分法的概念和应用

沃尔评分法最早是由亚历山大·沃尔提出的。他在20世纪初出版的《信用晴雨表研究》和《财务报表比率分析》中提出了信用能力指数的概念，把若干个财务比率用线性关系结合起来，以此评价企业的信用水平。他选择了7种财务比率，分别给定了其在总评价中的比重，总和为100分，然后确定标准比率，并与实际比率相比较，评出每项指标的得分，最后求出总得分。后人便将这种通过多种财务比率进行综合评分的方法，统称为沃尔评分法。

运用沃尔评分法对企业财务状况进行分析的程序如下。

(1)选定评价企业财务状况的比率指标。通常要选择能够说明问题的重要指标。一般认为企业财务评价的内容主要是获利能力，其次是偿债能力和营运能力，此外还有发展能力。获利能力的主要指标是资产净利率、销售净利率和权益净利率。偿债能力和营运能力有4个常用指标，分别是自有资本比率、流动比率、应收账款周转率和存货周转率。发展能力有3个常用指标，分别是销售增长率、净利增长率和人均净利增长率。

(2)根据各项比率指标的重要程度，确定其评分位，各项比率指标的评分值之和应等于100。一般认为财务评价主要内容中的获利能力、偿债能力和发展能力之间大致可按5:3:2来分配比重。获利能力指标资产净利率、销售净利率和权益净利率三者中，为减少重复影响，3个指标可按2:2:1安排。

(3)确定各项比率指标的标准值。财务比率指标的标准值是指各指标在本企业现时条件下的最理想的数值，即最优值。

(4)计算企业在一定时期各项比率指标的实际值。各项指标实际值的计算如前所述。

(5)求出各项指标实际值与标准值的比率，称为关系比率或相对比率。其计算要区分三种情况，采用不同的方法。

① 凡实际值大于标准值为理想状态的，其计算公式为：关系比率=实际值/标准值。如销售净利率：21%/20%=1.05。

② 凡实际值大于标准值为不理想状态的，其计算公式为：关系比率=标准值-(实际值-标准值)/标准值。

如存货周转率按存货周转天数计算，标准天数为90天，实际值为100天，则其关系比率可计算如下：[90-(100-90)]/90=0.888 9

③ 凡实际值小于标准值为不理想状态的，其计算公式为：关系比率=标准值-(标准值-实际值)/标准值。

如自有资本比率若其标准值为 60%。某企业实际值为 48%，则其关系比率为：[0.60–(0.60–0.48)/0.60 = 0.80

(6)求得各项比率指标的综合得分及其合计数。各项比率指标的综合得分是关系比率和评分值的乘积，其合计数可作为评价企业财务状况的依据。一般而言，综合评分合计数如果为 100 或接近 100，表明其财务状况基本上符合标准要求；如与 100 有较大差距，则表明企业财务状况偏离标准要求。

从该企业的综合得分为 82.9 分可以看出，该企业的财务状况为良好。通过这种综合评价我们可以得到对一个企业财务状况的综合印象，而不是零散的个别能力的评价，这对于企业的管理者是非常有用的信息。沃尔评分表如表 8-1 所示。

表 8-1　沃尔综合评分表

指　标	评　分　值	标准值(%)	实际值(%)	关系比率	综合得分
盈利能力：					
总资产净利率	20	15	15	1	20
销售净利率	20	15	12	0.8	16
净值报酬率	10	15	13	0.87	8.7
偿债能力：					
自有资本比率	8	40	60	0.5	4
流动比率	8	200	150	0.75	6
应收账款周转率	8	600	500	0.8	6.4
存货周转率	8	800	800	1	8
成长能力：					
销售增长率	6	30	21	0.7	4.2
净利增长率	6	20	16	0.8	4.8
人均净利增长率	6	20	16	0.8	4.8
合计	100				82.90

第三节　价值评价模式——EVA

财务评价模式依赖于财务报表数据，未必能准确反映企业的价值增值。为了克服财务评价模式这一缺陷，价值评价模式便应运而生了。1986 年，Alfred Rappaport 在《股东创造财富》一书中，提出了一种从股东价值创造角度进行企业业绩评价的方法。1991 年，Stern Stewart 公司提出经济增加值指标。1997 年，Jeffrey 等创建修正的经济增加值指标，从而逐步形成了价值评价模式的理论和方法体系。其原理是将自有资本视同借入资金负债，同样计算支付的利用费用。具体来说，即从计算企业当年经营利润入手，用当年的税后利润减去用加权平均法计算出的资本费用，其剩下的余额就是经济附加值。计算结果将出现正值、零与负值三种情况。计算结果若为正值，则表明企业的管理层正在创造财富，说明企业经济效益好，且数值越大，说明企业的效益越好。计算结果若为零，说明企业经济效益一般。计算结果为负值，且负值越大，则不论企业有无账面利润，都将视为企业经济效益差，该企业的生存和发展就自然亮起红灯。像这样的企业就要当机立断，及时采取有效措施，大力提高企业盈利水平。

一、经济增加值

所谓经济增加值(Economic Value Added，EVA)，是指企业调整后的税后营业净利润(NOPAT)减去企业现有资产经济价值的机会成本后的余额。

经济增加值的计算公式为：

$$\mathrm{EVA} = \mathrm{NOPAT} - K_W \times \mathrm{NA}$$

其中，K_W表示企业加权平均的资本成本，NA 表示企业资产的经济价值。

运用经济增加值衡量企业业绩的基本思路是：企业投资者可以通过股票市场自由变现其投资于企业的资本，进而转做其他投资。因此，投资者至少应从企业获得投资的机会成本。

事实上，经济增加值是在 20 世纪 50 年代美国杜邦公司开始使用的剩余收益(Residual Income，RI)概念基础上发展起来的。经济增加值与剩余利益的区别：①经济增加值运用资本资产定价模型(CAPM)确定资本成本，从而使其可以针对特定的被评价单位的市场风险来确定资本成本；②经济增加值采用资产的经济价值概念，从而减少了规定的会计方法对业绩评价的影响。从西方国家企业使用情况来看，用经济增加值进行业绩评价，主要是为了克服盲目投资和免费使用权益之痼疾，从而有助于促进资源配置效率的提高。

二、修正的经济增加值

修正的经济增加值(Refined Economic Value Added，REVA)，是由 Bacidore、Jeffrey、John Boquist、Todd Mibourn 和 Anjan Thakor 等于 1997 年在“关于最佳财务业绩衡量研究”一文中提出的。其计算公式如下：

$$\mathrm{REVA}_t = \mathrm{NOPAT}_t - K_W \times \mathrm{MV}_{t-1}$$

其中，NOPAT_t表示 t 期期末企业调整后的税后营业净利；MV_{t-1}表示(t–1)期期末企业资产的市场价值，等于企业所有者权益的市场价值加上经调整的企业负债价值(总负债减去非计息负债)。

三、对经济增加值和修正的经济增加值的评价

尽管对经济增加值和修正的经济增加值指标的应用还有不少争议，它们与企业价值的相关性也尚未得到强有力的实证支持，但是，与传统的业绩评价相比较，它们有着一些共同的优点：首先，它们都考虑了资本成本，从而真正以股东财富增值来衡量企业的经营业绩；其次，它们在不同程度上将业绩评价由内部推向市场；最后，它们将利润和资产占有以机会成本的方式联系起来，以一种较易理解的方式增强了经营者对投资效益和资产充分利用的关注，并且有助于沟通具体投资项目决策和股东财富最大化之间的联系，促进经营战略和经营决策的协调。

它们的缺陷主要体现在三个方面：①它们不能根据财务报表数据直接计算得出，而是需要对企业的有关成本和价值进行多次调整，在数据收集和计算方面有一定困难和主观性，该方法会因此变得复杂而难以操作，会引起管理人员的不满；②经营利润及资产价值的调整都因企业而异，在一定程度上增加了指标计算的工作量，影响了它们在不同企业间的可比性；③经济增加值法假设了一种固定不变的管理导向，即 EVA 分析的出发点是企业的管理焦点，始终要以股东利益最大化为导向。而有关企业管理导向的讨论并非如此明确，由于企业经营的特点、环境不同或是意识形态的不同，以致有人认为：从长期发展的角度来看，其他管理模式可能更为有效。

第四节　平衡评价模式

无论是财务评价模式还是价值评价模式，都主要应用财务信息进行评价，而平衡评价模式则是将财务信息与非财务信息进行结合以对企业进行评价。

一、以非财务信息为主的业绩评价体系

20 世纪末和 21 世纪初，出现了许多各具特色的融入非财务指标的业绩评价系统，代表性的有德鲁克以改革为核心的观点和罗伯特·霍尔的“四尺度”论等。

(一)德鲁克以改革为核心的观点

彼得·德鲁克(Peter Drunker)在 1995 年前后写了大量文章，说明企业组织搜集其主要竞争对手信息的重要性。同时，他还强调“每一个企业组织，都需要一个核心能力：‘改革’”。因此，他把注意力主要集中在帮助企业记录和评价其改革方面。

根据德鲁克的观点：评价一个企业改革的出发点不能仅从其自身业绩出发，而应仔细评估其所处行业在一定时期内的改革，企业在一定时期内的改革，以及企业在改革中的地位和作用，他强调业绩评价系统首先必须突出管理部门的思想意识，通过设计一系列特定性质的问题，提醒雇员注意真正需要重视的方面，再提供一个内在的组织机构，使雇员能够重视并发现这些方面可能存在的问题。

德鲁克的观点虽然没有形成一个完整的理论模型，但他对竞争与改革的理解为非财务指标进入业绩评价系统提供了基础。

(二)霍尔的“四尺度”论

罗伯特·霍尔(Robert Hall)认为评价企业的业绩需以四个尺度为标准，即质量、作业时间、资源利用和人力资源。

1. *质量尺度*

霍尔把质量分为外部质量、内部质量和质量改进程序三种。

(1)外部质量是指顾客或企业组织外部的其他人对其产品和服务的评价，它是产品和服务的精髓。具体指标包括：顾客调查情况、服务效率、保修及可靠性等。

(2)内部质量代表企业组织的运营质量，包括总产量、生产能力、检验比率以及返工率等。

(3)质量改进程序是企业组织采用的确保高水平的内在和外在质量的程序或一系列的公式化步骤。需要注意的是，今天的质量改进就是明天的内、外在质量。

2. 作业时间尺度

霍尔认为作业时间是把原材料变为完工产品的时间段。具体包括：工具检修时间、设备维修时间、改变产品和工序设计的时间、项目变更时间、工具设计时间和工具建造时间等。

3. 资源利用尺度

资源利用尺度用以计量特定资源的消耗和与此相关的成本，如直接人工、原材料消耗、时间利用和机器利用情况。前两项指标是制造产品和提供劳务的直接成本，后两项包括直接成本因素，包括间接成本和机会成本因素。

4. 人力资源尺度

霍尔提出企业需要有一定的人力资源储备及能恰当评价和奖励雇员的管理系统。

霍尔把质量、作业时间和人力资源等非财务指标导入企业的业绩评价系统，并认为企业组织可以通过对上述四个尺度的改进减少竞争风险。霍尔把作业时间作为业绩评价标准有十分重要的意义：①作业时间的衡量有助于帮助企业关注潜在的增值区域，发现非增值活动；②作业时间的衡量提供了有关企业灵活性的有用信息。在今天的市场中，顾客是上帝，产品和服务满足特殊需要的能力是企业生存的关键。为完成这一目标，企业必须以订单为导向从事业务活动，而作业时间的衡量恰恰反映企业是如何进行生产经营活动的。

霍尔同时承认，要求企业做出全方位的改变很困难，企业通常只能在一段时间内取得四个方面的逐渐改进。需要注意的是，任何指标的改进不应以牺牲其他指标为代价，如作业时间的改进不应以降低质量为代价；同样，在质量方面的改进也不应以牺牲资源为代价。但霍尔的“四尺度”论在人力资源方面没有提出更具体的建议，这是其缺陷所在。

二、以非财务指标为主的业绩评价方法的局限性

(1)非财务指标的业绩评价可靠性不足，业绩评价信息的使用者需要能准确地反映企业真实业绩的信息，而许多财务信息的收集和统计有困难、不规范。如客户满意度不能有效地反映企业业绩和经济活动情况。

(2)非财务指标的主观性和易操纵性的特点，使得整个业绩评价体系的可信度不高，容易引起质疑。

(3)非财务指标涉及范围很广，进行业绩评价时可能会造成过多业绩指标的存在，势必产生信息过载，使得每个业绩指标的重要性丧失。

(4)非财务评价方法难以用货币计量。非财务指标的改善与利润增长没有明显的关系，在短期内，非财务指标的变动对于管理决策者没有很大的直接指导作用。

三、平衡评价模式

传统的绩效评价体系所存在的缺陷和导致的不良结果，导致平衡评价方法应运而生。其中以卡普兰和诺顿的平衡计分测评方法及克罗斯和林奇的业绩金字塔模型为代表。

(一)基于平衡计分卡的企业业绩评价

价值评价模式较财务评价模式有了显著的改进，但它依然侧重于从财务的角度进行业绩评价。随着竞争的不断加剧，企业在关注以财务指标反映的短期业绩的同时，更需要以战略的眼光关注财务指标所不能反映的，但对于企业长远发展和股东价值创造十分重要的非财务业绩指标，这就催生了平衡评价模式。“平衡”之意是要平衡兼顾战略与战术、长期目标与短期目标、财务与非财务、滞后指标与先行指标，以及外部与内部等诸多方面，多角度地为企业提供综合信息。平衡计分卡(Balanced Score Card，BSC)是这种业绩评价模式的核心工具。

美国著名管理会计学家、哈佛大学商学院教授罗伯特·S·卡普兰(Robert S. Kaplan)和复兴方案国际咨询公司创始人兼总裁大卫·P·诺顿(David P. Norton)于1990年带领研究小组对12家大型企业进行了为期1年的“衡量未来组织业绩”的研究，在总结各企业业绩评价体系成功经验的基础上，提出了平衡计分卡。其通过建立一整套财务与非财务指标相结合的体系，将抽象的远景战略具体化为一系列可操作的目标、评价指标、目标值和具体行动，在实现各个指标的过程中充分挖掘员工潜力，最大限能地改进其自身的业绩，从而实现整个企业的长远战略目标。

平衡计分卡针对传统的以财务指标为主的业绩评价体系，强调了非财务指标的重要性。通过对财务、客户、内部经营过程、学习与成长等既各有侧重又相互影响的四个方面业绩的评价，来沟通目标、战略和企业经营活动的关系，实现短期利益与长期利益、局部利益与主体利益的均衡，如图8-3所示。

从图8-3可以看到，平衡计分卡是由一个中心和四个侧面组成的。

平衡计分卡的中心，就是企业战略。平衡计分卡所考察的四个侧面，并非孤立的四个方面内容的简单拼凑，而是围绕企业战略这一核心而展开的、具有逻辑关系的四个侧面。因而，企业如果要采用平衡计分卡进行业绩评价，首先必须形成明确且切实可行的企业战略。清晰的战略是建立平衡计分卡业绩评价体系的前提和基础，而企业战略则需要通过平衡计分卡加以分解和落实。

如前所述，平衡计分卡所涉及的四个方面的基本内容是：财务、客户、内部经营过程、学习与成长。这四个方面各有侧重，相互影响，共同构成了企业业绩评价的指标体系。它们沟通了企业战略，平衡了企业发展中的短期利益和长期利益、局部利益和整体利益。

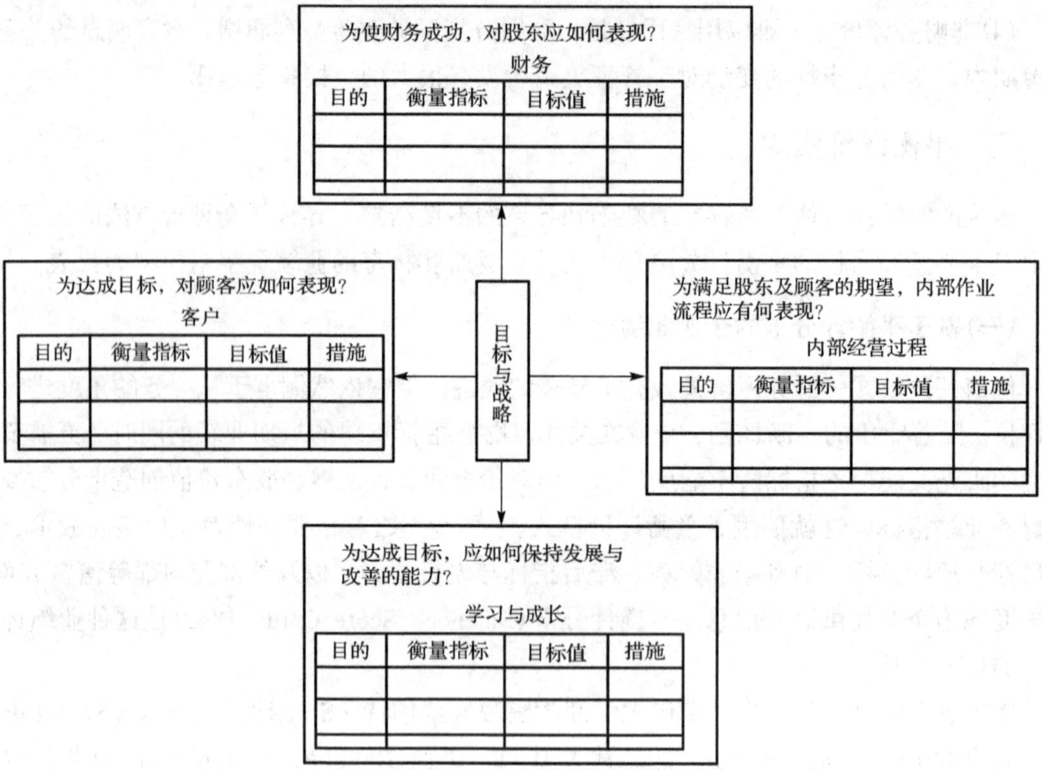

图 8-3 平衡计分卡

1. *财务方面*

财务方面的业绩评价指标，旨在衡量企业本期为出资人实现的财务成果。尽管单纯以财务指标来评价企业经营业绩存在一定的局限性，但不可否认的是，财务指标所反映的企业业绩，是股东、债权人等企业出资人十分关心的一个方面。而且，企业财务数据易于采集，也较为齐全和可靠。这些都决定了业绩评价无论如何也离不开财务指标。

平衡计分卡中使用的财务方面的业绩评价指标，通常包括权益报酬率、投资报酬率、经营现金流量和经济增加值等。

2. *客户方面*

客户方面的业绩评价指标，主要反映企业为客户创造的价值。随着企业之间竞争的日趋激烈，企业经营战略的价值取向逐步转向以客户需求为向导。提供高质量的产品和服务，树立良好的品牌形象，是企业实现长远战略目标的一个必备条件。

平衡计分卡中使用的客户方面的业绩评价指标，通常包括客户满意程度、客户保持程度、获取新客户的能力及市场份额等。

3. *内部经营过程方面*

内部经营过程方面的业绩评价，主要反映企业为了向客户提供高质量的产品和服务而进行的业务流程的建立与完善。

平衡计分卡中使用的内部经营过程方面的业绩评价指标，通常包括新产品推出能力、新产品设计能力、订单完成率、成本报酬率、生产能力利用率、设备完好率、产品合格率、售后服务的反应时间及处理时间等。

4. 学习与成长方面

学习与成长的业绩评价指标，主要反映企业为确保创造长期的成长及价值增值而进行的学习与创新。在激烈的市场竞争中，企业必须不断地增强其学习与创新能力。学习与创新体现着公司、员工素质的提高，是企业的核心竞争力之一。

平衡计分卡中体现的学习与成长方面的业绩评价指标，通常包括员工满意程度、员工流动率、员工培训次数、新产品研发周期和员工建议年平均数量等。

与传统业绩评价方法相比较，平衡计分卡的特点和进步之处主要体现在以下几个方面：

(1)它将目标与战略具体化，加强了内部沟通；

(2)以客户为尊，重视竞争优势的获取与保持；

(3)重视非财务业绩计量，促进了结果考核和过程控制的结合；

(4)利用多方面考核所具有的综合性，促进了短期利益和长期利益的平衡。

当然，以平衡计分卡为代表的企业业绩平衡评价模式也并非完美无缺。其主要不足有：

(1)业绩指标覆盖面大，计算过程复杂而繁琐，制约着企业业绩评价工作效率的提高；

(2)忽略了政府、供应商等利益相关者的诉求；

(3)这种模式更适用于企业内部不同时期经营状况的比较，不利于不同企业同期经营状况的横向比较；

(4)很难理清其所考察的四个侧面相互之间的逻辑关系，从而综合评价的结果是否代表企业总体业绩状况具有一定的不确定性。

(二)克罗斯和林奇的等级制度(业绩金字塔模型)

1990 年，凯文·克罗斯(Kelvin Cross)和理查德·林奇(Richard Lynch)提出了一个把企业总体战略与财务和非财务信息结合起来的业绩评价系统——业绩金字塔模型。

1. 业绩金字塔模型的内容分析

在业绩金字塔中，公司总体战略位于最高层——由此产生企业的具体战略目标，并向企业组织逐级传递，直到最基层的作业中心。制定了科学的战略目标，作业中心就可以开始建立合理的经营业绩指标，以满足战略目标的要求，然后，这些指标再反馈给企业高层管理人员，作为企业制定未来战略目标的基础。其结构如图 8-4 所示。

通过业绩金字塔模型可以看出，战略目标的传递过程是多级瀑布式的，它首先传递给事业部，由此产生了市场满意度和财务业绩指标。战略目标再继续向下传给企业的业务经营系统，产生的指标有顾客满意度、灵活性、生产效率等。前两者共同构成顾客的满意度，运输和周转时间共同构成灵活性，周转时间和耗费共同构成生产效率。

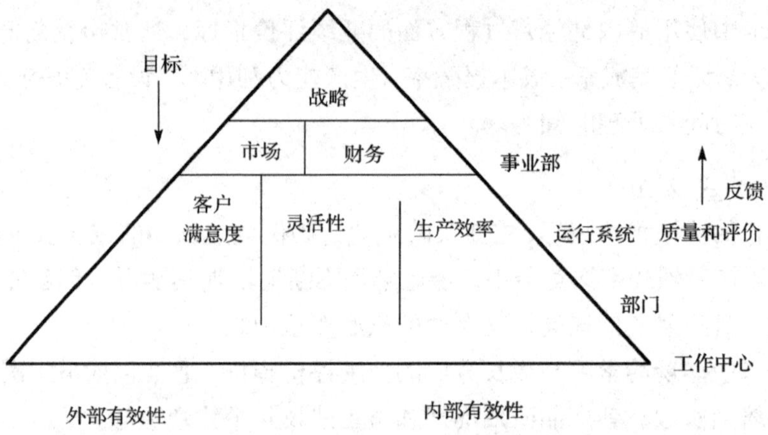

图 8-4　业绩金字塔模型图

由此，业绩信息渗透到整个企业的各个层面。当这个信息向组织的上层运动时，目的是逐级汇总，其最终目的是使高层管理人员可以利用该信息为企业制定未来的战略目标。

2. 业绩金字塔模型的意义和缺陷

克罗斯和林奇的业绩金字塔模型着重强调了组织战略在确定业绩指标中所扮演的重要角色，反映了业绩目标和业绩指标的互赢性，揭示了战略目标自上而下和经营指标自下而上逐级重复运动的等级制度。这个逐级的循环过程揭示了企业持续发展的能力，为正确评价企业业绩作出了意义深远的重要贡献。

业绩金字塔模型最主要的缺点是在确认组织学习重要性上是失败的，而在竞争日趋激烈的今天，对组织学习能力的正确评价尤为重要。因此，虽然这个模型在理论上是比较成型的，但在实际工作中采用率较低。

通过不同企业业绩评价体系的比较分析，得出的结论是：在进行企业业绩评价时，只有平衡分析财务业绩指标和非财务业绩指标，使其优势互补，才能更加全面而准确地评价企业经营状况和经营者，提供最全面、最真实、最可靠的信息，以满足各利益相关者不同的信息需求。

第五节　财 务 预 警

一、财务预警分析概述

财务预警分析，是通过对企业财务报表和相关资料的分析，及早发现企业发生财务危机的各种征兆，避免发生企业失败的分析过程。

在市场经济条件下，由于竞争等原因，会经常发生企业失败的现象。企业失败，是指企业因破产，或自动停产，或没有偿清债务能力而终止业务。失败意味着企业生命的结束，但是，许多独资与合伙企业因其业主退休、健康状况不佳或企业经营期满而自动歇业，不包括在失败的行列。

企业失败与否是商品经济的产物，是企业竞争的结果。但企业失败率的高低，同一个国家的总体经济形势有关。以美国为例，根据美国邓·希雷斯特里特公司的统计，10 000 户企业(不包括金融企业、铁路与小本经营企业)抽样调查，在 1920～1980 年，失败率最高的是在 1929～1932 年，即世界经济危机期，到 1932 年上升到最高峰，达 154 户，失败率为 15%。

企业失败的原因是多种多样的。据调查，失败的主要原因首先是在竞争中被淘汰，其次是经验不足，业主在财务、销售、管理等方面没有足够的经验维持企业使之生存下去。从时间上说，有一半多的企业是在开头的 5 年中失败，特别是零售业，占 60%。而制造业好多是在开业 10 年以后的期间失败。企业失败与财务失败密切相关。一方面，企业失败的主要表现就是财务失败。企业失败的主要结果是破产。破产有自愿破产和非自愿破产两种，从国外情况看，90%以上属自愿破产。不论哪种破产，其表现形式都是财务困难，资不抵债。

另一方面，财务失败又是企业失败的重要原因。竞争中失利、业主经验不足等，其结果都会带来企业财务状况和经营效益的恶化。从企业失败的具体原因看，许多都与财务有关。表 8-3 为美国邓·布雷斯特里特公司对失败企业的债务人调查的结果。各种具体原因，如销路不好和营业费用过高等，最终都表现为企业无力偿还债务，或宣告破产，或变现拍卖。

表 8-3　企业失败的具体原因

具体原因	制造业	批发	零售	建筑业	服务业	合计
销路不好	49.9%	50.4%	56.7%	49.6%	46.8%	52.3%
营业费用过高	37.8%	31.6%	23.0%	31.6%	31.7%	28.9%
应收账款坏账	16.6%	18.5%	3.7%	13.5%	8.3%	9.8%
存货积压	7.4%	13.6%	14.4%	1.3%	1.6%	9.2%
固定资产过多	4.4%	1.5%	3.0%	2.0%	4.7%	3.1%
地段不好	0.4%	0.8%	4.4%	0.4%	1.2%	2.2%
竞争无力	24.5%	21.9%	24.9%	34.0%	25.2%	26.2%
其他	3.9%	5.5%	4.4%	3.1%	3.7%	3.4%
合计	15.4%	12%	42.1%	18.2%	12.3%	100%

一个企业的生存受到企业内外因素的多重影响，如果各种因素能够恰当搭配，企业就将具有良好的获利空间；反之，就容易导致财务失败的发生。企业的财务失败包括资产流动性不足、债务拖欠、资不抵债以及企业破产等多种形式。企业由财务正常发展到财务失败往往是一个渐进的过程，错误的管理是导致财务失败的主要原因，而财务指标的恶化则是发生财务危机的征兆。因而，财务失败总是可以预测的。通过财务预警分析及时发现企业财务危机的各种迹象，对于保护投资者各债权人的利益，无疑具有重要的现实意义。

财务预警要借助于财务指标来预测和防范财务失败。正如美国学者杜迪克（Thonas Dudick）在其所著《盈利能力剖析》一书中所说：财务比率可以说是一些诊断企业"健康"状况的指标，用来比较某一公司同其他公司的财务状况以及本行业的平均水平，财务比率能够为管理当局对正在到来的困境发出报警的信号。企业需要建立财务预警系统。

二、企业财务预警系统的构建

财务预警系统就是利用及时的数据化管理方式，通过全面分析企业内外部经营情况等各种资料，以财务指标数据的形式将企业面临的潜在风险预先告知经营者，同时通过寻找财务危机发生的原因和企业财务管理体系中隐藏的问题，提出解决方法的有效措施。财务预警系统是经营预警系统的重要子系统，为企业纠正经营方向、改进经营决策和有效配置资源提供了可靠依据，在财务失败还没有来临之前就发现问题，有效防范财务风险。

按照系统结构，企业财务预警系统一般由总体财务预警系统和部门财务预警系统两个层次构成。

（一）总体财务预警系统

它的主用功能是使经营者提纲挈领，站在企业整体的高度把握企业财务运行状况，预先了解企业财务失败的征兆。

1. 单变量模型

1968 年 10 月份的美国《会计研究》杂志发表了关于单变量模型的研究报告，提出在预测模型中使用单个变量即单个财务指标来预测财务失败。这份研究报告指出，在 1954～1964 年间，只要出现下列事件之一的企业就被认为是财务失败：破产、债权合同违约、透支银行账户、无法支付优先股股息。

研究报告把 79 个失败企业与 79 个成功企业进行对比，每一个失败企业都与一个从同行业中挑选出的资产规模相当的成功企业进行比较。研究结果表明，下列几项财务指标能够最好地预测财务失败，并按预测能力大小排列顺序如下：

(1) 现金流量与债务总额之比；

(2) 净利润与资产总额之比（资产收益率）；

(3) 债务总额与资产总额之比（债务比率）。

如果这几项指标在财务失败的预测确实有用，那么对每个企业进行财务报表分析时就必须十分注意这几个指标。

这份研究报告对每个财务失败企业计算失败前每年的 13 个财务报表项目的平均值，发现流动资产项目之间的重要关系如下：

(1) 财务失败的企业在失败前现金越来越少，而应收账款越来越多；

(2) 当把现金和应收账款加在一起放在速动资产和流动资产之中用于计算有关指标时，失败的企业和成功的企业之间没有明显的差别，但实际上，现金和应收账款的变动所起的作用却是相反的；

(3) 失败的企业在走向失败的过程中存货总是越来越少。

这项结果表明，在预测财务失败时必须注意这 3 个流动资产账户：现金、应收账款和存货。在现金账户和存货账户余额很低而应收账款余额很高的情况下，必须注意可能的财务失败的问题。

2. 双变量模型

预测财务失败仅仅依靠单项的财务指标是不够的，必须将若干财务指标综合起来考虑。双变量模型则选择流动性比率和债务比率作为判断和预测标准，并假设图 8-5 所示的财务失败企业与非财务失败企业的过去数据是有效的，那么，可以利用曲线图对企业整体进行判断分析，使评价结果恰如其分。

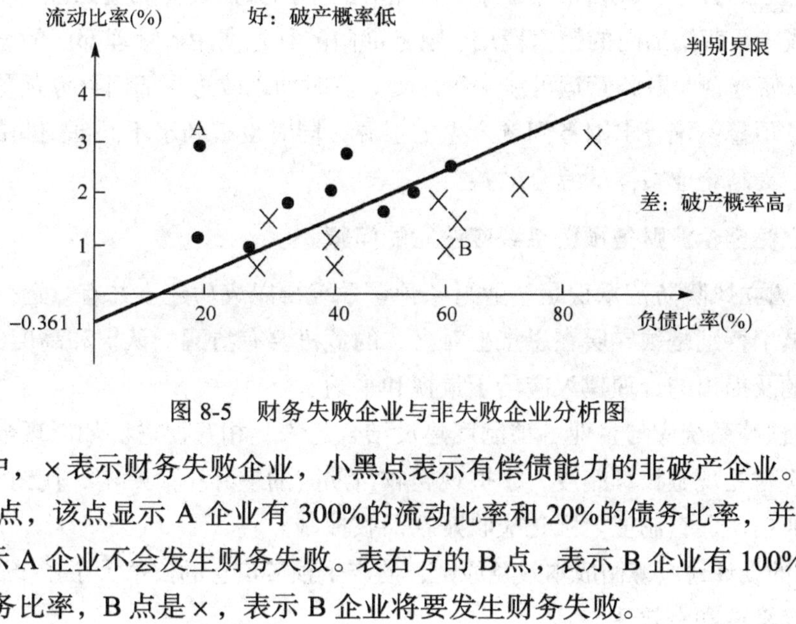

图 8-5　财务失败企业与非失败企业分析图

图 8-5 中，× 表示财务失败企业，小黑点表示有偿债能力的非破产企业。例如，在图左上方的 A 点，该点显示 A 企业有 300%的流动比率和 20%的债务比率，并且 A 点又是小黑点，表示 A 企业不会发生财务失败。表右方的 B 点，表示 B 企业有 100%的流动比率和 60%的债务比率，B 点是 ×，表示 B 企业将要发生财务失败。

3. 多变量模型

多变量模型通过对各个财务指标引入加权平均数以使模型的预测能力最大化，其表达方式如下：

$$Z = ax_1 + bx_2 + cx_3 + dx_4 + ex_5$$

式中，Z 为差别分数；a，b，c，d，e 为指标权重即模型参数；x_1 为衡量净流动资产占资产总额的比率，x_1=营运资金/资产总额；x_2 为衡量期间内累计盈利能力，x_2=留存收益/资产总额；x_3 为衡量资产的产出率，x_3=息税前利润/资产总额；x_4=为衡量在负债超过资产和企业破产清算之前资产价值的下降程度，x_4=股本的市价/全部负债的账面价值；x_5 为衡量资产生产销售收入的能力，x_5=销售收入/资产总额。

在计算 Z 值时，百分比要用绝对数形式表示，如营运资金除以资产总额等于 25%，就写 25。根据多变量模型，Z 值越低，企业走向破产的可能性越大。通过计算一个企业连续几年的 Z 值，可以确定该企业是否越来越接近于破产的边缘。

多变量模型最早是在 1968 年 9 月份美国《财务月刊》发表的一份关于预测破产的研究报告中提出的，最初是根据资产在 100 万美元～2 500 万美元之间的制造企业的数据设计，模型参数分别为 0.12，0.14，0.033，0.006 和 0.01。

$$Z = 0.12x_1 + 0.14x_2 + 0.033x_3 + 0.006x_4 + 0.01x_5$$

1974 年美国《会计杂志》采用 1970～1973 年的有关数据计算模型参数，并提出 2 675 是 Z 值警戒值，Z 值低于 2 675 的企业被认为是财务失败的企业。

（二）部门财务预警系统

即根据企业的各主要经营部门职能、特点等的不同分别设立相应的预警线。如对生产部门的产品成本、营销部门的销售费用、财务部门的利息费用、管理部门的管理费用等设定警戒值，以侦查企业财务营运可能失衡之处，及时加以改进。部门财务预警系统不仅能辅助总体财务预警系统寻求财务问题产生的根源，同时也有利于不同部门间的沟通协调，以解决问题、提高企业整体的综合效益。

（三）建立健全企业财务预警系统应注意的问题

（1）牢固树立风险防范意识是企业财务预警系统得以成功建立并有效运行的前提。这就要求全体员工特别是领导层在思想上对潜在的危机要有清醒的认识和高度的警惕，对员工发现的问题及提出的合理建议应给予重视和采纳。

（2）财务预警系统应与企业各项制度建设结合起来，相互促进。如以现金周转为主的企业，应切实建立现金核算制度，掌握现金收付期间的差异；以赊销、代销为主的企业，则应加强企业信用调查制度，强化应收账款回收控制。

（3）系统的设计还应遵循成本效益原则，使产生预警信息的价值大于预警信息的成本，保证系统的经济性和有效性。

（4）财务预警系统有效运行需要以下两大辅助系统——会计管理信息系统和相关经营信息收集与分析系统，因此也要加强这两个辅助信息系统的构建工作。会计管理信息系统则要能提供及时、真实、完整、可比的企业财务会计信息。企业相关经营信息收集与分析系统则要能提供同行业、国家宏观甚至全球的相关外部信息。有了这两者的有力支撑，企业财务预警系统才能更早更有效地发现财务危机的蛛丝马迹。

（5）企业财务预警系统不能只单纯注重对量化的模型、指标进行分析，还应结合非量化因素甚至是有经验分析人员的直觉判断做定性的分析评价。定性和定量的预测相结合，才能提高预警系统的效应。

(6)企业财务预警系统的运行还有依赖于预警信息传递路线的畅通和对政策反应的及时性。这就需要建立一套预警传递系统并有专人负责，使预警信息能迅速反馈到相关部门进行处理并及时采取相应的对策。

综上所述，财务风险是企业负债经营必须重视的一个问题。企业应在衡量财务风险大小、分析财务风险产生原因后，做好一系列防范工作。在企业中构建财务预警系统是防范财务风险的最佳办法之一，这是一项复杂而周密的工作。该系统的有效运行需配备严格的相关制度。希望企业能充分认识财务风险，并做好以构建财务预警系统为代表的防范工作，充分发挥负债经营的优势，尽量将财务风险降低。

附录 A

财务报表的编制

一、资产负债表和利润表的编制

（一）资产负债表的编制方法

资产负债表的编制方法主要有两种。

1. 直接填列法

根据总账科目余额直接填列，如“应收票据”、“短期借款”项目就可以直接根据“应收票据”、“短期借款”总账科目的期末余额直接填列。

2. 分析计算填列法

(1) 根据总账科目余额计算填列。资产负债表中的某些项目需要根据若干个总账科目的期末余额计算填列，如“货币资金”项目，要根据“现金”、“银行存款”、“其他货币资金”科目的期末余额的合计数填列。

(2) 根据明细科目余额计算填列。资产负债表中的某些项目不能根据总账科目的期末余额，或者若干个总账科目的期末余额计算填列，需要根据有关科目所属的相关明细科目的期末余额计算填列，如“应付账款”项目，要根据“应付账款”、“预付账款”科目的所属相关明细科目的期末贷方余额计算填列。

(3) 根据总账科目和明细科目余额分析计算填列。资产负债表上某些项目不能根据有关总账科目的期末余额直接或计算填列，也不能根据有关科目所属相关明细科目的期末余额计算填列，需要根据总账科目和明细科目余额分析计算填列，如“长期借款”项目，要根据“长期借款”总账科目余额扣除“长期借款”科目所属的明细科目中反映的将于一年内到期的长期借款部分分析计算填列。

(4) 根据科目余额减去其备抵项目后的净额填列。如“短期投资”项目，由“短期投资”科目的期末余额减去其“短期投资跌价准备”备抵科目余额后的净额填列。又如“无形资产”项目，按照“无形资产”科目的期末余额减去“无形资产减值准备”科目期末余额后的净额填列，以反映无形资产的期末可收回金额。

在我国，资产负债表“年初数”栏的各项目数字，应根据上年末资产负债表“期末数”栏内所列数字填列。如果本年度资产负债表所规定的各个项目的名称和内容同上年度不相一致，应对上年年末资产负债表各项目的名称和数字按照本年度的规定进行调整，填入报表的“年初数”栏内，资产负债表“期末数”栏的各项目数字主要是根据有关科目记录编制的。

例：见后面的实验资料。

(二) 利润表的编制方法

利润表是反映企业一定期间生产经营成果的会计报表。利润表把一定期间的营业收入与其同一会计期间相关的营业费用进行配比，以计算出企业一定时期的净利润(或净亏损)。

目前比较普遍的利润表的结构有多步式利润表和单步式利润表两种。我国一般采用多步式利润表格式。

按照我国企业利润表的格式内容，其编制方法如下。

(1) 报表中的“本月数”栏反映各项目的本月实际发生数；在编报中期财务会计报告时，填列上年同期累计实际发生数；在编报年度财务会计报告时，填列上年全年累计实际发生数，并将“本月数”栏改成“上年数”栏。如果上年度利润表的项目名称和内容与本年度利润表不相一致，应对上年报表项目的名称和数字按本年度的规定进行调整，填入报表的“上年数”栏。在编报中期和年度财务会计报告时，应将“本月数”栏改成“上年数”栏。

(2) 报表中的“本年累计数”栏各项目，反映自年初起至本月末止的累计实际发生数。

请大家根据下面的实验资料进行资产负债表和利润表的编制练习。

(三) 实验资料：财务报表账务处理程序

1. 实验目的

通过实验，使学生掌握科目汇总表的编制及资产负债表和利润表的编制方法。

2. 实验资料

滨江空调机厂 4 月初各总分类账户的期初余额如表 A-1。

该厂 4 月 1～10 日的科目汇总表如表 A-2 所示，4 月 11～20 日的科目汇总表如表 A-3 所示。

该厂 4 月 21～30 日发生的各项经济业务见实验资料。

表 A-1　总分类账户期初余额

账户名称	借方余额	账户名称	贷方余额
库存现金	2 900	短期借款	500 000
银行存款	696 640	应付账款	460 600
应收账款	285 300	应付工资	7 300
其他应收款	4 180	应付福利费	69 800
原材料	782 370	应交税金	55 400
库存商品	2 382 720	预提费用	30 000
生产成本	947 390	长期借款	3 000 000

续表

账户名称	借方余额	账户名称	贷方余额
待摊费用	63 000	实收资本	5 785 000
长期投资	600 000	资本公积	600 000
固定资产	9 536 200	盈余公积	750 000
主营业务成本	2 617 400	利润分配	240 000
销售费用	65 600	累计折旧	2 579 000
主营业务税金及附加	85 000	主营业务收入	4 127 600
管理费用	258 400	其他业务收入	547 200
财务费用	45 500	营业外收入	53 700
其他业务支出	366 000		
营业外支出	67 000		
合计	18 805 600	合计	18 805 600

表 A-2 科目汇总表

XX 年 4 月 1～10 日

会计科目	过账	本期发生额		记账凭证起讫号数
		借方	贷方	
库存现金		1 500	2 000	1. 现金收款凭证自第 1 号至 21 号 2. 现金付款凭证自第 1 号至 34 号 3. 银存收款凭证自第 1 号至 27 号 4. 银存付款凭证自第 1 号至 32 号 5. 转账凭证自第 1 号至 10 号
银行存款		219 700	178 600	
应收账款		95 600	72 780	
短期借款		50 000		
应付账款		60 800		
应交税金		36 000		
制造费用		49 380		
主营业务收入			287 120	
销售费用		7 000		
管理费用		20 520		
合计		540 500	540 500	

表 A-3 科目汇总表

XX 年 4 月 11～20 日

会计科目	过账	本期发生额		记账凭证起讫号数
		借方	贷方	
库存现金		900	1 800	1. 现金收款凭证自第 22 号至 38 号 2. 现金付款凭证自第 35 号至 72 号 3. 银存收款凭证自第 28 号至 53 号 4. 银存付款凭证自第 33 号至 67 号 5. 转账凭证自第 11 号至 19 号
银行存款		263 400	128 900	
应收账款		100 000		
其他应收款		8 000	10 000	
物资采购		107 200	86 200	
原材料		86 200		
待摊费用		20 000		
固定资产		48 300		
长期借款			200 000	
应付账款		50 000	112 000	
制造费用		11 300		
主营业务收入			168 000	
销售费用		4 000		
管理费用		7 600		
合计		706 900	706 900	

实验资料

滨江空调机厂 2003 年 4 月 21～30 日发生的部分经济业务如下。

(1)4 月 21 日，向银行借款 20 万元，存入银行存款户，并与银行约定两个月后还。

(2)4 月 21 日，购入运输卡车，已交付使用，购车款 234 000 元(其他费用略)，用银行转账支票付讫。

(3)4 月 21 日，提取现金 1 000 元，以备零星使用。

(4)4 月 21 日，开出转账支票 5 110 元支付电话费。

(5)4 月 22 日，以现金 300 元购买办公用品。

(6)4 月 22 日，购入铝板 10 吨，单价 23 400 元，用转账支票将款项付讫，然后将该材料验收入库。(销售企业开具工业企业销售统一发票，未开具增值税专用发票。)

(7)4 月 22 日，银行结算一季度银行贷款利息 12 000 元。

(8)4 月 23 日，销售 HB 型百叶窗 50 台，每台单价 10 000 元(不含增值税)，代办托运，尚未收到货款，托运时用转账支票支付运杂费 1 450 元，托运手续已办妥。

(9)4 月 24 日，销售一批废料，收到现金 585 元。(不考虑增值税。)

(10)4 月 24 日，职工报销医药费 616 元，以现金付讫。

(11)4 月 25 日，偿还上月购料款 306 000 元。

(12)4 月 25 日，开支票支付广告费 1 900 元。

(13)4 月 26 日，职工交来现金 500 元偿还借款。

(14)4 月 26 日，购入 3cm 钢管 20 吨，单价 4 000 元(不含增值税)，材料已验收入库，购料款尚未支付。

(15)4 月 27 日，收回销货款 586 450 元。

(16)4 月 30 日，分配结转本月发出材料成本(如表 A-4 所示)。

表 A-4 滨江空调机厂发料凭证汇总表

XX 年 4 月 30 日　　编号 04

日　期	领料单张数	贷方科目	借方科目				
			生产成本(元)	制造费用(元)	管理费用(元)	其他业务支出(元)	合　计
1～10 日	8	原材料	250 000	2 000	2 000	254 000	
11～20 日	5	原材料	230 000	1 000		231 000	
21～30 日	6	原材料	315 700 (百叶窗 515 000) (风机 280 700)	500	300	800	
合计			795 700	3 500	2 000	300	801 500

主管：张明　　审核：王齐　　制表：王説

(17)4 月 30 日，分配结转本月工资费用 121 600 元(车间生产人员工资 100 000 元，其中生产百叶窗工人工资 60 000 元，生产风机工人工资 40 000 元；车间管理人员工资

8 200 元，厂部管理人员工资 7 400 元，专设销售机构人员工资 2 800 元，长期病假人员工资 3 200 元)。

(18) 4 月 30 日，计提本月固定资产折旧(如表 A-5 所示)。

表 A-5 固定资产折旧计算表

XX 年 4 月 30 日

单位：元

使用单位部门	上月固定资产折旧额	上月增加固定资产应计提折旧额	上月减少固定资产应计提折旧额	本月应计提的折旧额
生产车间	38 000.00	1 000.00		39 000.00
厂部	13 000.00		500.00	12 500.00
合计	51 000.00	1 000.00	500.00	51 500.00

主管：张明　　审核：王齐　　制表：王説

(19) 4 月 30 日，支付本月费用 11 000 元，其中生产用固定资产大修理费用 4 500 元，企业管理部门支出银行借款利息 5 000 元，固定资产大修理费用 1 500 元。

(20) 4 月 30 日，支出本月费用 5 175 元(其中生产车间支付保险费用 3 000 元，报纸杂志费 100 元，厂部支付财产保险费 2 000 元，报纸杂志费 75 元)。

(21) 4 月 30 日，结转本月制造费用(如表 A-6 所示)。

表 A-6 制造费用分配表

车间：生产车间　　XX 年 4 月 30 日　　单位：元

分 配 对 象	分配标准(生产工人工资)	分配率(%)	分 配 金 额
百叶窗	60 000.00	60	71 388.00
风机	40 000.00	40	47 592.00
合计	100 000.00	100	118 980.00

主管：张明　　审核：王齐　　制表：王説

(22) 4 月 30 日，结转生产完工验收入库产品成本(如表 A-7 所示)。

表 A-7 完工产品成本计算表

XX 年 4 月 30 日

成 本 项 目	(E-1 型)风机(500 台)		HB 型百叶窗(80 台)	
	总成本(元)	单位成本(元)	总成本(元)	单位成本(元)
直接材料	210 000.00	420.00	480 000.00	6 000.00
直接人工	50 000.00	100.00	72 000.00	900.00
其他直接支出	--	--	--	--
制造费用	80 000.00	160.00	88 000.00	1 100.00
合计	340 000.00	680.00	640 000.00	8 000.00

主管：张明　　审核：王齐　　制表：王説

(23) 4 月 30 日，结转本月销售成本(如表 A-8、表 A-9 所示)。

表 A-8 滨江空调机厂产品出库单

XX 年 4 月 30 日

货 号	名称及规格	单 位	数 量	单价(元)	金额(元)	备 注
HB 型	百叶窗	台	60	8 200.00	492 000.00	
E-I 型	风机	台	150	700.00	105 000.00	
	合计				597 000.00	

主管：张明　　审核：王齐　　制表：王説

表 A-9 已销产品成本计算表

XX 年 4 月 30 日

产品名称	计量单位	月初结存		本月入库		本月销售	
		数量	总成本(元)	数量	总成本(元)	数量	总成本(元)
HB 型百叶窗	台			80	640 000.00	60	492 000.00
E-I 型风机	台			500	340 000.00	150	105 000.00
合计		2 382 720.00		--	980 000.00	--	597 000.00

主管：张明　　审核：王齐　　制表：王説

二、现金流量表的编制

1998 年 1 月 1 日，我国开始施行《企业会计准则—现金流量表》，使现金流量表成为继资产负债表和利润表以后又一张重要的财务报表。现金对企业的重要性是不言而喻的，企业现金周转不灵，即使利润表中反映出有很多利润，也可能陷入财务困境。

通过以收付实现制或现金收付制为基础编制的现金流量表，反映企业经营活动、投资活动、筹资活动的现金流入和流出情况，使报表使用者可以对企业的财务状况和经营成果有一个更为深入的认识。比如讲经营活动产生的现金流量净额与净收益相比较，就可以反映出企业当期实现净利润的可靠程度。

(一)经营活动产生的现金流量

1. 销售商品、提供劳务收到的现金

我们通过例题来看一下该项目的计算。

例 1：甲企业本期销售一批商品，开出的增值税专用发票上注明的销售价款为 2 800 000 元，增值税销项税额 476 000 元，以银行存款收讫；应收票据期初余额 270 000 元，期末余额为 60 000 元；应收账款期初余额为 1 000 000 元，期末余额为 400 000 元；年度内核销的坏账损失为 20 000 元。另外，本期因商品质量问题发生退货，支付银行存款 30 000 元，货款已通过银行转账支付。请计算本期销售商品、提供劳务收到的现金。

2. 收到的税费返还

例 2：甲企业前期出口一批商品，已交纳增值税，按规定应退增值税 8 500 元，前期未退，本期已转账方式收讫；本期收到退回的营业税款 18 000 元、收到的教育费附加返还款 33 000 元，款项已存入银行。请计算本期收到的税费返还。

3. 购买商品、接受劳务支付的现金

例 3：甲公司本期购买原材料，收到的增值税专用发票上注明材料价款为 150 000 元，增值税进项税额为 25 500 元，款项已通过银行转账支付；本期支付应付票据 100 000 元；用银行汇票支付材料价款，收到银行转来银行汇票多余款收账通知，余款 2 340 元，材料及运费 99 800 元，其相应的增值税为 16 966 元；购买工程用物资 150 000 元，货款已通过银行转账支付。请计算本期购买商品、接受劳务支付的现金。

4. 支付的各项税费

例 4：甲企业本期向税务机关交纳增值税 34 000 元；本期发生的所得税 3 100 000 元已全部交纳；企业期初未交所得税 280 000 元，期末未交所得税 120 000 元。请计算本期支付的各项税费。

(二) 投资活动产生的现金流量

1. 取得投资收益所收到的现金

例 5：甲企业期初长期投资余额 20 000 000 元，均为股票投资。其中 15 000 000 元投资于 A 企业，占其股本的 75%，采用权益法核算；另外 2 000 000 元和 3 000 000 元分别投资于 B 企业和 C 企业，各占接受投资企业总股本的 5%和 10%，采用成本法核算。期末长期投资余额为 29 000 000 元。当年 A 企业盈利 20 000 000 元，分配现金股利 8 000 000 元，B 企业亏损没有分配股利，C 企业盈利 6 000 000 元，分配现金股利 2 000 000 元。企业已如数收到现金股利。请计算本期取得投资收益所收到的现金。

2. 处置固定资产、无形资产和其他长期资产所收回的现金净额

例 6：乙公司出售一台不需用设备，收到价款 300 000 元，该设备原价 400 000 元，已提折旧 150 000 元。支付该项设备拆卸费用 2 000 元，运输费用 800 元，设备已由购入单位运走。请计算本期处置固定资产、无形资产和其他长期资产所收回的现金净额。

(三) 筹资活动产生的现金流量

1. 吸收投资所收到的现金

例 7：甲企业对外公开募集股份 10 000 000 股，每股 1 元，发行价每股 1.1 元，代理发行的证券公司为其支付的各种费用，共计 150 000 元。此外，甲企业为建设一新项目，批准发行 20 000 000 元的长期债券。

与证券公司签署的协议规定：该批长期债权委托证券公司代理发行，发行手续费为发行总额的 3.5%，宣传及印刷费由证券公司代为支付，并从发行总额中扣除。该企业至委托协议签署为止，已支付咨询费、公证费等 5 800 元。证券公司按面值发行，价款全部收到，支付宣传及印刷费等各种费用 114 200 元。按协议将发行款划至企业在银行的存款账户上。请计算本期吸收投资所收到的现金。

2. 分配股利、利润或偿付利息所支付的现金

例 8：甲企业期初应付现金股利为 210 000 元，本期宣布并发放现金股利 500 000 元，期末应付现金股利 120 000 元。